原子論の可能性

近現代哲学における古代的思惟の反響

田上孝一／本郷朝香［編］

法政大学出版局

序

田上孝一

本書は原子論がどのようなものであり、それが現代においていかなる理論的意義を有するのかを探求するために、古代から現代まで原子論を論じた主要な論者や、原子論をめぐる重要な論点を取上げ、それぞれを専門とする執筆者による研究論文を集めて一書としたものである。

本書で扱う原子論とはアトミズムの訳であり、世界はそれ以上分割できない原子＝アトムという最小単位によって構成されているという哲学説である。この学説は最初に、古代ギリシアにおけるソクラテス以前の哲学者であるレウキッポスとデモクリトスによって提唱され、後にヘレニズム期の哲学者であるエピクロスと、古代ローマのルクレティウスによって発展させられた。古代哲学者の考えた原子は、現代物理学にいう原子と直ちに同じではないが、それが物質世界を構成する微小な単位だという点では同様であり、現代物理学がそうであるように、その集積によって物体が成り立っているという基本的な考え方は共有されている。つまり古代原子論は世界を物質的な原理で説明しようとする哲学であり、その前提的立場は唯物論である。

ところが原子論はその歴史的展開の中で、必ずしも唯物論としての同一性を保ち続けたわけではなかった。哲学者の中には、世界を何らかの最小単位の集積として説明しようという原子論的な精神で思索した結果として、むしろそのような基本要素は物質的なものではありえないと考える者もいた。その代表者がライプニッツであり、ライプニッツは運動する微小物質はむしろ、世界を構成する根本的原理としてはふさわしくなく、非物質的なモナドこそが真実のアトムだとした。そしてこのモナド論は、本来の唯物論的なアトム論と共に、後進の哲学に大きな影響を与えた。これはまた原子論の、哲学としての広がりと多様性を示すものといえよう。

本書は原子論についての論集ではあるが、原子論哲学の平易な入門書ではない。本書は入門書とは逆に、それぞれのトピックについての専門的な研究論文からなっている。このため各章の内容は、予備知識のない読者が直ちに理解できるようには書かれていない。その代わりにそれぞれのテーマに関して、専門的に深く探求したいというような読者の要望に応えられることを目指した。

それから本書の主眼は、古代原子論それ自体についての研究論文集とすることではなく、古代原子論の近現代哲学における影響を見出すことにある。近代以降の哲学者が主要に取り上げられているのはそのためである。また本書のアプローチは、近現代の古典的な哲学者の学説の解釈を通して現代的なアクチュアリティを示唆するという、間接的な手法を採用している。そのため、古代原子論をいきなり現代科学に当てはめて、その妥当性を問うというような直接的な方法は取らなかった。

とはいえ、原子論哲学の論文集を謳いながら、読者が正当にも要求するはずの古代原子論と現代物理学に関する章がないというのは、余りにも不親切というものだろう。そこで本書では、最初と最後に、それぞれ古代原子論と現代の量子力学についての概説的な章を設けた。これにより、読者は原子論の原像と、最先端科学でのその残像を確認することができる。

以上を踏まえ、各章についてごく簡単に触れておきたい。

第1章は今述べたように、本書が原子論についての論文集ということで、全体への導入も兼ねて、古代原子論を詳しく解説したものである。

古代ギリシア哲学は、わが国では盛んに研究されている分野ではあるが、プラトンやアリストテレスといった主要研究対象に比べて、原子論に関する研究は少ない。古代原子論を主題とした専門研究書の単著は、同じ著者によるものが二冊あるだけである（西川亮『デモクリトス研究』理想社、一九七一年。『古代ギリシアの原子論』渓水社、一九九五年）。このような現状にあって本章は、古代哲学研究を専門とする執筆担当者が、デモクリトスやエピクロスの原典を丹念に紹介と解釈をして、古代原子論の主要教説を提示した。このため本章は、古代原子論へのこれ以上ない案内であるのみならず、わが国のギリシア哲学研究の空隙を埋めるものともなっている。編者としては、この章が収録できただけでも、本書出版の意義があると考えている。

第2章で取り上げられているガッサンディは、哲学や思想史の研究者には馴染み深い名前だと思われるが、デカルトやカントといったビッグネームに比べれば、一般的には無名に等しい哲学者である。しかしガッサンディの重要性は、誰しも知る巨匠に引けを取らないものがある。

古代原子論はデモクリトスからルクレティウスまで大きく発展しながら、キリスト教中世では唯物論的な異端思想として忌避され、歴史の闇に沈んで長らく忘れ去られていた。これがルネサンス期になって再発見され、その後に再評価されることになるのだが、この原子論の再生に大きく貢献したのがガッサンディだからである。

ガッサンディは司祭でありながら原子論者たらんとする。そのため、原子論の教義とキリスト教が矛盾しないようにエピクロスを再解釈するのだが、そこには自ずと無理もあった。読者は本章を読むことによって、アクロバチックともいえるガッサンディの原子論解釈の中に、時代的制約の中にありながらも、真理を求めて苦闘する哲学者の真摯な姿勢を見ることができるのではないか。

第3章で扱われるロックは、いうまでもなくイギリス経験論の代表者ではあるが、その認識論は、知識の源泉をすべて経験に還元するというものではなかった。経験の根底には物体的な実体があることが前提されていた。ここにロックと原子論のつながりが生まれる。ロックは認識の前提となる実体を粒子的なものとして、原子論的に理解していたということである。ロックと原子論との関係について本章担当者は、手稿研究に基づく現代ロック研究のマナーで、緻密なテキスト解釈を提示してみせる。

その解釈の妥当性はもとよりロックの専門研究者に委ねられるが、できる限りオリジナルな資料に依拠し、哲学者の思惟の原型を復元しようとする本章担当者の研究姿勢は、哲学研究の一つの模範例を示しているといえるだろう。ライプニッツを扱う第4章もまた、ロックの章と同様に緻密な文献解釈の模範例となっている。この章ではライプニッツの原子論との出会いと、モナド論によるその乗り越えの過程を丹念にトレースすることによって、モナド論の発想の源泉がよくつかめるようになっている。

先に述べたように、ライプニッツのモナド論の登場により、原子論と唯物論の必然的連関が解き放たれ、原子論的思惟のその後の発展に決定的な影響を与えることになった。その意味でもモナド論への理解は、原子論を考える上で必須になっている。そして本章の丁寧な解説は、モナド論への優れた手引きとなる。

第5章はヒュームと原子論とのつながりを反目的論的な世界説明の文脈に位置づけ、これをダーウィニズムに引き寄せて解釈することで、原子論の現代的なアクチュアリティをストレートに打ち出そうとした意欲作である。ヒュームの原子論それ自体の解釈というよりも、現代進化論との連結可能性のほうに執筆担当者のコミットメントが働いているせいか、前二章のような微に入り細に入るテキスト分析の展開が見られるわけではないが、その分読者は、ドーキンスやデネットのような現代の進化論につながるアクチュアルな視点をヒュームのエピクロス解釈に垣間見ることができる。これもまた、現代的な哲学研究の一つのあり方だろう。

第6章で取上げられるカントが主著の『純粋理性批判』でライプニッツのモナド論を批判したことはよく知られているが、本章担当者によれば、これはカント自身の自己批判でもあった。そこで本章では、前批判期のカントがどのようにモナド論に依拠していたのかを示し、それが『純粋理性批判』によってどう批判されたかを解説する。

カントのライプニッツ批判の眼目は、それが批判期カントの前提的立場である「コペルニクス的転回」を明瞭に際立たせる点にあり、ライプニッツが現象と物自体を区別できなかったという、認識の基本視座の相違にあった。その意味では、ライプニッツはカントの批判対象である、旧来の形而上学的思考の代表者という位置づけにある。

このような批判はカントの立場にある限りは完全なもののように思われるが、本章担当者は最後に、カントの批判が実はモナド論の裏返しではないかと示唆し、カントの批判を絶対視するべきではないという留保を行なっている。

第7章で扱われるマルクスといえば『資本論』の著者ということになるが、彼が若き日に取得したのは哲学の博士号であり、その研究テーマはエピクロスだった。

エピクロスを論じる若きマルクスの立場はヘーゲル主義であり、意識が存在を規定するというその観念論的思考は数年後の自らによって否定されることになったが、彼岸ではなく此岸に理想を求め、理想の現実からの疎外を問題とする思考様式は、彼の全生涯を流れる通奏低音となっている。

本章ではマルクスの哲学であるこの疎外論が最初に展開された著作として彼の学位論文を位置づけ、その独創的内容の一端を示す。マルクスといえば何よりも『資本論』なのは間違いないが、『資本論』のみではない彼の理論の豊穣さを示唆する。

第8章で扱われるニーチェと原子論というのは、一般読者のみならず、ニーチェを専門としない哲学研究者にとっても意外な組み合わせではないかと思われる。ところが実際にニーチェには原子論に対するまとまった理論的言及があり、しかもそれは確かにニーチェの思想形成において、少なくはない役割を果たしたと考えられる。

本章担当者はニーチェの原子論理解が端的に示されている『善悪の彼岸』の当該箇所を長く引用提示し、それを詳細に検討することで、ニーチェと原子論との関係を明らかにしようとする。

原子論といってもニーチェが肯定的に援用するのは、ライプニッツ経由の非唯物論的な理論であり、特にボスコヴィッチの質点理論である。

この質点理論の延長線上にニーチェが導き出すのが「主体複合体としての霊魂」という考え方である。これが人間のあり方を考える上でどのような理論的含意を持つかを、本章担当者はニーチェの悲劇論と結びつけて考察することによって、具体的に提示してゆく。

ニーチェといえばステレオタイプ化された通俗的解釈が広く流通し、非研究者による便乗本の出版が後を絶たない哲学者ではあるが、本章のニーチェ論はそのような俗流化されたニーチェ像に対する、一つの静かなプロテストになっている。

第9章のハイデガーもまた、原子論とのつながりが意外視される哲学者の一人だろう。しかしハイデガーは主著『存在と時間』出版の前年に行なわれた講義で古代原子論に触れていて、ハイデガーの原子論理解が主著の基本内容とも関連しているというのが本章担当者の主張である。

ハイデガーが原子論を論じているといっても、彼が論じるのは専らレウキッポスやデモクリトスで、原子論を論じる際には必ず扱うべきエピクロスやルクレティウスは主題とされていない。このためハイデガーの原子論解釈は、その主旨が通常の文献解釈ではなく、ハイデガー自身の存在論的関心に結びついた、彼なりの「現象学的解釈」であったことにある。このハイデガー流原子論解釈では、原子論とパルメニデスの結びつきが通常の哲学史以上に強調される。原子論者はパルメニデスの影響下で新たな存在を思惟するものの、パルメニデスが垣間見た存在の深淵を捕らえ損なっていて、自らこそが深淵に到達しうるというような自負がハイデガーには感じられる。

その意味で、ハイデガーの原子論解釈は原子論研究それ自体というよりも、ハイデガー研究や存在論研究への一つの通路として役に立つものだろう。本章のハイデガー解釈は、これまでのハイデガー研究とは一味違った新たなハイデガー像を示すものとして、ハイデガー研究に一石を投じるものといえる。

これまでの各章では専ら西洋世界における原子論の展開をトレースしてきたが、第10章ではこうした原子論がわが国にどのように受容されたのかを、井上円了、井上哲次郎、清沢満之という、三人の明治期の哲学者を取上げて、明らかにしようとする。

明治期の哲学者に共通する前提としてあるのは、彼らが科学哲学的な関心から原子論にアプローチするのではなく、彼らなりの形而上学的な哲学体系を作り上げるための素材として、原子論を取り入れようとしたことである。また、明治期哲学者の哲学史理解の多くはヘーゲル主義者であるシュヴェーグラーの哲学史に依拠しており、そこには自ずと各哲学説に対する認識に、不都合なバイアスがかかっていた。

このような研究条件の制約のため、初期の原子論受容は、学説の正確な理解の上でなされたとは言い難い。この意味で、明治期哲学者の著作から、原子論研究それ自体として有意義な内容を取り出すことはできない。しかしこの時期の哲学者は、今の哲学研究者の多くが忘れがちな、独自な哲学体系を打ち立てようという意欲に満ちている。このため、彼らの哲学史理解それ自体は今からすれば貧弱ではあるものの、先哲の学説を自己の哲学の糧として貪欲に取り込もうという志の高さにおいて、現代のわれわれにも学ぶところが多いのではないかと思う。

最終章は先に述べたように、これまでの各章が採用していた、古典的哲学者の学説に対する検討を通して原子論のアクチュアリティを示唆するという間接的方法に対して、ストレートに現代科学の中で原子論がどう位置づけられるかを問うた論考である。

本章では現代の量子力学での素粒子が、原子論的な思考枠組みで理解できるのかどうかを、素粒子は米粒になぞらえられる粒子なのかどうかという論点に絞って検討する。本章では物理学や科学哲学を専攻しない者でも理解できるように、数式の使用を禁欲し、分かり易い絵図や比喩を用いることによって、丁寧に解説していく。本章担当者の結論は、はっきりと粒子であるともないとも言い切らない、やや歯切れの悪いものであるが、これは担当者の認識不足ではなく、現代物理学が垣間見せるミクロな物質世界の不可思議さを率直に表明した誠実な回答だと、われわれは受け止めるべきだろう。

こうして各章を振り返ってみると、そこに大きな欠落や不足があることが、否が応にも痛感させられる。ロックがあるのにデカルトやホッブズの章がないのはなぜかというような批判は、これを甘んじて受ける他はない。

編者として無念だったのは、非西洋的な原子論の伝統を検討できなかったことである。古代インドにおける原子論や、特にイスラームにおける原子論について解説した章を掲載したかったが、編者の力不足により果たせなかった。今後類書を再び刊行する機会に恵まれるかどうかは分からないが、もしできるのならば、今度はより完成したものを作り上げたい所存である。

とはいえ、不完全であることはもとより承知ではあるが、こうして原子論をメインテーマにして一つに大きくまとめた専門論文集の刊行というのは本邦初であり、世界的にも類例の少ない試みである。このため、本書の刊行が今後のわが国における哲学研究の発展に、僅かであっても寄与できるのではないかと、執筆者一同は信じている。本書に対する識者の批判的検討を待ちたい。

これまで多くの編著を出してきた経験から、編著の出版というのは紆余曲折があるものだということはわきまえていたが、それでも本書の刊行は本当に難事業だった。

本書の企画がいつからスタートしたのか、今となっては正確には思い出せない。編者の二人はこれまで二冊の共著(田上孝一・黒木朋興・助川幸逸郎編『〈人間〉の系譜学』東海大学出版会、二〇〇八年。西田照見・田上孝一編『現代文明の哲学的考察』社会評論社、二〇一〇年)を出しているが、二冊目出版直後のある酒席で、本郷が原子論をテーマにした本があるといいというようなことを言ったのが、きっかけではなかったかと思う。この本郷の提案に私が呼応し、それなら二人で原子論集を出そうという話になったのである。

そうは言ったものの、実のところ本当に実現するとは、信じていなかった。というのは、どのような本にするにせよ、原子論の論集を謳うのならば、古代ギリシアと現代物理学の解説は必須であり、この二つの章の適切な執筆者が容易に見つかるとは思われなかったからである。

ところがひょんなことから二章とも最適な執筆者が見つかり、酒席の思いつきは俄かに現実味を帯びてきた。また出版社選びも、どうせ出すなら名門出版社で出そうというように勝手に思い上がっていたところ、こちらも法政大学出版局が引き受けてくれることになった。妄想が現実となってしまったのである。

こうして望外の好条件に恵まれた本書の出版計画であったが、その後は、出る原稿はすぐ出るが出ない原稿はいつまでも出ないというお決まりのケースとなり、進行は遅れに遅れた。この間ある章は執筆者が交代する事態にもなり、余りの遅れに、こういうケースには慣れっこの私でも、今回はお流れだろうと諦めたのである。執筆者の中にも、駄目になったと勘違いした者は少なくなかった。

このような事態が救われたのは、ひとえに法政大学出版局の郷間雅俊氏のお陰である。郷間氏はわれわれ編者が本書出版を打診してから五年以上の長きにわたって、辛抱強く待ち続けて下さったのである。その結果、すべての原稿が集まることを編者自身が諦めかけていたというのに、実に当初の計画通りに、一章も欠けることなく出版できる運びとなったのである。振り返れば、八年越しの計画が実現したのだった。また郷間氏は、この高度に専門的な論文集に対して、手際よく編集作業を導いて下さった。もし他の出版社だったら、果たして本書が日の目を見たかどうか、心許ない。ここに氏に対して、編者並びに執筆者一同、改めて深甚の感謝を申し上げる。

原子論の可能性——近現代哲学における古代的思惟の反響／目次

原子論の可能性

第1章

古代原子論
デモクリトスとエピクロス、二つの原子論の差異をめぐって

金澤　修

はじめに

本章の役割は、後代では「古代原子論」と位置づけられる思想について、自然学的観点を中心に見ていくことにある。とはいえ単なる概論としてではなく、近世、とりわけガッサンディらが原子論を「復活」させた際に、[1]ともすれば「古代原子論」として一括されがちなレウキッポスおよびデモクリトスの原子論とエピクロスの原了論との差異を描き出すことを目的としている。そのため、原子論的自然観を基に展開された、それぞれの魅力あふれる人間論および倫理学的観点には、残念ながら本章ではわずかばかりしか触れることはできない。また同時に、近現代からの科学史的な視点との比較に基づいた、古代の原子論的世界観に対する評価や考察も残念ながら取り上げることはできない。[2]

第1節では、「ソクラテス以前の哲学者」とされるレウキッポスおよびデモクリトスを取り上げ、彼らの生涯についての伝承や著作に言及する。この二人を一つのグループとする理由はそこで示される。そのうえで、後代の証言に

基づいて思想内容を再構成する。これは「古代原子論」の基本的枠組みを確認する作業である。それに基づいて、先行する哲学者と彼らの主張がどのような関係にあるかを検討する。そこでの狙いは、彼らの原子論が成立した目的と背景を哲学史の枠組みの中で考察することである。

第2節では、ヘレニズム時代に焦点を移し、エピクロスの原子論を検討する。ここでは最初に、エピクロスの生涯と主要教説を概観する。古代哲学を検討する際に少なからず付きまとう資料的制約についてはそれぞれの折に触れるが、とりわけエピクロスの主張を理解するために、ローマ時代の詩人哲学者であるルクレティウスを援用する。なぜならルクレティウスの哲学詩には、自然学と倫理学とを橋渡しするものであるにもかかわらず、エピクロス自身の資料としては失われてしまった「原子の逸れ」という重要な概念が残されているからである。ここに着目するのは、まさにこの点がデモクリトスとの最大の相違点だからである。

なお、ギリシア語やラテン語の訳出に際して、［　］は論者による翻訳上の補い、また傍線も論者による強調である。（　）は引用元テキストで付されたものを示す。これら一連のテキストおよび文献を扱う際に用いる略号や表記方法については本章末の参考文献表を参照されたい。また、本文および注では重要な語のギリシア語の読みをカタカナとローマン・アルファベットで表記した。仮名書きに際しては、いわゆる無声帯気音（φ/ph、θ/th、χ/ch）は同系列の無声音（π/p、τ/t、κ/c）と同様に扱う。また固有名詞の長音表記は原則として行わないが、慣用に従った場合もある。仮名書きおよびローマン・アルファベット転写では、原則として冠詞の転写は省略するが、行う場合もある。ラテン語は特に発音上注意を必要とするもの以外、読みの表記はしない。

1　レウキッポスとデモクリトス

1　レウキッポスとデモクリトスの生涯と著作

さまざまな伝説はあるものの、[3] レウキッポスおよびデモクリトスが古代ギリシア哲学において原子論の創始者であることは疑いえない。だがこの二人を論ずるにあたっては、最初に資料的制約が存在することを断っておかなければならない。というのも、彼らの作品はすべて失われているため、その主張は、アリストテレスを初めとした後代の人物による断片や証言に基づいて再構成されなければならないからである。つまりわれわれは、断片保存者や引用者の思想的フィルターを通してしか彼らの教説にアクセスできない。言い換えれば、そのゆえにつねに留保の必要があることを弁えたうえで、まず彼らの生存年代について見てみよう。

レウキッポスの全体像については、すでにアリストテレスの時代には不透明であったようである。後代になってその存在を否定したと思しきエピクロスの証言はともかく、[4]『知性について Περὶ νοῦ』[6] の断片が残されている以上、[5] やはり実在していたとするのが一般的な見解である。生涯については、ゼノンに、あるいはパルメニデスに師事していたという証言がある。[7] だがこれは事実を反映したものではなく、むしろ彼らの原子論がエレア派の教説との関係で生み出されたと解釈する後代の哲学史的視点からの産物だと考えられている。

出身地はミレトスの可能性が高いと考えられているが、DL. IX. 30（＝DK67. A1）や DK67. A8 など複数の証言ではエレアおよびミレトスとしている。ここにもエレア派との接点を見出そうとする後代の意図を想定すべきであろう。生年については、紀元前五世紀の半ばころ（前四四〇頃）が彼の「盛り」[8] であったという証言に基づいて、前四八〇頃ころと研究者たちは算定している。[9] だがこれらの計算も他者の生存年代からの推計に過ぎない。

レウキッポスの学説は出身地や生年以上に不明瞭である。彼の学説がデモクリトスとどの点で異なっているのか、あるいはデモクリトスはレウキッポスのどの主張をどのように発展させたのか、資料的観点からの厳密な判別は難しいように思われる。実際、アリストテレスは『形而上学』第一巻第四章を初めとして、ほぼすべての証言箇所で両者の学説を区別なく扱っているからである。[10] 本章ではこの姿勢を踏襲し、レウキッポスの学説をデモクリトスと分けずに扱うことにしたい。

デモクリトスの生涯についても見てみよう。ディオゲネス・ラエルティオスによれば、[11] デモクリトスの出生は前四七〇年から四六〇年前後と見なすことができる。非常に長命で一〇九歳で死んだという逸話があり、[12] それに従えば没年は前三六〇から三五〇年前後となる。つまりデモクリトスは、ゼノン（生年は五〇〇もしくは四九〇頃）やアナクサゴラス（前五〇〇頃〜四二八頃）、エンペドクレス（前四九〇頃〜四三〇頃）より一世代ほど後に生まれており、ソクラテス（前四七〇／四六九〜三九九）と同世代となる。その限りで原子論者が活動したのは、パルメニデスおよびゼノンらによる初期自然哲学者批判の後と位置づけられる。

彼の関心は広く、著作は自然学、数学、音楽から倫理学等の領域にわたり、非常に多作であったことが伝えられている。プラトンの著作を四部作に編纂したトラシュロスが、デモクリトスの五二の作品も一三の四部作構成にしたことが伝えられている。[13] だが残念ながら、以下で検討する自然学について直接の断片はない。引用によって多く残されているのは、むしろ倫理学に関わる教説であるが、それもまた作品として残ってはいない。

2 レウキッポスとデモクリトスの原子論

A 原子の基本的性格

彼らの原子論の主要教説を見ていこう。彼らが物体の究極として「これ以上分割不可能なもの」を想定したことは知られている。一般に知られているように、「原子」を意味する「アトモン atomon/τὸ ἄτομον、アトモス atomos/ἡ ἄτομος」[14] とは、ギリシア語に従えば、「分割［動詞 テムノー temnō/τέμνω 名詞 トメー tomē/τομή］を許容しないもの」である（接頭辞 a/ἀ は否定を表す）。アリストテレスの報告がそれを示している。

アリストテレス『形而上学』第七巻一三章 1039a9.（＝DK67.A42）

実際［デモクリトスは正当にも］、二つのものから一つのものが生成することも、一つのものから二つのものが生成することも不可能だと主張している。実際、彼は「分割不可能な大きさを持つもの」を「存在するもの」と同一視しているからだ。

以下では原子の基本的性格が示されている。それによれば、原子はわれわれの感覚によっては捉えられないほど小さいとされる。

シンプリキオス『アリストテレス天体論註釈』294. 33.（＝DK68. A37）

アリストテレス『デモクリトスについて』から若干を引用することで彼らの考えが明らかとなろう。「デモクリトスが考えていたこととは以下のとおり。「永遠的なもの」は微小な存在であって数量として無限である。これらと別なものとして、大きさとして無限な「場所」を想定している。彼はこの場所を「空虚 ト・ケノン kenon/τὸ κενόν」とか「あらぬもの ウーデン ūden/τὸ οὐδέν」とか「無限なるもの ト・アペイロン apeiron/τὸ ἄπειρον」という名で呼び、存在するもののそれぞれを「もの デン den/τὸ δέν」[15]とか「固いもの ナストス nastos/τὸ ναστός」とか「あるもの ト・オン on/το ὄν」としている。これら存在するものはあまりに小さく、われわれの感覚を逃れるほどだとデモクリトスは考えている。

確かにアリストテレスの証言に基づけば、原子は不可分であり、それが原子の最も基本的な性格だとデモクリトスが考えていたことがわかる。さらに原子が小さいとされていたこともシンプリキオスから知られるだろう。しかし原子の不可分割性がその小ささに基づくのかはこれらのみからでは判然としない。言い換えれば不可分割性の理由は、(1)単に小さいために、実際上、分割できないのか、(2)分割されるべき部分を持たないために、理論上、分割ができないのか、(3)それとも何らかの本性によるのか、必ずしも明確ではないのである。まず、(1)小さいから分割できないというガレノスの証言を見てみよう。

ガレノス『ヒッポクラテスによるストイケイアについて』I. 2.（＝DK68. A49）

第一の物体が非受動的であるということを想定する人々がいるが、そのうちには、それが不壊であるのは硬さによると主張するものがいる。これはエピクロス派である。また小ささによってそれらは分けられないと主張するものもいる。これはレウキッポス派である。

これによれば、非受動的であること、言い換えれば原子が分割作用を被らないことに関して、エピクロス派は理由を「硬さ」に求めたのに対して、レウキッポス派は「小ささ」がその原因だとしていたということになる。だが先述のアエティオスには不可分割性と小ささとの関係に疑問を投げかける証言が存在する。彼らが「宇宙と同じくらいの原子」を想定していたというのである。

アエティオス『学説誌』I. 12. 6.（＝DG. p. 311＝DK68. A47）

デモクリトスは、……宇宙と同じくらいの大きさの第一物体も存在しうると主張している。

エウセビオスによって保存されたハリカルナッソスのディオニュソスにも（＝DK68.A43）、不可分割性が固さによるという主張とともに、大きな原子の存在をデモクリトスが述べていたこと、そしてこの点がエピクロスの原子論との相違点とする証言が認められる。もしこれほどの大きさの原子をデモクリトスが想定していたならば、分割不可能な理由を原子の大きさに求めることはできない。

さらにアエティオスには、分割が進行しない理由を、⑵原子の部分の有無と関係づける記述がある。

アエティオス『学説誌』I. 16. 2.（＝DG. p. 315＝DK68. A48）

「不可分なもの ἡ ἄτομος」を主張した人々は、部分を持たないものについて、それは無限の分割に向かわないと考えている。

原子に部分がないことを証言するこの記述は、分割不可能な原子は生成消滅を免れているゆえに「永遠的なもの」と位置づけるDK68. A37と呼応する。確かに部分がないのであれば、分割は理論の上では不可能であろう。さらにシンプリキオスは以下のような報告を残している。

シンプリキオス『アリストテレス「自然学」註解』925. 10（＝DK67. A13）

……レウキッポスとデモクリトスは、第一の物体［原子］が分割されえない原因は、非受動性のみならず、それらが小さく部分を持たないことであると考えた。ただし後代、エピクロスはそれらが部分を持たないとはしないで、非受動性のゆえにそれらは分割されえないとしたのである。

ここでは原子の非受動性が無限分割不可能な根拠とされているが、これは、(3)原子の本性による説明と理解できよう。ただしここでは、小さいことが、非受動性や部分を持たないこととともに分割が不可能である理由として挙げられており、その限りでは各論併記となっている。だが先のアリストテレスの証言では、原子は「大きさを持つもの」であった。大きさを持つものであれば幾何学的には分割可能であるにもかかわらず、不可能とされていたことを考慮するならば、原子の小ささそのものは不可分割性の理由とはならないと考えられる。

そのうえで原子の非受動性を右記のように「そもそも原子には部分がなく、そのために分割作用を被らないこと」

と解すれば、⑵と⑶は同じ事態を別の表現で述べたもので、必要十分条件の関係になっていると言えるだろう。ならば小ささはむしろ必要条件の一つに過ぎず、先の宇宙大の原子の不可分割性問題も、むしろ原子自身の本性を描き出すために主張されていると推測することもできよう。

さて、原子の重さについてはどのように考えられていたのだろうか。実際、この問題については互いに矛盾するような資料が存在し、研究者を当惑させている。まずアリストテレス、ついでテオプラストスによる証言を見てみよう。

アリストテレス『生成消滅論』第一巻第八章 326a9.（＝DK68. A60）

ただし、デモクリトスは［それぞれの原子の大きさが］超過するのに従って、原子は重くなると主張している。

テオプラストス『感覚について』断片六一節（＝DK68. A135）

さて、デモクリトスは原子が重いか軽いかを大きさによって区分している。［…］けれども「合成体」においては空虚をより多く含んでいればより軽く、空虚がより少なければより重いと、いくつかの箇所でそう述べている。しかし彼は他の箇所では単に希薄なものは軽いと述べている。

テオプラストスの証言での「合成体」とは、後に見るように原子と空虚からの構成体であり、一般的な意味での物体と考えてよいだろう。また「単に希薄なもの」が火のことを言っているとすれば[16]、デモクリトスは原子に重さを認めていたと考えてもいいようだ。しかしそれを否定する以下の記述も存在している。

アエティオス『学説誌』I. 12.（＝DG. p. 311＝DK68. A47）

デモクリトスは第一物体、これは「固いもの ナストス」であるが、これに重さがなく、相互に衝突することによって、無限［なる空間］の中を運動していると主張した。

先の箇所との整合性に関していくつかの解釈があるが、主にアリストテレスおよびテオプラストスの証言を資料的な豊富さも含めて尊重したうえで、この箇所のデモクリトスに関するアエティオスの証言が直前でのエピクロスについての考察との対比によってなされていることを考慮するならば、その証言に反して、原子には重さが備わっているとデモクリトスは考えていたとすべきであろう。というのもエピクロスの原子運動の場合、原子に備わる重さによって「下方へ」運動しているが、デモクリトスにはその記述がないという事実から、原子には下方運動をさせる重さがないとアエティオスが勇み足をしたためにこのような記述となったと推測されるからである(17)。

B　空虚の存在

事物の構成要素である不可分割的な原子は、すでに引用したDK67. A42に見えるように、いくつか別の呼称を持っていた。けれどもそれのみが世界を構成する原理ではない。原子が運動する「場所」が必要だとデモクリトスたちは考えたのである。この原理も「空虚」をはじめとした数通りの名によって呼ばれているが、これらを含めて、レウキッポスとデモクリトスの原子論の骨子を伝えている、アリストテレスの証言を見てみよう。

アリストテレス『形而上学』第一巻第四章985b4.（＝DK67. A6）

レウキッポスとその友人デモクリトスは、「充実体 ト・プレーレス plēres/τὸ πλῆρες」と「空虚 ト・ケノン kenon/τὸ κενόν」が事物の要素であると主張し、そのうえで充実体を「あるもの ト・オン on/τὸ ὄν」と、また空虚を「あらぬもの ト・メーオン to mēon/τὸ μὴ ὄν」とした。そのうえで充実して固いものを「あるもの」と、空虚〈で薄いもの〉を「あらぬもの」とした（それゆえに、彼らは、「あるもの」は「あらぬもの」と等しい程度に「ある」のだ、というのも、「空虚」は「物体」に劣らず「ある」のだから、と主張したのだ）。そのうえでそれらを、存在するものの素材としての原因だとする。〔存在するものの〕基底に存する実体を一つとして、その実体の様態によってさまざまな存在が生成する、そして希薄と緻密とがこのような様態の原理だとする人々のように(18)、彼らもそれと同じ仕方で、〔充実体の〕差異がさまざまな存在の原因だと主張した。だがその差異とは三つだと彼らは主張する。

つまり、「形態 スケーマ schēma/σχῆμα」、「配列 タクシス taxis/τάξις」、「位置 テシス thesis/θέσις」である。というのも、「あるもの」は「形 リュスモス rhysmos/ῥυσμός」、「並び方 ディアティゲー diathigē/διαθιγή」、「向き トロペー tropē/τροπή」によってのみ異なるのだと彼らは言うが、しかし「形」とは「形態」であり、「並び方」は「配列」であり、「向き」とは「位置」であるからだ。というのも、AはNと形態において異なり、ANはNAと配列において異なり、HはHと位置において異なるからである。けれども運動については、それがどこから起こるのか〔運動の起源〕、そしてどのような仕方で「あるもの」に存することになるのか、他の人々と同じように、彼らもまた軽率にも説明をしないままである。

アリストテレス『生成消滅論』第一巻第一章315b6.（＝DK67. A9）

デモクリトスとレウキッポスはさまざまな形態のもの〔原子〕を〔構成要素〕として立て、性質変化と生成をこれらから行なわせた。生成と消滅はこれらの分離と結合によって、性質変化は配列と位置によると言う。というのも、〔感覚器官に〕現れているところに真実があると彼らは考えたが、しかし現れは互いに反対であったり無数であったりすることから、〔原子の〕形態を無限とした。その結果、その構成が変容することによって、同じものであっても人によって反対だと思われるのであり、また少量のものが流入し混入してきても変動が生じる。そして一つの変動が生じるだけでも、全体としては〔それまでとは〕異なったものが現れると言うのである。実際、悲劇も喜劇も、同じ文字〔という構成要素〕から生まれ出てくるのだから。

レウキッポスとデモクリトスは「アトム」を「あるもの」とする。これこそが世界を構成する最小単位、いわば存在する物体の構成要素であり原理であり、これは「充実体」とも呼ばれる。上記DK67. A6およびDK67. A9にもあるように、これらには形態的に種類があり、世界の多様性は相異なる形態の「あるもの」によって、またそれが集合した場合の配列によって、また時にはその位置によって説明される。これに対し、世界の構成に必要なもう一つのものが「空虚」とも言われる「あらぬもの」である。

ヒッポリュトス『異端駁論』I. 13.（=DK68. A40）

デモクリトスは充満と空虚という構成要素について、レウキッポスと同様に、「充実体」を「あるもの」と、「空虚」を「あらぬもの」とした。そして「あるもの」は「空虚」の中をつねに運動していると言っている。

「空虚」とは「充実体」の運動を受け入れる空間であり「あらぬもの」ともされている。ではそもそも「あるもの」はどのような意味で「ある」のだろうか。まずこの点を考え、その上で否定辞を付された「あらぬもの」を検討してみよう。

原子の「ありかた」は二つの仕方で語られる。一つは感覚との関係であり、もう一つはその本性との関係である。まず感覚との関係で原子が「ある」とされる点について検討したい。確かにDK68. A37では「これら存在するものはあまりに小さく、われわれの感覚を逃れるほどだ」と、原子は感覚対象とはならないと報告されていた。小さすぎて肉眼では捉えられないならば、原子は感覚にとっては「あらぬもの」であり、思考によってその存在が措定されるべきものとなる。だが最小単位としてそれ自体では感覚対象ではなくとも、先の引用箇所で言われていたように、わずかばかりの混入が全体の「現われ」を一変させるほどであるとすれば、集合体としての原子は、感覚器官に「対象のありかた」を提供するという意味では「あるもの」と位置づけてよい。

ではこれに対し、「空虚」とはどのような意味で「あらぬもの」なのか。レウキッポスとデモクリトスの原子論においてすべての感覚内容は、「形」「並び方」「向き」など、原子の運動状態によって説明される。「空虚」とは、感覚対象としての原子が「ありかた」を実現する場である。だが空虚そのものは感覚対象ではないという意味で、感覚器官になんらの「ありかた」も提供することはない。これが「あらぬもの」とされる理由であろう。

しかしここで、この「あらぬもの」としての「空虚」が、DK67. A6において〈物体に劣らず「ある」〉、言い換えれば「あらぬもの」のありかた［存在］は「あるもの」と同程度だと言われていたことも思い出す必要がある。つまり「空虚」は「あらぬもの」であると同時に「あるもの」でもあることになる。これはどういう意味であろうか。

原子はDK68. A37で「永遠的なもの」と言われていた。確かに原子とは、世界のなかで生成消滅を繰り返すさまざまな事物の構成要素ではあるが、部分を持たないがゆえに、それ自身は生成消滅しない。さらにDK67. A6で言われたように、たとえ「位置」によって「ありかた」を変えることはあっても、原理であることによって「あらぬもの」となるわけではない。この意味で原子はつねに「あるもの」なのである。ここに「空虚」が「あるもの」とされる明確な理由が認められる。「空虚」もまたそれ自身は生成消滅の対象ではないという意味では(19)、生成消滅から免れているのであり、その限りでこれも原理として永遠に「ある」ことになる。

さらに「空虚」が原理として「ある」とされる根拠についても見てみよう。DK68. A40を見る限り、原子の運動に「空虚」は必須であった。すべての感覚を原子の運動に基づいて説明する以上、これは感覚対象としては「あらぬ」ことになる。だが多様な感覚が実現しているという事実に基づく限り、その実現の必須条件として「空虚」は存在を要請されることになる。つまり「空虚」とは、運動する原子を思考によって除去した結果として得られる存在であって、原子論が機能するために必要な理論的前提だとも考えられる。そうした手続きを踏んだ上で獲得されるとすれば、「空虚」は思考対象として「あるもの」だといえよう。[20]

C　原子論と多世界説

DK68. A37で言われたように、世界を構成するアトムと空虚は数的に無限である。そして結果として、それらから構成される世界も数的に無限となる。これはレウキッポスとデモクリトスがこの世界の唯一性を否定し、多世界・多宇宙論を主張していたことを意味する。以下の証言では、まず先に引用したヒッポリュトス『異端駁論』の続きを見ることで、彼らが多世界説を取っていたことを資料から確認する。そのうえで、世界を生み出す原因としての「渦」について説明がなされている箇所を見てみたい。

ヒッポリュトス『異端駁論』I. 13.（＝DK68. A40）

「世界 コスモス cosmos/κόσμος」[21]は無数に存在しているが、大きさにおいては異なっている。或る世界には太陽も月もないが、或る世界にはわれわれの世界にある太陽や月よりも大きいものがあり、また或る世界にはわれわれの世界よりも多くの太陽や月がある。諸世界同士の間隔は一定ではなく、多数の世界があるところも、ほとんどないところもある。或る世界は成長期にあり、或る世界は最盛期に、或る世界は衰亡期に、或る世界は生成期に、或る世界は欠乏期にある。それら諸世界は相互に衝突して滅ぶ。動物や植物や、あらゆる水分をもったものとは無縁な世界もいくつか存在する。外部から何らも受け入れることができない限り、その世界は最盛期にある。

この人物は、人間の世界に起こる万事は笑うべきことだといって、すべてを笑っていた。

この証言の最後に付された、デモクリトスの「笑い」がどのようなものであったのかは判らない。しかし多世界の存在を肯定する立場からすれば、この世界に起こるすべての出来事はつねに相対化される。あるいは彼の笑いの原因はそこにあったのかもしれない。ともあれ、以下の証言はレウキッポスに帰せられているが、デモクリトスにも共通の理論と解して見てみたい。

DL. IX. 31.（＝DK67.A1）

先にも述べたことであるが、「万有 ト・パーン to pān/τὸ πᾶν」は無限であると彼は主張する。万有のうちには充実体があり、さらに空虚があるが、彼はこの二つを［万有の］構成要素としており、無限の諸世界はこの構成要素から生成し、またこれら構成要素へと分解していくのである。そして諸世界は以下のような仕方で生成する。すなわち、形の上でさまざまな物体［アトム］が「無限なものから切断され[22]」て、広大な空虚へと運ばれていく。これらは集合して一つの「渦 ディーネー dīnē/δίνη」を作り出す。この渦において物体は相互に衝突し、さまざまな仕方で回転していくうちに、似たもの同士がそれぞれ選別されていく。つまりその数の多さのために、もはや均衡を保ちながらの回転運動が不可能となるので、篩にかけられるかのごとく、軽いものは外側の空虚へと出て行くのだ。けれどもそれ以外のものは共にその場に留まり、相互に絡み合って、相互に運動を行なう。そうして球状の最初の構成物を作るのである。

同 32.

ところでこの構成物から[23]、それ自身の中にさまざまな種類の物体［アトム］を包含した「被膜 ヒューメーン hȳmēn/ὑμήν」のごときものが分離する。これらの物体は中心部分に働く力によって渦を巻いているために、それを覆っている被膜は、それと隣り合う物体が渦と接触しているためにつねに流れ出ていってしまうことから、次第に薄くなっていく。かくして、［渦の］中心に運ばれた物体が底に留まることで、大地は生成する。さて被膜のごときものそのものは、外部からの物体の流入によって[24]増大していく。渦によってそれが回転しているために、接触するものなら何でも取り込んでいくのである。取り込まれた物体には、相互に絡み合って構成物を作るものもある。この構成物は始めは湿っていて泥土のような状態であるが、そのうちに乾燥して、全体の渦とともに運動することになり、その後は発火して、星々というものをつくりあげることになる。

同 33.

さて太陽の軌道は［大地から］もっとも遠くにあり、月の軌道はもっとも近くにある。それ以外の星々の軌道は両者の中間にある。すべての星々はその運行速度が速いために火がついているのだが、太陽は他の星々によっても火をつけられている。月はわずかではあるが火を分け持っている。太陽と月の蝕は［欠落］獣帯の傾斜は、大地が南へ傾いていることによる。北方地域はつねに雪に覆われており、酷く寒冷で凍っている。日蝕はまれにしか発生しないが、月蝕は定期的に発生する。それは両者の軌道が等しくないことによる。

世界に生成があるごとく、何らかの必然に基づいて［κατά τινα ἀνάγκην］成長と衰退と消滅もあるとするが、その必然がどのようなものなのか、レウキッポスは特定していない。

レウキッポスとデモクリトスは、世界が数的に無限であり、宇宙には「動物や植物や、あらゆる水分をもったものとは無縁な世界もいくつか存在する」と考えていた。この表現はまた、われわれの住んでいる世界と同様の世界もまた複数存在することを意味している[25]。では無限の宇宙はどのような仕方で出来したのだろうか。ここでは「何らかの必然に基づいて」と言われている。けれどもディオゲネス・ラエルティオスが指摘するように、この「必然 アナンケー anankē/ἀνάγκη」の実態は明らかではない。以下ではこの「必然」について考えてみたい。

D　レウキッポスとデモクリトスの原子論における「渦」をめぐる必然と偶然

DKではレウキッポスに帰せられている以下の断片からは、「必然」なる概念が述べられていたことがわかる。

レウキッポス『知性について』（＝アエティオス『学説誌』I. 25. 4. = DG. p. 321 = DK67. B2)

> 万物は「必然アナンケー anankē/ἀνάγκη」、つまり「運命ヘイマルメネー heimarmenē/εἱμαρμένη」に基づいて起こるとレウキッポスは主張した。実際、レウキッポスは『知性について』のなかで、「無意味に［matēn/μάτην］生じる事物はない。すべての事物は「理由ロゴス logos/λόγος」から、必然によって生じるのである」と主張しているのである。

この箇所では、万物を出来させるものとして「必然」と「運命」が挙げられ、続いてレウキッポスの書名とともに引用が行われている。「ロゴス」はそれだけでは曖昧であるが、「無意味」との対比から、事物の生成に認められる「意味」、つまり「理由」と解することができるだろう。だとすればすべての現象は「必然」に基づき成立し、「理由」なしには出来しないことが述べられていると、ひとまずは理解できる。では「必然」とは何か。原子運動を模式的に考えてみたい。

原子Aは時点t_1で運動の方向と速度が決まっているとする。すると未来の時点t_2でのAの状態はt_1のAの振る舞いによって一義的に決定される。この考えを過去にも適応させるなら、時点t_1で原子Aが持っていた運動状態は、過去の時点t_{-1}によってすでに決定されていたと考えられる。次にこの考え方をすべての原子の運動状態に拡張してみる。現時点t_nですべての原子A、B、C…Zの運動状態が決定されているとすれば、未来の時点t_fでの原子A、B、C…Zの振る舞いも決定されている。未来の時点t_fでの運動状態の決定は、さらにその先の時点t_{ff}での原子A、B、C…Zの運動状態をも決定する。当然のことながら、現在の運動状態は過去の時点t_pによってすでに決定されていたことになる。そしてt_pの運動状態もさらに過去のt_{pp}の時点で決定されていたことになる。つまり或る時点の原子の運動状態は、つねに先行する時点の原子の運動状態によってあらかじめ決まっていることになる。最後にこれを全原子の全運動時間に拡張する。すると、原子から成立するすべての事物の現時点のありかたは、すでに過去の時点の各原子の振る舞いによって決定されており、また未来にわたっても決定されていることになる。

　このように、あらゆる時点の運動状態は先行する時点の運動状態から機械論的に決定され、かつその決定から離れた振る舞いはありえないとすれば、原子論においては偶然によって生じる事象は存在しないことになる。右記引用で少なくともレウキッポスは、このような原子の運動の連鎖を「必然」と述べたと考えられる。(26) だが、「必然」を、宇宙生成の端緒に起こる「渦」と関係させた、以下のアリストテレス『自然学』の証言は、この「必然」概念とはそのままでは調和しない。

アリストテレス『自然学』第二巻第四章 195b31–196b7.（DK68. A68、およびA70を含む）

「偶然テュケー tychē/τύχη」や「自己偶発〔自然発生〕アウトマトン automaton/τὸ αὐτόματον」(27) も原因に属していて、つまり多くの事物が「偶然」や「自己偶発」によって存在し生成すると言われている。そこで、「偶然」と「自己偶発」が〔これ以前の箇所で言及された〕諸原因のうち、どのような形式に入るのか、また「偶然」と「自己偶発」とは同じものなのか、あるいは異なるものなのか、また一般的に言って、「偶然」と「自己偶発」との本性は何であるのか、考察せねばならない。

　実際、これらの原因があるかどうかを疑っている人々がいる。というのも、何ものも偶然からは生成せず、むしろわれわれが「自己偶発」あるいは「偶然」から生成すると言っているすべてのものにも何らかの原因があるのだと彼らは主張しているからである。たとえば、「会いたいと欲してはいたが、そこでその時に会えるとは思っていなかった人に出くわすこと」は「アゴラへ行ったという偶然から」起こったことであるが、彼らは「アゴラへ行って買い物をしようと欲すること」が原因であると言うのである。〔…〕

　さらにこの宇宙と世界のすべてのものの〔生成の〕原因をも「自己偶発」に求める人々がいる。実際、彼らは自己偶発から「渦 ディーネー dīnē/δίνη」が、そしていまのこの［現在の世界の有する］秩序にまで万有を区分しまとめ上げた運動が発生したという。しかしこれは非常に驚くべきものである。というのも、彼らは動物や植物さえも「偶然」から存在しているわけでもなく、また生成しているわけでもなく、その原因は自然とか知性とか、あるいはそれに類する他のものだと主張しながら（実際、それぞれの種子からでたらめなものが発生するわけではなく、この種子からはオリーブが、この種子からは人間が発生するのだから）、しかし宇宙や［目に］明らかな事物のうちで最も神的な諸存在［天体］は「偶発」から生成したとして、動物や植物には認められるごとき原因を何らも認めないのである。

しかしこれがもしそうだとすれば、これ自体も考究に値しようし、このことについて何らかの説明がなされるならば結構なことである。けれども実際、彼らによって述べられていることは非常に不合理である。だが、さらにいっそう不合理なのは、宇宙の中には何ら「自己偶発」から生成したものはないということを彼らが見ているにもかかわらず、また［彼らが］偶然からではないと［主張する］多くの事物［動物や植物］では偶然から生成しているのを見ているにもかかわらず、あのようなことを主張していることであろう。けれども実際にはそれとは反対のことが起こっているとするのが妥当なのである。

また「偶然」は原因ではあるが、それはむしろ何らか神的な、つまりダイモーン的なものであって、人間の思考には不分明だと主張する人々もいる。

ここでは批判対象の名前が挙げられてはいないものの、「渦」という言葉から了解されるように、デモクリトスなどの原子論者を指しているのは明らかである[28]。アリストテレスの宇宙論をここで詳述することはしないが、宇宙に第一原因者としての知性が存在し、すべてを導いているとする目的論が思い出されれば充分であろう。だとすればここでの批判のポイントは、この宇宙の中のすべてのものの生成には「必然」という観点から説明がなされ、その限りで

「偶然」が排されているにもかかわらず、万物生成の原因だという「渦」には「自己偶発〔自然発生〕」という説明しか与えられていないことにある。[29] つまり問題は「自己偶発」的に発生し、万物を生成に至らしめる「渦」と、やはり万物を出来させる「必然」との関係であると言ってよい。すると主に二つの推測が可能となる。

(1) アリストテレスの報告は正確であり、「必然」と名づけられていた「渦」に「自己偶発」の側面が存在することをデモクリトスは認めていた。

(2) アリストテレスの報告は正確であり、デモクリトスは端的に「渦」を「自己偶発」としていた。

もちろん、アリストテレスの報告が部分的に不正確であるという可能性もある。だが、アリストテレスや同時代のテオプラストスの証言を信頼せずして原子論を再建することは難しいことを弁えておく必要がある。さて、(1)と(2)はどちらも「渦」と「自己偶発」とを結びつける点で共通するが、何らかの条件を認めるかどうかという点では異なる。つまり、(1)の「必然」とは、人間の思考能力にとっては「自己偶発」としか見えないが、しかしわれわれの理解力を超えたもの、たとえば神を持ち出し、「観点の相違」によって両者を調停する試みである。[30] 確かに、後代には彼らがそのような思考を有していたとする証言もある。

アエティオス『学説誌』I. 29.（＝DG. p. 326＝DK68. A70＝DK59. A66）

偶然について

アナクサゴラスとデモクリトスとストア派は、[31] それは人間の推理判断能力にとっては不分明な原因であると主張している。つまり物事には、必然に基づいて生じるものも、運命に基づいて生じるものも、選択に基づいて生じるものも、偶然に基づいて生じるものも、自己偶発に基づいて生じるものも存在するのである。

一見すると解決策を導き出せそうな方法ではあるが、問題がある。というのも先の『自然学』引用箇所を見ればわかるように、「渦」を「自己偶発」とする人々に続いて、アエティオスによる証言と同じく「観点の相違」を述べる人々が記されている。そのために、そのまま読むならば、アリストテレスは「渦」の「自己偶発」を批判した直後に「観点の相違」によって原子論者を救っていることになり、批判そのものに意味がなくなってしまう。その限りで「観点の相違」は、原子論者とは異なる相手に対して向けられているとした方がアリストテレスの読解としても整合性が取れる。[32]

ここで(2)を検討しよう。宇宙形成の初期状態を導く「渦」を「自己偶発［自然発生］」としていたか、あるいは少なくとも「必然」による説明をしなかったという可能性である。その場合こう考えることができる。すなわち彼らは「渦」そのものの生成と「渦」によって生じた原子運動とを区別した。「必然」とは、運動が始まってからの状態、いわば原子間の振る舞いの連鎖について言われる言葉であり、「渦」によって発生した万物の関係を記述する概念である。そしてその限りでは確かに「宇宙の中には何ら自己偶発から生成したものはない」のである。これに対し「渦」は、原子に運動が実現するための第一の前提であり、「必然」には関わらない。「自己偶発」、あるいは「偶然」という言葉は、運動の出発地点としての「渦」が、先行する状態からその振る舞いを導き出されないというがゆえに、非必然性を意味する語として用いられたのではないか。宇宙の中で生成する万物が例外なくそれに従わざるをえないという意味では、原子論者の主張する「必然」は自然法則といった概念に近いと解することもできよう。それはたとえば、ビッグバンによって成立した宇宙の全存在の振る舞いは「四つの力」によって説明されるものの、ビッグバン自身の発生は「四つの力」によっては記述されないという現代宇宙論と類比的に考えることも可能である。いずれにせよ、「渦」の生成には原子運動のような必然性が認められないという限りで「自己偶発」であるが、万物の生成は原子の振る舞いに基づくという意味で「必然」と彼らが呼んだと解するならば、アリストテレスの批判の正当性とともに、原子論者の主張の枠組みやその目的も適切に位置づけられるだろう。

E　人間の心と原子の運動

原子から構成されるすべての存在は必然に基づいているとすれば、自然に包含される人間も、さらにその人間の心や感情も、物体と因果関係を持っている限りで、原子の運動状態に還元されると推測することは可能である。以下では、レウキッポスとデモクリトスの原子論が魂の問題と関連していた可能性を見てみたい。

ストバイオス『抜粋集』III. 1. 210.（＝DK68. B191）

実際、人間には喜びの適切さと生の均衡によって「快活　エウテュミエー euthymiē/εὐθυμίη」が成立する。しかし［それらの］欠乏と超過とは急激な変転をもたらして魂に大きな動きをもたらしがちである。大きな振幅によって動かされる魂は安定しないし、快活でもない。

このとき、魂にもたらされる「大きな振幅」が原子運動であるとすれば、魂の安定としての「快活」を考えているデモクリトスにとって、それは身体の中の原子の安定にほかならないことになろう。もちろんこれは魂が原子や空虚に還元される限りで、心が原子の運動に支配されていることを前提にした仮定にすぎない。だが、デモクリトスが魂を原子から構成されると考えていたことを窺わせる証言は多く残されている。

アエティオス『学説誌』IV. 3. 5.（＝DG. p. 388＝DK. 66. A102）

デモクリトスは［魂は］火のごとき合成体であり、理性によって考察されるところから構成されている。それは外見としては球状で、機能としては火の性質を帯びており、まさに物体であると主張している。

この断片から、原子の運動である自然学と、魂や心の状態を考察する倫理学の間に何らかの理論的な架け橋が存在していたことが十分に窺われる。とはいえ、現存する断片や証言からは、自然学理論で認められた因果関係に基づいて人間の心性を説明する具体的な記述は残っていない。つまり、その限りで彼らの原子論は自然学にとどまってしまい、倫理と自然の、魂と原子の、こころとからだの因果関係をどのように描いていたのかは明らかになっていない。[33]

3　レウキッポスとデモクリトスの原子論の目的と哲学史的位置づけ

以下ではレウキッポスとデモクリトスの原子論の哲学史的位置づけを、その目的という観点から検討してみたい。これに際して注意すべきは、DK67. A6〈「あるもの」は「あらぬもの」と等しい程度に「ある」〉という箇所で使われた「あるもの」と「あらぬもの」という用語である。これらがエレア派の始祖パルメニデスの詩の一節と関係を持つことは明白である。

シンプリキオス『アリストテレス「自然学」註解』117（＝パルメニデス「断片」6＝DK28. B6）

語られ、かつ思惟されうるためには「あるもの」があらねばならない。[34] なぜなら、「ある」はありうるが、「あらぬ」はありえないから。私［女神］はこのことを心に留め置くよう、あなたに命じる。というのも、これ［「あらぬ」に向かう道］は私があなたを［そこに行かないように］引き止める最初の探求の道だから。

さらにその後、何ものをも知ることのない死すべきもの、

二つの頭を持った［怪物］が彷徨える道からも［あなたを引き止める］。実際、彼らの胸のうちでは困惑が彷徨える思惟を導くのだから。

そしてあたかも、耳の聞こえぬもの、眼の見えぬものの如くに、呆けた、物事がわからぬ一群となって彼らは引き回される。
彼らは「ある」と「あらぬ」とは同じであり同じでないと見なしているのだ。
彼らすべては「すべてに逆に向き合う道」を歩むのである。

同78.（＝パルメニデス「断片」8＝DK. 28. B8)
それはかつて「あった」ことも、これから「あるだろう」ということもない。それは全体として、一つの、連続したものとして、いま「ある」のだから。実にあなたは、それのどのような生成を探そうとするのか。それはどのように何から成長したのか。私はそれが「あらぬもの」からとあなたが語ることも、思惟することも許さないだろう。なぜならそれが「あらぬ」とは語りえないし、思惟しえないからだ。

パルメニデスを含め、エレア派をここで詳述することは不可能だが、概して言えば、生成・運動の否定であり、「思惟［あるいは知性］ヌース nūs/νοῦς」による世界の把握、すなわち一つの総体として「ある」世界の主張であり、同時に感覚に基づいた世界の多様的な把握の否定であって、これは「あるものがあらねばならない」というフレーズに集約される。その限りで「あるもの」は「あらぬもの」に由来することはない。つまり「あらぬものはありえない」のであって、両者を同じものとして扱うのは「物事がわからぬ一群」の為すところだとされる。そして「すべてに逆に向き合う道」という句からは、「逆に向き合う調和」(DK22. B51) によって世界の「ありかた」の多様性を主張したヘラクレイトスらがここで批判対象として念頭に置かれているのは間違いない[35]。

ところでヘラクレイトスの「上りも下りも同じ［一つの］道」(DK22. B60)、「円周上では、初めと終わりとは共通」(DK22. B103) という言葉からは、彼が現象世界において成立する現れの多様性、つまり世界の多なる「ありかた」

の提示を目指していたこと、そしてその世界観が生成、つまり運動の成立を前提としていたことが分かる。だとすれば、パルメニデスが上記引用で批判していたのは、ヘラクレイトス一人ではなく、一つの原理から多なる現象を擁する世界の生成を説いたアナクシメネスやアナクシマンドロスなど、ミレトス派の自然哲学者たちもそこに含まれることが理解されるだろう。するとここに、ヘラクレイトスを始めとする世界の多様性を主張する人々と、それに反対するエレア派との対立構図が浮かび上がる。(36)

さてレウキッポスとデモクリトスの〈「あるもの」は「あらぬもの」と等しい程度に「ある」〉(＝DK67.A6)という主張、さらに「空虚」という仕方での「あらぬもの」の措定をここで思い出す必要がある。一見してわかるように、この主張は、パルメニデスの〈「ある」はありうるが、「あらぬ」はありえない(37)〉に反している。エレア派の求めたものが「世界の多様的な把握の否定」であったこと、それは相対主義者や自然哲学者に向けられていたこと、それにもかかわらず原子論の先の言説が主張されたことを考慮するなら、彼らの原子論とは、かつてエレア派が反対した世界の多様性を、自然哲学者たちの用いた単一原理とは異なった仕方で再び確保しようとする試みだと言える。つまり彼らは「あるもの」としてのアトムと「あらぬもの」としての空虚によって現象の多様性を説明するのである。これはすでに引用した DK67. A9 からも明白である。

しかしながら原子論が取るこのような主張の方向性は、パルメニデスの辿った道からまったく逸脱したものではない。なぜなら原子論では、「あらぬもの」は観点を変えれば「ある」からである。

プルタルコス『コロテス論駁』(＝DK68. B156)

［その中でデモクリトスは］「もの ト・デン to den/τὸ δέν」は「あらぬもの ト・メーデン to mēden/τὸ μηδέν」と同等に「ある」として、物体を「あるもの」と、空虚を「あらぬもの」と名づけた。空虚は、固有の本性と一定の存立とを有しているのだから。

すでに見たように、「あらぬもの」としての空虚は、現象の説明という場面では「あるもの」、つまり原子とは異なるものとして「あらぬもの」であった。しかしそれは思考の対象としても「あるもの」であり、不生不滅である限りでも「あるもの」である。いずれにせよ原子と空虚は両者ともに世界を構成する原理として、現象の根底では「あるもの」なのである。だとすれば、世界は「あらぬものから」出来したのではないことになる。この点で、レウキッポスとデモクリトスは、パルメニデス「断片」8（＝DK. 28. B8）における「私はそれが「あらぬもの」からとあなたが語ることも、思惟することも許さないだろう」という女神の言葉に忠実であると考えられる。

つまり彼らの理論は、一方では運動および現象の多様性を認めようとする相対主義や自然哲学の立場からのエレア派への反論となっており、他方では、「あらぬもの」からの世界の生成に反対し、世界の根底に「あるもの」のみを認めるエレア派の主張の継承となっているのである。そしてそのような観点からすれば、虚偽の可能性という仕方でパルメニデスの言葉を突破したプラトンに対して、デモクリトスは原子論という仕方で突破したと言ってもよいであろう。

2　エピクロス

1　エピクロスの生涯と教説

A　エピクロスの生涯

原子論の中心的思想を「これ以上分割不可分な原子［アトム］とそれが運動する空間である空虚［ケノン］から世界は構成されている」と定義するならば、その思想はヘレニズム世界においてエピクロスによって継承されたと言える。これはエピクロスがデモクリトス派のナウシパネスに師事したという証言からも了解される。だがその一方でエピクロス自身はデモクリトス派を自称せず、むしろ「誰にも学んでいない」と、その独自性を喧伝してもいた。以下の証言を見てみよう。

DL. X. 13.

アポロドロスは『年代記』で「この人物〔エピクロス〕は〔デモクリトス派の〕ナウシパネスと〔ペリパトス派の〕プラクシパネスに師事した」と言っている。しかしエピクロス自身は「エリュロコス宛書簡」でそれを否定し、自分自身に師事した〔独学した〕と言っている。さらにはレウキッポスなどという哲学者が存在したことを、エピクロス自身も、また〔彼を継いだ〕ヘルマルコスも否定している。もっとも、エピクロス派のアポロドロスなど、レウキッポスはデモクリトスの師であったと主張するものもいるのだが。マグネシアのデメトリオスは、エピクロスはクセノクラテスにも師事したと言っている。

これほどまでに独創性を主張するエピクロスの原子論とはどのようであったのか。そしてデモクリトスとどの点が共通し、どの点が異なるのか。以下ではこれらについて検討するが、しかしその前に彼の生涯を、引き続きディオゲネス・ラエルティオスの証言をもとに見てみたい。

DL. X. 1–2.

エピクロスはネオクレスとカイレストラテーの子供であり、ガルゲットス地区出身のアテナイ市民で、ピライダイ家の一門であるが、これはメトロドロスが『高貴な生まれについて』で言っている。このことは多くの人の語ることであるが、とりわけヘラクレイデスが『ソティオンの抜粋集』で述べていることによれば、「アテナイ人たちがサモス島へ入植してきてから後に、エピクロスはそこで育ったとのことである。一八歳になって彼はアテナイに行ったが、その頃はクセノクラテスがアカデメイアで教えており、アリストテレスはカルキスに滞在していた。しかしマケドニアのアレクサンドロスが没して、アテナイ人がペルディッカスによって［サモス島から］退去させられると、エピクロスはコロポンの父親の許へと移っていった。エピクロスはしばらくそこに留まって、弟子たちを集めていたが、再びアテナイへと向かったのは、アナクシクラテスがアルコン職にあったときである。そしてあるときまでは他の哲学者とともに［研究をしていた］が、その後に彼の名前で呼ばれる学派を創立し、独自の学説を述べた」とのことである。だがエピクロス自身は「一四歳になって初めて哲学に触れた」と言っている。

同 14–15.

アリストンが『エピクロスの生涯』で書くところによれば、［…］［デモクリトス派の］ナウシハネスに師事したのみならず、サモス島でプラトン派のパンピロスにも師事したという。またエピクロスは一二歳のときに哲学を始めて、三二歳で学園を開いて指導し始めたという。アポロドロスは『年代記』で、エピクロスは第一〇九回オリンピック期の第三年目、ソーシゲネスがアルコン職にあるときのガメリオン月［現在の一月後半から二月前半］の七日に生まれたという。この年はプラトン没後七年目にあたる。エピクロスは三二歳になって、まずミュティレーネとランプサコスに学園を創建し、そこで五年過ごしたという。その後にアテナイに移って第一二七回オリンピック期の第二年目、ピュタラトスがアルコンの職にあった年に七二歳で没した。彼の学園はアゲモルコスの息子・ヘルマルコスが継承した。エピクロスは尿道が結石で塞がれたために死んだというが、これはヘルマルコスも書簡の中で述べている通りであって、エピクロスは一四日これを病んだという。

これらの記述には、多少の異同はあるものの、エピクロスの育った時代状況を映していて興味深い。エピクロスの生涯を概観すると、彼は紀元前三世紀半ば（三四一ＢＣ説が有力）[38]にアテナイで生まれた。哲学を始めた年齢は決定できないが、いずれにせよ一八歳になる頃までプラトン派のパンピロスに従っており、その後（四二三BC）アテナイに赴き、クセノクラテスの講義を聴いた。この年はアレクサンドロス大王が死んだ年であるが、リュケイオンではテオプラストスの講義も聴いたとされる。翌年、マケドニアのペルディッカス王によってアテナイ植民者がサモスから一掃される事態になると、流転を余儀なくされる。その後、ロードスでペリパトス派のプラクシパネスに師事したようであるが、さらにデモクリトス派のナウシパネスにも学んだと言われる。やがて三一一BC年ごろ、レスボス島に彼独自の学派を創立し、その後、アテナイへと戻り、三〇六BCに学園を開く。その後、二七〇BC年に七一歳で没したということになる。これらの伝承で重要なのは、彼の思想の核となっているデモクリトス派のみならず、プラトン派、アリストテレス派にも関わりがあったという点、言い換えれば、彼の教説はある種の思想遍歴の上に構成されている点である。

B　エピクロスの原子論

エピクロスの教説を見る際にもレウキッポスやデモクリトスの場合と同様に資料的問題が発生している。彼らよりはいいものの、著作の大半は失われている[39]。それでも彼の思想を知りうるのは、ディオゲネス・ラエルティオスに、三篇の書簡（『ヘロドトス宛書簡』、『ピュトクレス宛書簡』、『メイノケウス宛書簡』）の引用と、『主要教説』が残されているからである。このうち『ヘロドトス宛書簡』にはエピクロスの宇宙論や自然論、そしてそれがカバーする霊魂論が、『ピュトクレス宛書簡』には宇宙論および自然現象（主に気象論）が、『メイノケウス宛書簡』には倫理学的な教説が残されており、これらによってわれわれはエピクロス思想に触れることができるのである。また『主要教説』は、彼自身の手によるものではないものの、その思想に忠実であるため、一般に重要な資料と見なされている。以下ではこれらの資料を中心にして自然学理論を見てみよう。エピクロスの自然哲学を支える中心的理論が「原子論」であることは『ヘロドトス宛書簡』から確証される。

DL. X. 39.
［…］[40]「宇宙万有 ト・パーン」は「諸物体 ソーマタ sōmata/σώματα」と「空虚 ケノン kenon/κενόν」で［成立しているもので］ある。というのも、物体があるということは、まさに感覚がすべての人の前で証するところであり、「［感覚に］明らかではないもの［＝空虚］」は、先の箇所でも述べているとおり、感覚に基づき、推論によって τῷ λογισμῷ［それがあることを］判断する必要がある。

「物体」との比較で「あらぬもの」と位置づけられる「空虚」が、推論によっては「あるもの」だと明確に述べられており、基本的な思考はデモクリトスらと相違していないようである。

同 40.
もし「空虚」とか「場 コーラー chōrā/χώρα」とか、「感覚によっては触れられないもの」とわれわれが名づけているものが存在しなかったとしたら、物体はそれが存在するところ［場所］を得てはいなかっただろうし、［現実には］物体は明らかに運動しているにもかかわらず、それを通して動くところ［物体が運動する空間］も得てはいなかっただろう。これら［物体と空虚］、つまり完全なものとして把握され、かつこれらに属する性質や偶有性と言われるものとして把握されないもの、こういったもの以外には、想像によってであれ、［すでに得られた］想像と類比するという仕方であれ、思考することは不可能である。［…］

同 41.
物体には、「合成体」と「それから合成体ができるもの［合成体の構成要素］」とがある。
これら［構成要素］は「不可分 アトマ atoma/ἄτομα」[41]であり、不変なものである。万物は「あらぬもの ト・

メーオン to mē on/τὸ μὴ ὄν」へと滅するのではなく、合成体が分解するに際しては、むしろその構成要素は強固なものとして残る以上は。つまり構成要素とは「充実したもの イスキュオンタ ischyonta/ἰσχύοντα」であり、どの点でも、またどのような仕方によっても分解することはないであろう。したがって物体の「原理 アルケー archē/ἀρχή」は「不可分」なのが必然なのである。

また宇宙万有は無限である。なぜなら、「限りがあるもの」には「端」がある。「端」は［その先にある別のものの］「端」と接しているのが認められる。（だが万有には別のものと接している「端」は認められない[42]）。したがって万有には「端」がないために「限り」はない。限りがないのであるから、万有は「無限」であろうし、「限りがあるもの」ではない[43]。さらには、万有は物体［原子］の数量においても、空虚の大きさにおいても無限である。

同42.

というのも、もし「空虚」は［大きさにおいて］無限でありながら、物体［原子］が［数的に］有限であったとしたら、物体は、留まるところなく、無限の空虚で運動し、拡散してしまったことであろう。衝突によって［その物体の位置的な安定を］支え、また［その物体が運動してきた反対方向へ］送り戻す他の物体に出会うことがないからである。またもし空虚が有限であったとしたら、数的に無限の物体には、それがあるべきところ［場所］がなかったであろう。

それらにくわえて、物体の中でも不可分で稠密なもの——それから「合成体」が成立し、それへと分解していくもの——には、把握しえないほどの「形態 スケーマ schēma/σχῆμα」の相違がある。というのも、われわれに把握されるのと同じ［くらいの限られた種類の原子の］形態から、［万有に存する］これほどまでの［合成体の］相違が出来することは不可能であるからだ。そしてそれぞれの形態ごとに類似した原子は端的に無限に存在するが、形態の異なりについては無限ではなく、端的にわれわれが把握できないほどに数が多いというだけであ

る。［…］

同 43.

［…］原子は連続して、永遠に運動しているが、A 相互に離れた距離を隔てて運動するものもあれば、B その場で「衝撃振動《パルモス》 palmos/παλμός」を発するものもある。B－1 それはそのアトムが［合成体の要素として］絡み合わさって閉じ込められたところか、B－2 絡み合っている他の合成体によって覆われているところかである。

原子の運動状態を記述する右記箇所はいささか分かりにくいが、これらのうち、Aは気体状態のアトムを、B－1は固体状態を、B－2は液体状態を説明している。注目すべきは、気体と液体、固体という物体の三相の違いが、物体そのものの質ではなく、空虚における原子の運動状態に基づいて説明されていること、さらに固体状態や液体状態においてさえも、衝撃震動という、或る種の運動状態が想定されていること、言い換えれば、あらゆる原子は運動状態にあると考えられていることである。

さて無限の空虚の中で運動を続け、相互に絡みあう無限のアトムによって万有ができているとすれば、以下のような、世界の無限性についての記述が出てきても不思議ではない。

DL. X. 45.

まさに「世界《コスモス》 cosmos/κόσμος」の数は無限であり、この世界に似ているものもあれば、似ていないものもある。なぜなら、先に証されたように、無限に存在しているアトムは、非常に遠くまでも運動していくからである。実際、世界がそれらから生成している、あるいはそれによって出来上がっているアトムは、一つの世界のために、あるいは数的に一定の世界のために、その世界がこの世界に似ていようと異なっていようと、使い尽くされてしまうことはないのである。したがって、世界が無限に存在することには何らの障害もないのである。

『ヘロドトス宛』書簡を見て分かるように、世界はアトムと空虚から出来ており、しかもそれが無限であるがゆえに、世界の数もまた無限である。世界の数についてのエピクロスの見解もアトムの数的無限に基づいた論理的帰結であり、レウキッポスおよびデモクリトスの見解とほぼ同じである。(44) ではその差異はどこにあるのであろうか。以下でそれを見てみたい。

2 デモクリトスの原子論とエピクロスの原子論の相違

A 原子の逸れと因果律からの自由

デモクリトスとエピクロス、二つの古代原子論の違いは何であろうか。エピクロスが原子の重さを初めて主張したとして、そこに二つの原子論の違いを見出そうとする研究者もいる。だが、すでに見たように、アリストテレスとテオプラストスの証言によれば、デモクリトスは原子の大きさによって重さと軽さを区別していたようであり、(45) 留保が必要であろう。けれども、(1) アトムの重さを原子の運動の原因とした点、(2) それにもかかわらず軽重は運動速度とは関係ないとした点、(3) さらにその運動が「渦」の回転運動によるのではなく、基本的には直線とした点で、エピクロスはデモクリトスと明らかに相違している(ただし、「直線運動」という説明には補足が必要であるが、それは後述する)。さらにエピクロスの場合、原子の直線運動とは下降運動のことである。これらを資料に即して見てみよう。

DL. X. 61.

またアトムは、衝突するものがなく空虚のなかを運動する際には、必然的に等速で運動している。なぜなら、

［大きくて］重いアトムのほうが小さくて軽いアトムよりも――この小さなアトムに何も衝突しない限りは――、より速く運動することはないからだ。またすべてのアトムは［自身に］合致した経路を有しているのであるから、小さなアトムのほうが大きなアトムよりも――この大きなアトムに何も衝突しない限りは――、より速く運動することもない。また［アトム同士の衝突によって発生する］衝撃による上方への運動も、側方への運動も、アトムに固有の重さによる下方への運動も、速さを変えることはない。なぜならどの運動をしていようと、外部から何かが衝突するか、あるいは打撃を与えたものに対抗する自身の重さによって［その運動の速度が弱まらない限りは］、アトムは「思考」と同じ速さで運動するであろうからである。

さて、デモクリトスの原子論では世界生成の出発点である「渦」からの運動が原子に働くとき、それは「必然」と言われていた[46]。これは無目的で、全宇宙に働く一種の法則であり、それに基づいた自然観はまさに機械論である。これに対しエピクロスは、原子にはこうした機械論的決定論ともいうべき「必然」に従わない運動も存在し、これを「原子の逸れ」という概念によって主張していた可能性が高い。その結果、彼の描く宇宙の姿は、デモクリトスの宇宙論とも、アリストテレスの主張する目的論的宇宙論とも、ストア派的な決定論的宇宙論とも異なり、一定程度の偶然が存在するという意味で、非必然的で非決定論的かつ無目的的な宇宙論となっている。以下ではエピクロスが「必然」を否定した理由と、その仕方を見てみたい。ただしそれを導き出す断片は、残念ながら現存しているエピクロスの言葉には認められない。そこでこの宇宙像をもたらす「原子の逸れ」について、原子論とは距離を取るキケロによる論評を、ついで熱心なエピクロス派詩人であるルクレティウスによる証言を見てみよう。

キケロ『善悪の限界について』I. vi. 18–20.
エピクロスはデモクリトスに従っている教説ではほぼつまずくことはない。［…］だがそれら［アトムを合成体へと導く力についての両者の見解」は両者に共通の欠点である。しかし以下はエピクロスに固有の欠陥である。というのも、彼は同一の固形物体としてのアトムは、自身の重さによって一直線に下方へと動くと考えたが、これをすべての物体に及ぶ自然の運動だとした。頭の良いこの人物は、すべてが下方に、そして私が述べたように、直線的に運動するとすれば、確かに或るアトムが別のアトムと接触するといったことは起こらないことになる。そのようにして［欠落］、そこで彼は作り話を持ってきたのである。彼はほんのわずか、これ以上は不可能なほどわずかではあるが、原子が「逸れることデクリナーレ declinare」を主張したのである。この「逸れ」が原子相互の複合合成や結合や密着を作り出し、これによって世界が、世界のあらゆる部分が、またこの世界に存在するものならすべてが作り出されるとしたのである。こういう説明はすべて子供じみた作り話にとどまるどころか、エピクロスが望んでいること［自然学の教説］を作り上げることをも妨げているのだ。というのも、「落下軌道の逸れ デクリナティオ declinatio」[47] そのものが恣意的な作り話だからである（というのもエピクロスが主張するには、アトムは原因なしに落下軌道が逸れるというのであるが、何かが原因なしに発生すると言う以上に自然学者にとって馬鹿げたことなどないからである）。さらにエピクロスは、重さを持つすべてのものはより下方の場所を求めるという自然の運動を自身で定めておきながらも、しかし原子から［そういう自然の運動を］理由もなしに奪い取ってしまったのである。そのために、こういった話をそもそも作り上げようとしたその目的も達成できてはいないのである。

　というのもすべての原子が逸れるなら、原子同士の密着はないだろうし、或る原子は逸れるが、或る原子はそれ自身が有する下降性によって直線的に動くとすれば、それは第一には、或るものは直線運動を、或るものは逸れた運動をといった具合に、いってみれば特殊な役割をそれぞれのアトムに与えるごときなのであり、第二には（これはデモクリトスもそこに陥っていたのだが）、あのような原子同士の混乱した衝突では、世界に秩序を作り上げることは不可能だからである。

古代原子論では、デモクリトスが「渦」を持ち出したように、運動する原子は何らかの仕方で他の原子と接触しなければ複合体となることができない。だがすでにDL. X. 61で確認したように、エピクロス場合、原子の運動は、自身の重さに基づく下方への直線運動であった。そしてこの時の原子の速度が等速とすれば、原子相互の衝突は起こらない。エピクロスはそれを避けるために「原子の逸れ」を導いたのだが、キケロはこれを「子供じみた作り話」と評する。それは「原子の逸れ」が全原子に及ぶものではなく、いくつかに、しかも「原因なし」に発生するとしたためであろう(48)。つまりエピクロスは世界の生成について原子運動という「原因」によって説明を試みながらも、核心的な場面では「原因なし」に発生する現象を持ち出しており、その限りで事物の原因を探究する自然学としては失敗だとキケロは論じているのである。当否はともかく、或る原子が逸れることで直線運動をしている他の原子に接触し、そこから衝突を介して組成が始まるというのがエピクロスの原子論における合成体成立の説明である。だがこの「逸れ」は、原子の運動状態にのみ関わるものではない。さらにキケロの別の報告を見てみよう。

キケロ『神々の本性について』I. xxv. 69.

エピクロスが理解していたように、もしアトムが自身の重さによって下方へと動いていたら、われわれに可能なもの［自由意志］などはなかったことになろう。なぜならアトムの運動は確定的で必然的なものだったからである。そこで彼は必然性から逃れる術を見出したのである。これはデモクリトスが見落としていたことである。エピクロスが主張するのは、アトムが自身の重さとその力によって下方へと動くとき、わずかに逸れるということである。

ここでは「原子の逸れ」は「自由意志」の問題と重ねられている。ではどのような点で関係があるのだろうか。ルクレティウスを見てみたい。

ルクレティウス『物の本質について』II. 216–224.

この問題について、私たちはあなたにさらに以下のことをも理解してもらいたい、物体が[49]、それに固有の重さによって真直ぐ下方へと「空虚」[50]を通って運動する際に、不確定のとき、空間のなかの不確定の場所で、［落下軌道から］わずかに逸れるということを。［下方への］運動が変わったとあなたが言える程度だが。だがもし軌道が逸れることが常ではなかったなら、すべての物体は下方へと、あたかも雨の雫のように、深い空虚を通って落下していたはずだし、原理には[51]、衝突も起こらなかったし、衝撃も発生しなかっただろう。こうして自然はなにも創りだしはしなかったであろう。

ここでルクレティウスが述べているのは、原子の垂直降下運動に発生する「逸れ」であり、キケロの証言しているところと変わるところはない[52]。

同 225–250.

しかしもしも誰かがこう信じているならば、つまりより重い物体は「空虚」を通って下方へとより素早く移動して、故に上方から、より軽い物体に向かって落下して、［合成体を］生成する運動を引き起こす衝撃を起こしうると。

［そうだとすれば こう信じる人は］正しい推論からずいぶんと離れてしまっている。
というのも、何であれ水や薄い空気を通って落下するものは、
その重さに応じて落下することを早めることが必然なのである。
というのも、水という物体も空気という希薄な本性も、
モノ[53]［の落下＝アトムの落下速度］をどちらも等しく遅らせることなどは決してできないからであり、
いや、より重い物体に打ち負かされて、素早く譲歩するからである。
それとは反対に、「空虚」[54]という空間は、いかなるときでも、
モノに抗うことなど不可能なのだ。
空虚というものが求めるのは、アトムの通過を許し続けることである。
そのために、すべてのものは無抵抗の空虚を通って、
それぞれの重さが異なっていても、等しく運ばれていくのである。
したがって、より重い物体が上方からより軽い物体に衝突することも、
自然が万物を生み出す、多様な運動を生じさせる衝突が
おのずから生じることも、不可能である。
だからこそ、返す返すも言うが、ほんのわずかばかり物体が逸れるのに違いない。
しかし本当に少しばかり。さもなければ斜めの運動を捏造しているとわれわれはみなされよう。だがそれは真
実が論駁するところである。
というのもわれわれはこういったことは当たり前の明らかなことだと考えている、
つまりより重いものは、それが原子の中にある限り、上方から落下する際に、
あなたがそれを見極めることができるほど、斜めに進むことなど可能ではないということを。

けれども、その軌道が絶対に垂直方向から逸れることはないと、
一体誰がそれを見極めることが可能だろうか。

同 251–262.

もう一度、もしすべての運動がつねに連鎖していて、
新たな運動は古い運動から確固たる秩序をもって導かれるとすれば、
そしてもし［アトムの落下軌道が］逸れることで、
「運命の掟」[55]を破壊する出発点を、
アトムの新たな運動が作りださなければ、
そして原因が原因を無限に追いかけるとすれば、
一体どうやってこの「自由意思 libera voluntas」[56]は、この大地全体、生物たちに存在したのか、
私は述べよう、一体どうやって自由意志は運命から［生物に］もぎとってこられたのか。
これを通してわれわれは、どこであれ「快 voluptas」[57]が導くところへと進み、
それと同様にわれわれもその運動を逸らすのではないだろうか？　不確定のときに、
不確定の場所で、しかし「心 mens」[58]が導いたその場所で。
というのも疑いなく、それぞれの事物に対し、またその人に対しても、その「意思 voluntas」が「始まり principium」[59]を与え、
またこの意思によって運動［行為］は身体各部を通して行なわれるからだ。

以上から分かるように「原子の逸れ」という考え方は、エピクロスに否定的な立場のキケロのみならず、[60]エピクロス派のルクレティウスによってもほぼ変わらない。反対と賛成の両者によってほぼ同じ報告がされていることから、「原子の逸れ」という概念がエピクロスに帰せられること、さらにこの概念が意思や魂の自由を確保するために重要

な役割となっていることが理解されるだろう。いずれにせよ「原子の逸れ」は、以下のようにまとめられる。

(1) 直線運動ではないということから、「原子の逸れ」は、

1－A　原子同士の衝突の原因であり、その衝突によって生じるさまざまな方向への運動の原因と位置づけられる。

1－B　それに基づいた運動が複合体の生成の原因である。

(2) 発生が必然ではないということから、「原子の逸れ」は、

2－A　すべての意思は必然に束縛されていないこと、その意味での自由意志が生物に存する原因と位置づけられる。

2－B　自由意志が確保された結果として、行為もまた必然的ではないという説明の根拠である。

(1)については、原子論一般が必要としたわけではない[61]。エピクロスの場合、原子運動が直線運動で、しかも固有の運動経路を持っているとしたため、落下軌道の変更がなければ衝突そのものが成立しないがゆえに、直線運動からの逸脱と原子同士の衝突を導くものとして「原子の逸れ」は採用された。(2)において「原子の逸れ」は「自由意志 voluntas」という、自然学とはいささか異なった局面で求められている。これが必要とされた背景を理解するためには、「必然 necessitas」や「運命 fatum」といった概念をみていく必要がある。なぜなら、「原子の逸れ」はこれらを否定するために導かれたものだからである。

B　エピクロス派の「自由意志」の哲学史的位置づけ

エピクロスが「原子の逸れ」によって立ち向かった、必然的――あるいは機械論的――自然観とは、先行する原子

の運動状態によって後続する原子の運動状態が決定されるというものであった。つまり、過去がそれ以前の原子運動によって決定されていたように、未来の事象も原子運動の状態によって決定されることになるというものだ。そしてこの連鎖の存在が、自然によってもたらされたすべての事物や現象に及ぶと考えられたとき——そこには人間の意志選択という心的事象やそれに基づく行為も含まれる——、すべての事物がすでに決まっているという決定論が浮かび上がる。これはいうまでもなく、レウキッポスとデモクリトスの「必然」を旗印とした機械論的原子論からも帰結するものである。[62] ただし、ヘレニズム時代からローマ共和制・帝政期において、過去における未来の決定、言い換えれば運命の存在をより強く主張したのはむしろストア派である。したがって影響力という観点から見るならば、エピクロス派が実際に立ち向かったのは、哲学史的にはストア派の運命論であるとも言えよう。

SVF. II. 1000.（＝Gellius, Noctes Atticae, VII 2.）

「運命 Fatum」、これはギリシア人たちが「ヘイマルメネー heimarmenē/εἱμαρμένη」と呼んでいるものであるが、これについてストア哲学の学頭であるクリューシッポスはまさにこういう言葉で定義している。いわく「運命とは、永遠で変更不可能な事物の系列であり、連鎖とは［先行する］原因から［起こる結果が次の事物の原因となって］起こるものであるが、永続的な［こういった］因果の秩序によって自身を巻き込み編みこむ連鎖のことである」と。この定義はクリューシッポスのものであるが、記憶に確実な限りを、さらに付記しておいた。それはこの私の［ラテン語への］翻訳が曖昧であると思われた人がいたなら、クリューシッポス自身の言葉へと目を向けることができるように、である。『摂理について』第四巻の中で彼は「ヘイマルメネーとは、永遠に続く、事物すべての或る自然的な秩序であって、相次いで相互に従い、そして巻き込まれていく、そういった編みこみが踏み外されることがないことで成立する」と述べている。

ストア派の主張した「運命」とは、彼らの宇宙論とあいまって、非常に強固なものであった。宇宙万有は知性と質料によって構成された神――いわば宇宙の種子――の自己展開した姿として理解される。宇宙は空間的に無限でも、時間的に永遠でもなく、いずれは展開をやめ、「大燃焼」によってまた原初の神に回帰する。そしてそこから再び世界は展開していくと考えられていたのである[63]。この再度の自己展開は、前回とまったく同じ過程をたどるのであり、あたかも同一のDVDを何回も再生するかのように、そのつど、同一内容、同一事象が繰り広げられる。これについて、ローマ帝政期の皇帝マルクス・アウレリウスの一節を見てみよう。

マルクス・アウレリウス『自省録』VIII-19.

物体はすべて、万物［を構成する］存在を、あたかも河が速く流れるかのように、貫き流れていく。それ［物体すべて］は万有［宇宙］と本性を共有しており、あたかもわれわれの身体各部が相互に協働していることをなすのと同じなのだ。永遠なる時［宇宙周期］は、何人ものクリューシッポスを、何人ものソクラテスを、何人ものエピクテートスを飲み込んできた。どのような種類の人間であれ、どのような種類の行為であれ、すべてに対し同じことが当てはまるということを、君は忘れるな。

宇宙は繰り返されるたびに、ソクラテスが生まれ、また死んでいく。その限りでマルクス・アウレリウスは自身もその一人であることを認め、自らに降りかかってくる幾多の困難を、すでに何人ものマルクス・アウレリウスが耐え、また耐えるであろうとして受け入れるのである。ストア派の「運命論」とは、そのような同一世界が永遠に繰り返される世界観と一体である。

ストア派を代表とする決定論や機械論的宇宙論に認められる因果関係の連鎖を打破するものが「原子の逸れ」という概念である。不確定に発生する「逸れ」によって、ある時点での原子の運動は、一義的に将来の原子の運動状態

――つまり未来の事象――を決定するものとはならなくなる。原子論とは、世界のすべてを原子と空虚、そしてそのあいだで成立する原子の運動状態に還元するものであり、そしてわれわれも、われわれの心もそれらから出来ている以上、それだけでは、われわれの現在の心理状態が過去のある時点で決定され、将来の心理状態もまた現時点で決定されていることになってしまう。それゆえに「原子の逸れ」とは、過去の状態によって未来が一義的に決定されないという意味で、「必然」や「運命」に基づかない魂の振る舞いが――これらによって「意志」が決定されているわけではないという意味での「自由」な「意思」が――、存在しうることを理論的に保証する原理なのである。

このようにして、「逸れ」という概念は、自然学に定位されるものではあるが、自由意志を形成するという意味では、倫理学にもかかわっている[64]。「原子の逸れ」に基づいた「自由意志」が行為に関わるとすれば、「逸れ」は自由な生が可能となる根拠である。では自らの生はどう作り上げるべきなのか。これを示すのが「賢者」という規範である。エピクロスはこれを通して理想の生を描き出すのであるが、残念ながら詳述はできない[65]。いずれにせよ「原子の逸れ」に基づいた世界観は、レウキッポスおよびデモクリトスらが原子運動に求めた「必然」や「運命」に基づく世界とは全体として大きく異なると言える。

3　エピクロスの自然学の特徴と目的

さてエピクロス派を概観するにあたって、自然学全般に対する特徴と、その目的について触れてみたい。エピクロスは自然学のなかでも、とりわけ天空に発生する現象の原因について、原子論で展開されるのと同じような、一義的な説明をすべきではないと考えていた。これは『ピュトクレス宛書簡』冒頭に書かれている。

DL. X. 85–86.

さてまず天空の現象に関する知識から得られる目的とは、それらの現象が他の事柄と関係づけられて議論されようと、あるいはそれだけ切り離されて議論されようと、まさに「心の無動揺アタラクシアー ataraxia/ἀταραξία」と確固たる信念を得る以外にはないと理解すべきである。これはその他の事柄の認識でも同じである。天空の現象については、不可能な説明を無理やりこじつけるべきではないし、こうした現象すべてにおいて、「人生に関する議論［倫理学］」や、「天空以外の自然学上の問題の解明に際しての議論」などと類似した仕方での考察を行うべきでもない。［それらは］、たとえば宇宙万有が「物体」［＝原子］と「感覚によっては触れられないもの」［＝空虚］から出来ているということ、あるいはその「構成要素」は「原子」であるということ、さらに感覚に現れている事態に対して合致する一つの仕方だけの説明しかないようなすべての類についての議論である。だが、天空の現象の場合には、「一つの仕方だけの説明しかない」というのはあてはまらない。むしろこれらの現象はその生成についても複数の原因があるのであって、その存在についても、感覚と合致する複数の記述があるのである。

「天空の現象」とは、現在であれば天体現象に分類される恒星や惑星の運動、月の満ち欠け、日蝕、月蝕などと、気象現象に分類される降雨、降雪や雷鳴、落雷、地震などを含んでいる[66]。原子と空虚に還元するという、いわば「一つの仕方だけの説明」によって世界を説明するエピクロスの姿勢からすれば、それが「天空の現象の場合にはあてはまらない」とする上記の方針は大きく異なっているように思われる。だが彼の態度は一貫している。この具体的例として『ピュトクレス宛書簡』での月の満ち欠けについての説明を見てみたい。

DL. X. 94.

月が欠け、再び満ちるのは、この月という物体の回転によっても発生しうるだろうし、空気がつくる形によっても発生しうるだろう。また他の物体が［月とわれわれの間に］介入することによっても同じように発生しうるだろう。つまりわれわれのもとに現われている［月の満ち欠けという］現象は、それを説明するためにわれわれが持ち出している、どのような仕方によっても発生しうるのだ。もしも人が「一つの仕方だけの説明」で［現象を］説明することにすっかり満足してしまっていて、それ以外の説明を根拠なしに退けるのでなければ［多様な説明が可能である］。

「天空の現象の場合には、一つの仕方だけの説明しかないというのはあてはまらない」のは、そこに複数の仕方での説明が成立し、かついずれにも根拠がありうる場合である。そしてこのような場合、エピクロスはどれか一つを積極的に選択することを控え、態度を決定しない。

DL. X. 87.

われわれの生活は不合理で虚しい憶測などはもはや必要ではなく、むしろ心が乱されることなく生きることが必要なのである。そこで、感覚に現れているもの［現象］と一致しつつ、複数の仕方で説明されるすべてのことがらについて、もし人が納得しうる説明としてふさわしいと受け入れるならば、すべては混乱が生じることはない。しかし人が、［複数の説明のうち］或る説明は受け入れ、或る説明は［受け入れた説明と］同じくらい現われ［現象］と一致しているにもかかわらず拒否するならば、その人は自然研究から「神話的説明 ミュートス mŷthos/μῦθος」へと完全に落ちていってしまうのは明らかである。

エピクロスの姿勢は、当時の自然学者の断定的な態度と比して非常に抑制的なものである。そのためにエピクロス派の自然学は、とりわけ天空の現象について、他の学派に比して体系的な理論を構築しなかった。この消極的な姿勢は、宇宙を神々が管理するという、エピクロスの評する「神話的説明」への強烈な反対に基づいている。

DL. X. 81.

だがこれらすべてに加え、全般的に言えば以下のことを弁えておくべきである。人間の魂にとって最も動揺させられることは、こういったもの［諸天体］は至福で不滅でありながら、同時にこれらとはまったく逆な意思［悪意］や行為［悪事］やその動機を持っているのだと思うことにおいて発生するということである。［…］この場合、その人は恐怖に歯止めをつけないために、こういったこと［死に際しての苦痛や死後にも恐怖が存続すること］を考えるのと同じくらいか、あるいはそれ以上に激しい動揺を受けることになってしまう。

エピクロス自身は、「諸天体が至福で不滅」であるとも、「神が天空現象を運営している」とも考えないし、[67] 占いも否定する。[68] だが彼が生きていた時代には、天体は神であり、その位置関係が人間に影響を与えると考えていた人々が多数いたのも事実である。[69] 星の運動によって起こされる影響をあらかじめ知ろうとするのが占星術であるなら、[70] この占いが成立するためには、原因・結果という系列の揺るがざる連鎖、言い換えれば「運命」の存在が必要である、[71] なぜなら占いとは、「すでに決定されている未来」を垣間見る技術として位置づけられるからである。そして直接的な影響力の行使であれ、未来の予示であれ、天空の現象がわれわれの生活に関わり、結果として恐怖を生み出しているのだとすれば、相手が天体であるだけに人間は無力であり、それに服すしかないと考える人々もいた。その限りで「原子の逸れ」による未来の偶然性と自由意志を主張するエピクロスが、これらの術を否定し反対するのは当然であろう。

そしてだからこそ、人がそれらの事象について「一つの仕方だけの説明」を受け入れて、魂が動揺するくらいならば、そこには複数の説明が存在し、それによってその人の「心の無動揺アタラクシア ataraxia/ἀταραξία」を得ることのほうが大切だとエピクロスは考えたのである。[72] この目的に資するものでないならば、天空の現象に対する説明はどのようなものでもいい。つまりエピクロスにとって原子論とは、自然学に定位されてはいるものの[73]、その理論によって星々をはじめとした自然現象全般を一義的に説明することを目論んだものではなく、むしろ「逸れ」によって自由意志を確保するという意味で倫理学と深い関連を示していると言えよう[74]。

おわりに

これまで見てきたように、レウキッポスとデモクリトスの原子論とエピクロスの原子論は、原子と空虚という基本となる原理について多くの点を共有しながらも、因果関係や自由意志など核心的部分において大きな違いを見せていた。本章が目的としたのは、「古代原子論」として一括されがちなこの両者を、差異をもって描き出すことであった。そしてそれはそれぞれの原子論がそれ以前のどの思想と対峙したのか、あるいは同道したのか、その背景の上にはじめて理解されることであろう。哲学とは、自らを含めた世界全体を理解する形式であって、その思考に即した生を送ることに他ならない。その限りで原子論とは、自然理解の一形式にとどまるものではなく、人間理解の一形式でもあり、生の指針を示すものであったとしても過言ではないだろう。

◉参考文献と略号

本章で使用した文献をテーマごとにまとめた。

レウキッポスとデモクリトスを扱うにあたっては以下を参照した。テキストとしては1を主に用いた。ただしディオゲネス・ラエルティオスについては2を中心にし、3、4はテキストの校訂や異読、訳出に際して参照した。また5—9および11、またそれぞれの邦訳は訳出に際して参照した。10についてはテキストを他のテキストと交互に参照した。引用箇所については、それがはじまる行数のみを記した。

1. *Die Fragmente der Vorsokratiker*, 2er Bd.（1956）Diels, H. Kranz, W. Weidmannsche Verlagsbuchhandlung.（邦訳：『ソクラテス以前哲学者断片集』Ⅳ、内山勝利・角谷博・鎌田邦宏・高橋憲雄・中畑正志・三浦要・山田道夫訳、岩波書店、一九九八年）
DKと略記し、同書で個々の哲学者に振られた番号を用いる（レウキッポスの場合は67、デモクリトスには68）。さらに後代の引用に基づく「生涯と学説」にはAが、「断片」にはBが付され、同書での資料分類番号が追加される。例DK67. B1：レウキッポス断片1。ただし、邦訳iii頁でも述べられているように、各人物への資料の割振り、および断片範囲などには異論がある資料もある。とはいえ、基本資料として依然として広く利用されているため、それに従う。

2. *Diogenis Laertii Vitae Philosophorum*（1964）edidit Long, H. 2 Vols., Oxford Classical Texts.（邦訳：『ギリシア哲学者列伝』加来彰俊訳、岩波書店、一九九四年。加来と略記）
DLと略記し、巻数をローマンアルファベットで、節数をアラビア・アルファベットで付加する。例DL. X. 80：ディオゲネス・ラエルティオス第一〇巻第八〇節

3. *Diogenes Laertius Lives of Philosophers*, 2 Vols（1925, reprinted 1991）, Translated by Hicks, R.D. Harvard University Press.

4. *Diogenes Laertius Lives of Eminent Philosophers*,（2013）Dorandi, T. Cambridge Classical Texts and Commentaries, Cambridge University Press.

5. Bailey, M. A.（1928）*The Greek Atomists and Epicurus*, New York.（「ベイリー」と略記）

6. Burnet, J.（1930）*Early Greek Philosophy* (4th edition), A and C Black, London.（邦訳：『初期ギリシア哲学　新装版』西川亮訳、以文社、二〇一四年。「バーネット」と略記）

7. Kirk, G. S. Raven, J. E. Schofield, M.（1983）*The Presocratic Philosophers*, (2nd edition)
KRSと略記。（邦訳：『ソクラテス以前の哲学者たち』内山勝利・木原志乃・國方栄二・三浦要・丸橋裕訳、第二版、京都大学学術出版会、二〇〇六年）

8. Kranz, W.（1949）*Vorsokratische Denker*, Weidmannsche Verlagsbuchhandlung.

9. *The Cambridge Companion to Early Greek Philosophy*（1999）edited by Long, A. A. Cambridge University Press.

10. Diels, H.（1879）*Doxographi Graeci*, Berlin.
DGと略記。上記DKの編者の一人、ヘルマン・ディールスによれば、現在、われわれの手元に残されているストバイオス『抜粋集』と擬プルタルコス『学説集』は、現存しないアエティオス『学説誌』に遡るという。アエティオス『学説誌』引

用の際には、上記書で再建されている頁数を付す。

11．山本光雄訳編『初期ギリシア哲学者断片集』岩波書店、一九五八年。（山本と略記）

テキスト等が異なり注意を要する場合はそのつど断りを入れている。また上記以外の資料等に関して参照した際には注記する。

エピクロスを扱うにあたって以下を参照した。テキストとしては主に1を使用したが、適宜2、3、4、5を参照した。DL関係資料、DGの記載も使用したが記載は略す。

1．Vsener, H.（1887）*Epicurea*, Teubner.

2．Bailey, M. A.（1926）*Epicurus The Extant Remains*, Oxford.

3．Long, A. A. Sedley, D. N.（1987）*The Hellenistic Philosophers*, 2 vols, Cambridge University Press.（邦訳：『ヘレニズム哲学』金山弥平訳、京都大学学術出版会、二〇〇三年）

4．エピクロス『エピクロス――教説と手紙』出隆・岩崎允胤訳、岩波書店、一九五九年。

5．山本光雄・戸塚七郎訳編『後期ギリシア哲学者資料集』岩波書店、一九八〇年。

キケロ『善悪の限界について』は、1のテキストを主に用い、訳出に際しては2、3を参考にした。

1．Reynolds, L. D.（ed.）（1988）*M. Tulli Ciceronis De Finibus Bonorum et Malorum Libri Quinque*, Oxford.

2．Cicero（1914）*De Finibus Bonorum et Malorum*, with an English translation by Rackam, H. Cambridge.

3．キケロー『キケロー選集10　哲学Ⅲ』永田康昭・岩崎務・兼利琢也訳、岩波書店、二〇〇〇年。

キケロー『神々の本性について』は、1のテキストを主に用い、訳出に際しては1と2を参考にした。

1．Cicero（1933）*De Natura Deorum Academica*, with an English translation by Rackam, H. Cambridge.

2．キケロー『キケロー選集11　哲学Ⅳ』山下太郎・五之治昌比呂訳、岩波書店、二〇〇〇年。

ルクレティウスを扱うにあたって以下を参照した。主に1を用い、訳出に際しては2、3、4、5を参照した。

1．*LVCRETI DE RERVM NATVRA LIBRI SEX* 2nd edition（1922）recognovit breviqve adnotatione critica instrvxit Cyrillvs

Bailey, Oxford.
2. Lucretius (1924) *De Rerum Natura*, with an English translation by Rouse, W. H. Cambridge.
3. Lucrèce (1972) *De la Nature, Tome I*, Texte établi et traduit Ernout, A. Les Belles Lettres, Paris.
4. ルクレーティウス『物の本質について』樋口勝彦訳、岩波書店、一九六一年。
5. 『ウェルギリウス　ルクレティウス　世界古典文学全集第二一巻』泉井久之助・岩田義一・藤澤令夫訳、筑摩書房、一九六五年。

ストア派を扱うにあたって以下を参照した。共通しているDL関係資料の記載は略す。

1. Arnim, H. von（1903–1905）*Stoicorum Veterum Fragmenta*, I–III, Stuttgart.（SVFと略記）
2. ゼノン他『初期ストア派断片集』1—5、中川純男・水落健治・山口義久訳、京都大学学術出版会、二〇〇〇—二〇〇六年。

マルクス・アウレリウス『自省録』を扱うにあたっては以下を参照した。

1. *Marcus Aurelius*（1916）edited and translated by Haines, C. R. Cambridge.
2. マルクス・アウレーリウス『自省録』神谷美恵子訳、岩波書店、一九五六年。

◉注

（1）彼の著作のタイトルからわかるように、ガッサンディはエピクロス派原子論を重視している。ガッサンディの原子論については次章を参照されたい。またヨーロッパに再移入された原子論のイギリス哲学における展開については、ロックの宇宙観と原子論を扱う第3章を、それに連なる系譜として扱われるヒュームについては第4章を、また大陸における原子論の展開としてのライプニッツの問題については第5章、カント思想との関係については第6章を参照されたい。

（2）レウキッポスおよびデモクリトスとエピクロスの両原子論の運動概念の相違、およびそれによって描き出される宇宙論の全体像の相違、さらに倫理学との関係についてはマルクスが学位論文で取り扱っている。これについては本書第7章を参照されたい。ニーチェが原子論をどのように取り扱ったかという興味深い問題については第8章を、またハイデガーによって行われた古代原子論の現象学的な解釈については第9章を参照されたい。ガッサンディによってヨーロッパに再移入された原子論が、ヨーロッパ思想を移入する明治期においてどのように扱われたかという問題については第10章を、物質や現象をどう理解するか、現代の最先端の物理学の問題については第11章をそれぞれ参照されたい。

（3）セクストス・エンペイリコスによれば（『学者たちへの論駁』IX. 363）、ストア派のポセイドニオスは原子論の創始者をフェニキア人のモコスに帰しているという。この人物は、ストラボンによれば（『地理誌』XVI. p. 757＝DK67. A55）、トロイア戦争よりも以前のシドンの人とされる。これに類似した記述は四世紀の新プラトン主義哲学者イアンブリコス『ピュタゴラス的な生』14節などにも見られる。ただし現代の哲学史家はこの記述を史実としては受け取ってはいない。

（4）DL. X. 13.

［エリュロコス宛の手紙で］レウキッポスなどという哲学者が存在したことを、エピクロス自身も、また［彼を継いだ］ヘルマルコスも否定している。

この証言に関して、バーネットは（邦訳 p. 480）「レウキッポスなどがいたかどうかなど知ったことではない」という直説法での表現を推定し、存在の否定なのではなく、「彼は論じるに値しない」旨の発言であった可能性を指摘している。

（5）アエティオス『学説史』I. 25. 4（＝DG. p. 321＝DK67. B2）に断片が残されている。さらに DL. IX. 46（＝DK67. A33）では、デモクリトスに帰されている『大宇宙体系』という作品は、テオプラストスらによれば、レウキッポスの手になるという。

（6）DL. IX. 30.（＝DK67. A1）

レウキッポスはエレアの人である。しかしアブデラの人だとする人も、ミレトスの人だとする人もいる。彼はゼノンに学んだ。

（7）シンプリキオス『アリストテレス「自然学」註解』28. 4（＝テオプラストス『自然についての見解』「断片」＝DG. p. 483＝DK67. A8）

このレウキッポスはエレアの人、もしくはミレトスの人で（実際、彼についてはどちらともいわれているのである）パルメニデスと哲学に関して交わりがあった。

（8）古典ギリシアでは、人生の「盛り」を四〇歳としており、それを基に出生年を推定することが多い。

（9）ベイリーによれば（p. 66）、おそらく四三〇年前後に四〇歳くらいで、したがって前四七〇年以前が出生ということになろう。だがこれには反対意見が多く、一般的見解とはなっていない。

（10）レウキッポスが『大宇宙体系』を、デモクリトスが『小宇宙体系』を記したことは一般的に認められているが、内容的な違いは明らかではない。ただし DK は（p. 80）、アリストテレスとテオプラストスは両者の著作を区別しているが、これは両者の活動地であるマケドニアやアッソスでレウキッポスらアブデラ学派との接触があったことによって何らかの情報を得ていたからと推測している。KRSによれば、テオプラストス『感覚について』「断片」（＝DK68. A135以下）では、デモクリトスを単独で扱っており、その限りで両者の学説を分けていたと言うが、おそらくこれはその例であろう。

（11） DL. IX. 41.（＝DK68. A1）

年代問題については、彼［デモクリトス］自身が『小宇宙体系』という本の中で述べているように、アナクサゴラスが老年であったとき、彼はまだ若者であって、アナクサゴラスより四〇歳年下であったという。［…］するとアポロドロスが『年代記』で主張するように、デモクリトスは第八〇回オリンピック期［前四六〇―四五七］に生まれたことになろう。しかしトラシュロスが『デモクリトスの書を読むために』と題された書物で主張するように、第七七回オリンピック期の三年目［前四七〇―四六九］に生まれたとすれば、彼が言うとおり、ソクラテスより一歳年長であることになろう。するとデモクリトスはアナクサゴラスの弟子のアルケラオスや、オイノピデースの学派の人々と同年代となろう。実際、デモクリトスはオイノピデースについて言及しているのである。

（12） DL. IX. 43.（＝DK68. A1）

（13） DL. IX. 43.（＝DK68. A33）。ただしすべてが真作とは考えられていない。

（14） τὸ ἄτομον は中性形であり、この後には「物体 ソーマ sōma/σῶμα」もしくは「姿 エイドス eidos/εἶδος」が省略されていると考えられる。また ἡ ἄτομος は女性形であり、「姿 ideā/ἰδέα」などを補うことができる。

（15） 「もの den/τὸ δέν」とは、「あらぬもの ūden/τὸ οὐδέν」、つまり「存在しないもの」から否定辞に相当する ū/οὐ を取り去ることによって、それが存在することを示そうとした、中性単数名詞である。したがって「あらぬもの」と対照的に使われていることから、語義的には「あるもの」を意味するが、パルメニデスを踏まえ、ここでは τὸ ὄν を「あるもの」とし、τὸ δέν を「もの」と訳出した。

（16） アリストテレス『天体論』第三巻第四章 303a12（＝DK67. A15）で火の原子が球状であるという記述と、またシンプリキオス『アリストテレス「天体論」註解』712. 27（＝DK68. A61）で火が相対的に軽いという記述からこう想定できる。

（17） KRSの示唆に基づいている（邦訳、五三〇頁）。

（18） 先行箇所で挙げられている、アナクシメネス、ヘラクレイトスなどを指している。

（19） ただし部分を持たないゆえに原子が不生不滅というのとは異なった意味である。

（20） デモクリトスによる「空虚はあるものである」という主張については、アリストテレス『自然学』第一巻第三章

187a1-3（＝DK. 29A22）を参照。以下のような推論によると考えられる。

運動があるためには空虚が必要である。

運動はある。

ゆえに空虚はある。

これはエレア派、とりわけメリッソスとの関係を強く意識させる推論である。運動を否定するためのエレア派の以下の三段論法を見てみよう。

運動があるためには空虚が必要である。

しかし空虚はあらぬ。

ゆえに運動はあらぬ。

これら二つの三段論法を比較する限り、レウキッポスとデモクリトスの原子論はパルメニデスと大前提を共有しており、ここに両派の強い関係性が窺われる。ただし、この三段論法に示されるエレア派の立場がパルメニデス自身に帰せられるかは確定的ではない。

(21)「世界 コスモス cosmos/κόσμος」は、われわれが住んでいる地球およびそこから見える惑星および天体などを含めたもの、この後に引用するDK67. A1の「万有 ト・パーン to pān/τὸ πᾶν」は、数的に無限と言われるそれらを含めた総体を指すと思われるが、つねに厳密な区分けがあるわけではないようである。

(22)「無限なものから切断され κατὰ ἀποτομὴν ἐκ τῆς ἀπείρου」はエピクロス『ピュトクレス宛』書簡に同様の表現がある。DL. X. 88を参照。

(23) 加来は τοῦτο を τούτου と読む。Hicks と山本は変更しない。ここでは加来に従った。

(24) 加来は写本どおりに ἐπέκρυσιν と読むが、Hicks は Heidel の示唆に従って ἐπέκρισιν と読む。ここでは写本どおりに読む。

(25) この帰結は当然ながら、この世界の唯一性を強調するプラトン主義および後代のキリスト教の考えとは調和しない。

(26)「すべての事物」に人間が含まれる以上、原子の運動を記述するために用いられた「必然」は、人間の行動に対しては「運命」とされたという推測も可能であろう。いずれにせよ、「必然」や「運命」とは、神や神的知性が何らかの目的や意図に従って世界を整え、その限りで万物の「ありかた」が決まっているとするイメージなどとは異なった、物体運動に即したものと考えられる。そしてこの「必然」に基づく原子論の宇宙論は、目的を欠いているという意味でアリストテレスの宇宙論とも、また後代のストア派の運命論とも異なっていると言えるだろう。

（27）「自己偶発」とは動物の発生を論じる際には重要な概念である。アリストテレスの動物学において個体の発生は、「人間が人間を生む」という同種間での生殖と、「虫が土から湧く」という「自己偶発［自然発生］」の二つの概念によって説明される。

（28）後代の註釈者であるシンプリキオスもこの箇所について同様のことを記している。DK68. A68 参照。

（29）「自己偶発［自然発生］」は確かに原因として事物の発生の説明とはなるが、第一の原因とはなりえないとするアリストテレスの立場については、上記引用箇所に続く『自然学』第二巻第六章 198a5 以下を参照。

（30）この解決策については、Taylor, C. C. 'The Atomists', *The Cambridge Companion to Early Greek Philosophy*, edited by Long, A. A.（1999）Cambridge University Press, p. 181-204 を参照。

（31）ただし「アナクサゴラス」はストバイオスにはなく、Diels によって擬プルタルコスから補填されたものである。問題は、DK にはあるが、DG 本文には「デモクリトス」の名はなく、ストバイオス、および擬プルタルコスにも確認できないことである。

（32）実際、ロスはアナクサゴラスなどを想定している。*Aristotele's Physics, a Revised Text with Introduction and Commentary*, Ross, W. D.（1936）Oxford の当該箇所の注を参照。

（33）現在の精神医療でも、ある脳内物質が不足したことによって感情が変化する——たとえば鬱状態になる——という因果関係がわかり、不足物質を投薬治療によって補うことは可能である。だがなぜ、その物質が不足するのかという、根本的な原因は解明されているとは言えず、その限りでは「こころとからだ」の相関関係があらゆる点にわたって判明であるとは言えないだろう。

（34）χρὴ τὸ λέγειν τε νοεῖν τ᾽ ἐὸν ἔμμεναι· の一文は、これ以外にも「「あるもの」を「ある」と言い、かつ思惟することが必要である」など多くの訳がありうる。詳細については KRS（邦訳 p. 319-320）やバーネット（邦訳 p. 260-261）などを参照されたい。ここでは基本的に両者の解釈に従った。また Long による前掲書（注30参照）所収の Sedley, D. 'Parmenides and Melissus', p. 116 も参照。

（35）ヒッポリュトス『異端論駁』IX. 9（＝ヘラクレイトス「断片」DK22. B51）

彼らが理解していないのは、ものがどのようにして自身と食い違いつつ、一致しているか、である。またどのようにして食い違わないのかということだ。弓やリラのように、ものには「逆に向き合う調和」があるのだ。

（36）この哲学史的な観点については、プラトン『テアイテトス』152 以下を参照。

(37)『ソピステス』236Dで「あらぬものはあらぬ」を守りながら、「何らかの仕方ではあらぬものはある」を導出しようとしつつ、241Dで「父親し」を恐れたプラトンを想起せざるをえない。

(38) サモス島とも言われている。

(39) DL. X. 26で書物は三〇〇以上と言われ、次節で数編のタイトルが紹介されている。そのリストを見る限り、著作は規準論や倫理学説など広範にわたっていたことが分かる。注(73)も参照。

(40) 後代の註釈が混入している。以下、DL. X. 43章まで同様の箇所は[…]とする。

(41) atoma/ἄτομα は atomon/ἄτομον の複数であり、ここでは述語であるが、名詞化された場合は、「原子[アトム]」である。

(42) ウーゼナーによる補い。ディオゲネス・ラエルティオスの最新の校訂テキストである、*Diogenes Laertius Lives of Eminent Philosophers* では記載されていない。

(43)「端」とは、境界のようなものと考えればわかりやすい。そしてこの「端」が事物を限る「限りペラス peras/πέρας」である。この「限り」が認められない宇宙万有は「無限アペイロン apeiron/ἄπειρον」だと言う。

(44) ヒッポリュトス『異端駁論』I. 13(＝DK68. A40 本書一五頁)を参照。

(45) DK68. A60およびA135(本書一〇頁)を参照。

(46) DL. IX. 31(＝DK67. A1)、DL. IX. 33およびレウキッポス『知性について』(＝DK67. B2)を参照。

(47) 動詞「逸れることデクリナーレ」の名詞形。

(48) 現代であれば確率概念によって説明可能かもしれないが、当時は必然概念を相殺するには偶然概念を持ち出すしかできなかったということであろう。これはデモクリトスが「渦」に対し必然という言葉を使用しなかったことと類似している。

(49)「物体コルプス corpus[複数形コルポラ corpora]」はアトムのこと。ギリシア語「物体ソーマ σῶμα」に相当する。

(50)「空虚イナーネ inane」。後の「空虚ワクウム vacuum」と同じである。

(51)「原理プリンキピウム principium」もアトムのこと。ギリシア語「原理アルケー archē/ἀρχή」に相当する。

(52) エピクロスの原子論に反対するキケロとそれに賛同するルクレティウスの報告が一致していることによって、両者の報告内容が信頼できることを示すためにこの箇所を記した。

(53)「モノ」と訳出した「レース res」もアトムを意味する。

(54)「空虚ワクウム vacuum」。先の「空虚 inane」と同じ。

(55)「運命の掟 fati foedra」は、ストア派の運命論はもちろん、あらゆる出来事が先行する運動状態によって決定されていると考える際に発生する、デモクリトスの機械論的決定論も含んでいるように思われる。

（56）「自由意思 libera voluntas」は、原罪との関係で展開されるキリスト教的な意味とはもちろん異なる。

（57）「快 voluptas」が挙げられているのは、人間の行動原理が快楽と関連していることを意味している。これはエピクロスの求めた、「心の無動揺［平穏］アタラクシアー ataraxia/ἀταραξία」に関係する。このような状態と自然学との関係については後述。

（58）「心」と訳したが、「mens」はそれを司る限りで「魂」も意味しうる語である。

（59）「始まり principium」とは各人の行為の始まりである。自由意志が存在しなければ、あらゆる行為は必然的に生じたものと位置づけられる。

（60）キケロ自身は懐疑主義（新アカデメイア派）の立場からエピクロスに賛成ではないが、対話形式で書かれた『善と悪の限界について』ではエピクロス派のアッティコスに主張を代弁させている。

（61）デモクリトスの場合は「渦」の存在が、原子同士の衝突とそれに伴う組織構成体の成立を含意していた。さらにレウキッポス『知性について』（＝DK67. B.2）では、万物の生成が必然に基づくとされていた。

（62）未来の出来事が事物の因果連鎖によってすでに決定されているという強い決定論を採用する立場としては、原子という自然観は共有しないものの、ストア派も類似しているといっていいだろう。これについては、キケロ『運命について』が当時の事情を伝えてくれている。ヘレニズム時代以降、エピクロス派とストア派とは、この点に関して論争を行なったと推測される。

（63）ストア派の宇宙論については、DL. VII. 34 以下（＝SVF. I. 185）を参照。

（64）エピクロス派は、運命論を主張するストア派とのみならず、エピクロス本人が「必然」や「運命」を司る神々の意図の存在も否定していたため、それらを主張する人々とも対立していた。ただし神の存在を否定しているわけではない。ただし世界が原子と空虚から成立している以上、神もまた物体であると考えていた。さらに人間に関心を持ち、それゆえに自身への態度によって個人の運命が左右されるという従来的な神のありかたについても彼は反対していた。

（65）エピクロスの考える「賢者」については、DL. X. 117–121 を参照。

（66）これらについては、DL. X. 90–116 を参照。

（67）DL. X. 76–77 を参照。

（68）DL. X. 135 を参照。

(69) 時代は下るが、プロティノス『エンネアデス』II-3「星は地上の出来事を引き起こすか」から、当時、天体運動が貧富の格差や病気に関係する、あるいは天体そのものが悪しき存在である、さらに善悪が天体の位置によって転じるなどの思想があったことが窺える。当時の占星術の考え方については、たとえばセクストス・エンペイリコス『占星術師に対して』により詳しい。

(70) 占い全般についていえば、ローマ帝国においては鳥占官なる官職が存在していたし、牛などの肝臓によっても未来の予測ができると考えていた。キケロ当時の占いと未来や運命などとの問題についてはキケロ『運命について』を参照。また動物の行動が自然現象の前兆となることをエピクロスは否定していた。これについてはDL. X. 116を参照。

(71) ストア派も占い術については有効であると確信していた。これについてはSVF. II. 939–944を参照。

(72) 「心の無動揺」についてはDL. X. 82を参照。

(73) エピクロス派の学問体系は三つの部門からなっている。真理の基準について論じたのは「基準論 カノニコン canonicon/κανονικόν」であり、これは「自然学 ピュシコン physicon/φυσικόν」への入り口に相当する。「自然学」は自然の生成や消滅を扱い、「倫理学 エーティコン ēthicon/ἠθικόν」は選択や忌避、さらに生の目的を扱うものである。これらについてはDL. X. 30–32を参照。

(74) 倫理学的な点に関して付言するなら、エピクロス自身は快楽主義者と位置づけられることがあるが、その際、彼の求めた快楽が、奢侈に類するものではなく、むしろ与えられたものに満足する質素な生活であった点は注意すべきである。これについてはDL. X. 11を参照。

第2章

ピエール・ガッサンディの原子論

エピクロス主義、キリスト教、新科学

坂本邦暢

はじめに

ピエール・ベール（Pierre Bayle, 1647–1706）は『歴史批評辞典』（ロッテルダム、一六九六年）で書いている。

エピクロスの著作はひとつも残っていないけれども、所説がこれほど知られている古代哲学者はいない。それは詩人ルクレティウスとディオゲネス・ラエルティオス、またそれ以上に、博学なガッサンディのおかげである。ガッサンディはあの哲学者の学説と人物について古人の本にのっていることを全部入念に集め、それを完全な体系に仕立てた。罪なくしてしいたげられた者にも時が最後に償いをしてくれると認める理由がかつてあったとしたら、それはまさしくエピクロスについてであろう。（ベール 1984：28）

ベールによれば、古代の哲学者エピクロス（341–270 BC）の教えをよみがえらせた最大の功労者は、ピエール・ガッサンディ（Pierre Gassendi, 1592–1655）だという。文献からあらゆる情報を収集し、一つの哲学体系を再構築してみせたというのだ。ベールの言葉からは、ガッサンディの死後四〇年ほどたった時点で、すでにエピクロス主義復興の立役者としての名声が確固たるものとなっていたことがうかがえる。

だがガッサンディは単なる文献学者ではなかった。ロバート・ボイル（Robert Boyle, 1627–1691）によると、古代の原子論が「より公平で探究的なわれわれの時代において、ガッサンディ、マグネン、デカルトとその弟子達、われわれの同国人で有名なケネルム・ディグビー卿［…］によって首尾よく復興された」（吉本 2010: 294 より引用）。ボイルにとって、ガッサンディの原子論は過去の遺物ではなく、現役の物質理論だった。その名はルネ・デカルト（René Descartes, 1596–1650）と並置されるべきものであった。

ベールとボイルの証言はガッサンディの二重性を教えてくれる。彼は文献学者であると同時に現役の科学者であった。より正確にいえば、文献学者であることによって科学者であろうとしていた。だが過去を再現する文献学が、最先端の自然探究になるとはどういうことなのか。いかなる歴史的状況のもとで可能となったのか。そのためにガッサンディがとった戦略はどんなものだったのか。彼がなしとげた功績を把握するには、これらの疑問に答えなければならない。

そこで以下ではまず古代から一七世紀にいたるまでのエピクロス主義の歴史を概観し、ガッサンディの時代においてその教えを復興させることが何を意味したかを明らかにする（第一節）。本書における古代から近代への橋渡しとしても役立つだろう。つづいてガッサンディ本人に議論をうつし、文献学者としての彼が挑んだ自然学上の挑戦を解説する（第二〜四節）。最後に彼の哲学が抱えていた限界と可能性をより広い歴史状況に即して論じることで、科学と物質理論の歴史のうちで彼が切り拓いた領域を特定することにしたい（おわりに）[1]。

1　エピクロス哲学の歴史

古代ギリシアでレウキッポスとデモクリトスが提唱し、エピクロスが継承した原子論は、当初より厳しい批判を呼んでいた。批判の一つは哲学的な理由にもとづくもので、アリストテレスの議論に典型的にあらわれている。デモクリトスはすべての出来事は原子の集合と離散から生じ、このプロセスは必然的だとした。アリストテレスはこれを「デモクリトスは、目的となるものを論ずることをせずに、自然が関わっているすべての事柄を必然に帰している」と要約する[2]。アリストテレスの考えでは目的抜きに起こることはすべて偶然に生じるので、デモクリトスはすべての出来事を偶然の産物とみなしたことになる。しかしこれでは自然のうちにある目的性が説明できない。ツバメが巣をつくって子を産み育てることを、でたらめに起きる物質の集合と離散だけから説明できるだろうか。目的にそって生じる現象を説明するには、原子のような物質的原理のほかに、形相という事物の本質と目的を規定する原理を想定せねばならない。このようにアリストテレスは主張した。ヘレニズム時代（前三二三～前三一年）にエピクロスが原子論を自らの物質論として採用したさいにも、同種の批判が向けられることになる[3]。

このような原子論一般への批判とならんで、エピクロスの哲学は別の種類の批判を招くことになった。キリスト教からの批判である。エピクロスにとって、すべてが空虚中を動く原子の運動から生じるということは、神々が世界に干渉しないことを意味した。こう考えることによってのみ人間は超越的なものへの恐怖から自由になり、心安らかに生きられる。すべてが原子と空虚からなるということはまた、人間の霊魂すら物質からなることを意味する。死ねば霊魂は分解される。それゆえ死は人間には体験不能である。分解される以上は、死後に現世の行いに応じた応報があるはずもない。「神は恐れるべきものではなく、死は怖がるべきものではない[4]」。エピクロス派の詩人であるルクレティウスはこの考えを発展させ、哲学詩『事物の本性について』で宗教批判を展開した。宗教という迷信は「占い師らの威し文句」であり、そのため人びとは「死後に永劫の労苦を恐れなければならない」。そればかりか神々への恐怖は無実の人間を生贄にするにいたる。「宗教はかほどまで悪を唆すことができたのだ」(ルクレティウス 1965: 293)。

この教説が神の摂理と、神の子の犠牲を通しての救済を信じるキリスト教徒たちを憤激させないはずがなかった。彼らをさらに苛立たせたのが、エピクロスの倫理学が奉じる快楽主義だった。現世での行いに神によるいかなる応報もなく、そのうえよく生きるための規準が各人の快楽のうちにしかないとしたら、どんな無軌道な生活(とりわけ性的な放縦)に人々は向かうだろうか。二世紀後半に活動したキリスト教著作家アテナゴラスは、次のように書く。

人間の行いにいかなる審判も下されないなら、獣のような生き方こそが最上になる。徳は馬鹿げたものとなり、審判への恐れは笑いものの種となり、ありとあらゆる快楽への耽溺が最高の善になる。彼ら[エピクロス主義者]のすべてが奉じている共通の教えと法とは次のような格言となるだろう。節度をもたない下劣な者にはすばらしいものだ。すなわち「食べて飲もう。明日には死ぬのだから」。(Athenagoras 1972: 134)

自然現象を説明できないうえに、キリスト教の教義と対立するエピクロス哲学という認識は、ルネサンス期に古代文献の再発見が開始されても変わることはなかった。たしかに一四〇〇年代になると、ディオゲネス・ラエルティオスの『ギリシア哲学者列伝』がラテン語に訳され、ルクレティウス『事物の本性について』の写本が発見され印刷にかけられた。しかし基礎的資料が利用できるようになったからといって、ただちに哲学者たちがエピクロス主義を真剣な考察に値する哲学学派とみなすようになったわけではない。知識人たちはあいかわらずエピクロスの名を自動的に無神論・快楽主義と結びつけていた。マルティン・ルター(Martin Luther, 1483–1546)が「いまやもっとも有害な時代がやってきている。エピクロス主義者たちが数を増やしている。これは万物が混乱し裁きの時が近いことのもっとも確かな証拠である」という時、彼は意にそまない者すべてをエピクロス主義者としているのである。(5)

だがルターが生きた時代には、エピクロスの原子論に有利にはたらく土壌が知的世界のうちに醸成されはじめていたことも確かだ。一五〇〇年代に入ると、中世以来支配的であったアリストテレス哲学への信頼が揺らぎはじめる。自然哲学の領域で特に激しい批判にさらされたのが形相の概念だった。伝統的に学者たちは形相を、ある事物、たとえば馬ならそれを馬たらしめる原理と考えてきた。形相がものの種別性を規定し、それぞれの種が本性にそって目的にかなうかたちで活動することで、世界に秩序が生まれるというわけだ。

世界を理解するときのかなめとなる位置づけを与えられた形相であったが、その認識につき原理的な困難を抱えていた。形相は質料と区別されるのだから物質ではない。よって人間が形相を感覚を通じて直接に知ることはできない。知ることができるのは形相が引き起こす感覚可能な性質だけということになる。この形相の理解不能性にたいして、一五〇〇年以降知識人たちが不満の声をあげはじめる。フランチェスコ・パトリッツィ（Francesco Patrizi, 1529–1597）は「たんに名目的にではなく現実にも形相が実体をなしているか」（カッシーラー 2010: 192–193 より引用）を疑い、最終的に形相は感覚可能なさまざまな性質の総和にすぎないと結論した。フランシス・ベーコン（Francis Bacon, 1561–1626）もまた「形相すなわち事物の真の種差［…］は発見されることが不可能であって、人間の理解力を超えている」という「一般に認められた根深い考え」を批判している（ベーコン 1966: 88, 257）。

そこで理解不能な形相を可能なかぎり使わずに自然現象を説明することを多くの哲学者が試みた。そのなかで古代の原子論がしばしば援用されることになる。説明における形相の重要性を縮減するさいに、原子論が有力な手がかりを与えてくれると考えられたからだ。とはいえ彼らは古代の原子論がそのままのかたちで自然の説明として機能すると考えたわけではない。むしろ古代から物質的原理に依拠して現象を説明することが行われてきたことの例証として原子論はとりあげられていた。しかもそのときに引かれるのは多くの場合デモクリトスであり、エピクロスではなかった。無神論者にして快楽主義者というレッテルは、原子論を有力な学説と認める者をしてなお彼の名を出すのをためらわせるほどのものだったのである。

よってエピクロス主義が真剣な考察に値する哲学学派とみなされるためには、なによりもまずその教説とキリスト教の教義との衝突が解消されねばならなかった。それ抜きにエピクロス哲学がキリスト教世界に受けいれられる見こみはなかったといえる。さらにこのハードルをクリアしたうえで、エピクロスの原子論が自然現象の説明能力を有するということが示されねばならなかった。とりわけ世界にみられる目的性を説明できないという批判に答えなければならなかった。これは困難な課題であると同時にチャンスを提供するものでもあった。もし原子の相互作用から自然の目的性を説明できたならば、それこそ形相を用いない物質理論の創出という同時代の要請に応えることになるからである。これらの課題に挑んだ人物こそ、ピエール・ガッサンディであった。

2　聖職者にして文献学者にして自然哲学者

ガッサンディは一五九二年に南仏の町ディーニュに生まれた。若いころより学問において抜きんでた才能をしめし、二二歳にしてエクス大学の哲学教授となる。当初より彼は大学で支配的であったアリストテレス主義を批判していた。いまの哲学はアリストテレスに絶対の忠誠を誓う者たちに占拠されており、そこには思考の自由がないというのだ。彼は大学での講義をアリストテレス主義批判の場として利用し、その講義内容の一部がデビュー作『アリストテレス主義者に対する逆説的論考』として一六二四年に出版されることになる。しかし二二年に大学はイエズス会の管轄となり、会士でないガッサンディは教授職を辞する。以後の彼は一二歳のころから歩みはじめていた聖職者の道に従って生きたのだった。教会の要職を歴任しながら、その俸給で生活の糧をえていくことになる。(6)

アリストテレス主義を批判していた時期のガッサンディは、エピクロスの哲学に特段の関心を示していない。残された史料からは彼がいかなる経緯をたどってエピクロス主義に傾倒するにいたったかはわからない。しかし書簡からは一六二九年から三〇年にかけてのオランダ旅行を終えたあとには、すでにエピクロス哲学を復興させ、アリストテレス主義にとって代えさせる決意を固めていたことがわかる。この目標を達成するためにガッサンディがとった手段は、ディオゲネス・ラエルティオスの『ギリシア哲学者列伝』第一〇巻のギリシア語本文を確定し、そのラテン語訳を作成することだった。さらに自分の手になる注釈をくわえ、そこにエピクロス哲学と関連する古代の証言を網羅的に集めようとした。この野心的試みは遅々として進まず、最終的にその成果の主要部分が公刊されたのは作業開始から二〇年近くがたった一六四九年のことだった。大判の用紙で千頁以上にのぼる『ディオゲネス・ラエルティオス「ギリシア哲学者列伝」第一〇巻、すなわちエピクロスの生涯と習慣と学説についての巻への注釈』がそれである。しかし本書の出版にもなおガッサンディは満足することはなかった。『哲学者列伝』本文から離れて、より体系的に自らのエピクロス哲学を提示する著作の執筆を続けることになる。彼はついに成果を公にすることなく一六五五年に没したが、残された草稿は死後友人たちの手で編集され公刊された。主著『哲学集成』である。(7)

これら一連の研究活動のうちでガッサンディは文献学者として古代の史料に忠実にエピクロスの教説を再構成しようとした。しかしそれはそのままではアリストテレス哲学に代わる選択肢とはなりえないものだった。エピクロスには無神論者・快楽主義者というレッテルがはられていたからである。それらのうち放縦な快楽主義者エピクロスという批判は、その根拠のなさを古代の史料から説得力をもってしめすことができた。しかし神の摂理の存在と人間霊魂の不死性をエピクロスが否定したことに疑いの余地はなく、この点で彼の教説とキリスト教の教義とが両立不可能なことは明らかであった。そこでガッサンディはこれらの教説を信仰と合致するかたちに改変する。エピクロスの哲学をいわば「洗礼」しようというわけだ。(8)「私が唯一離れないでいるのは正統信仰だけである。正統信仰とは、祖先によって受けつがれてきたカトリックの宗教であり、使徒が伝えた宗教であり、ローマの宗教である」と前置きしたうえで、ガッサンディは次のように述べる。

確かに私にはエピクロスが他の人々よりも魅力があるように思われる。というのも、彼の生き方に帰せられた汚名をそそいでみて、私は次のようなことを発見したように思えたからである。すなわち、自然学における空虚や原子の理論、また倫理学における快楽の理論といったエピクロスの立場によって、他の哲学学派の立場によるよりも、はるかに多くの困難がいっそう容易に解決されるように思われたのである。とはいえだからといって、私が彼の学説のすべてに同意するわけではない。とりわけカトリックの信仰とあいいれない学説に関しては同意することができない。（Gassendi, *Opera*, 1:30a–b）

この宣言に従って原子と空虚からなる世界は神の摂理のもとにおかれ、人間霊魂は非物質的であり、それゆえ不死であるとされた。

しかしこのような改変をほどこされた哲学に、エピクロスの名を冠することができるのだろうか。摂理と霊魂の不死性の否定は、人生から恐怖をとりのぞくというエピクロス哲学の主要目的を達成するためになくてはならない教説だった。この点を改変してしまうことはエピクロスにたいする決定的な裏切りなのではないか。だがガッサンディはそうは考えなかった。そのような改変はすでに他ならぬアリストテレスにたいして行われてきたではないか。彼はいう。

不敗なる古代の教父たちはアリストテレスとその哲学にきわめて激しく敵対し、その一派を憎むべきものとみなしていた。だが哲学者のうちには神聖な信仰を持ち、哲学からより重大な過ちを切り離しはじめた者たちがおり、その結果残った部分は宗教によく適合させられており、それはもう宗教によってこれ以上疑われることはなく、むしろ宗教に仕え、それを助けるものとなったのである。このことを私はいまや公に教えられてすらいるアリストテレス派のためだけでなく、ストア派とエピクロス派のためにいっているのだ。これらの派はともに多くの果実を含んでおり、アリストテレス派の重大な過ちがすっかりとりのぞかれたのとちょうど同じように、そこにある過ちをのぞき論破したうえで学ぶに値するものなのだ。

(Gassendi, *Opera*, 1:5a)

アリストテレスの哲学はいくつもの点でキリスト教の教義と衝突していた。たとえば彼は世界の永遠性を説くことで、神が過去において世界を創造したことを否定している。しかし中世のスコラ学者の努力により、いまではそれらの過ちがとりのぞかれて、彼の哲学は大学で公的に教えられるまでになっているとガッサンディは指摘する。同じことがストア派についても言えるのではないか。ここでガッサンディは名前こそ出していないものの、一七世紀初頭にストア哲学復興を主導したユストゥス・リプシウス(Justus Lipsius, 1547–1606)を念頭においていたと思われる。リプシウスもまたストア哲学をキリスト教と調和させることに心血を注いだのだった。だとすればどうしてエピクロス哲学について同じことをしてはいけないのだろうか(9)。

異教の哲学からキリスト教信仰と衝突する要素をとりのぞくという点では、中世のスコラ学者とガッサンディが直面した課題は同じであった。しかしガッサンディはさらにもうひとつの問題を克服せねばならなかった。アリストテレス主義の打倒である。まさにスコラ学者たちの努力の結果として、キリスト教化されたアリストテレスの哲学が大学のカリキュラムの中核を数百年にわたって占めていた。この「最も長きにわたった専制」を支えたのが、彼の哲学がそなえていた体系性であった。そのためそれをおき代えるためには、代替となる哲学の側にも同等の体系性が求められる。それゆえ新しい哲学は世界のある部分を説明できるだけでは不十分であり、その全体を説明できる可能性をもたねばならなかった。デカルトが『哲学原理』を公刊し、ガッサンディが『哲学集成』の完成に心血を注いだのも、この体系性を自らの哲学に備えさせるためであった(10)。

しかし単にエピクロスの哲学を体系的に提示するだけでは、もはやアリストテレスの哲学にとって代わるのは困難な状況が出現していた。一六世紀の後半よりアリストテレスの世界観に挑戦するような新たな発見が生みだされはじめていたからである。もし本当に新たな哲学が有効であるならば、それはアリストテレス主義が取りこむことに失敗してきた新知見を包摂するものであることを示さねばならなかった。ここでガッサンディが文献学者であると当時に現役の自然哲学者であったことが意味をもつ。彼はガリレオ・ガリレイ（Galileo Galilei, 1564–1642）が『新科学論議』（ライデン、一六三八年）で提示した運動法則の正しさをただちに認め、その成果をふまえたいくつかの著作をあらわしている。彼はさらに運動の相対性を検証するために、移動する船のマストから物体を落下させ、それがマストと並行に甲板に落ちることを確認する実験を行った。このような実験にくわえて、ガッサンディは生涯にわたって天文観測活動を続けていた。ガッサンディはこれらの活動をふまえて古代原子論のうちに新科学の成果を取りこもうとすることになる。(11)

以上からわかるのは、ガッサンディの原子論が、エピクロス哲学の体系、キリスト教の信仰、そして新科学の成果の合流点に位置していなければならなかったということである。ではこのような合流点に置かれた原子論はいかなる形態をとったのか。以下では二つの問題にしぼって検討をくわえる。その問題とは第一にガッサンディが長年にわたってとりくんだ天文学であり、第二に世界にある目的性と秩序をどう説明するかという、古代より原子論を悩ませてきた課題である。

3　新たな天文学と原子論

初期近代に天文学にもたらされた最大の革新は、ニコラウス・コペルニクス（Nicholaus Copernicus, 1473–1543）による太陽中心説の提唱であった。『天球回転論』（ニュルンベルク、一五四三年）でコペルニクスは地球中心モデルに代えて、宇宙の中心にある太陽の周りを地球をはじめとする星々が回るという新たなモデル（地動説）を提示した。コペルニクス説の熱烈な支持者であったヨハネス・ケプラー（Johannes Kepler, 1571–1630）は一六〇九年に出版した『新天文学』（ハイデルベルク）のなかで、惑星は楕円軌道を描いて太陽の周りを回転しているという結論を発表した。この発見もまた天体は円軌道を描く（なぜなら円は完全な図形だから）という古代ギリシア以来の信念を打ち砕く画期的な成果であった。

だがケプラーの成果は解決を必要とする新たな課題もまた彼に突きつけた。それまで多くの自然哲学者たちは何らかの非物質的な存在者が惑星を動かすことによって公転運動は生じると考えていた。その存在者は天使とされたり、霊魂とされたりした。ケプラーもまた楕円軌道の発見以前には霊魂が公転の原因であると考えていた。中心にある太陽には霊魂があり、この霊魂の作用によって惑星は太陽の周りを運ばれるという考えだ。しかし惑星の軌道が楕円であるならば、このような考え方はできない。楕円軌道を描くのだから太陽から惑星に働いている力は一定でなく、太陽からの距離によって強くなったり弱くなったりしているはずである。このような距離に依存した作用の程度の増減というのは、霊魂の行使する非物体的作用では起こりえない。楕円軌道は何らかの物体的な力の産物である。ケプラーはこのように考えた。

では距離に依存して増減する物質的な力とは何か。ケプラーが与えた答えは磁力であった。太陽が「磁性体であること、このことはきわめて確からしい」。「諸惑星のすべてが巨大な丸い磁石であるとすればどうだろうか、地球については その点に疑問はない。ウィリアム・ギルバートがすでにそのことを証明しているではないか」。ケプラーはこうして、公転の楕円軌道を太陽と惑星間の磁力作用の産物として説明した[12]。

これにたいして自転の原因については、これまでの霊魂説を修正する必要性をケプラーは認めなかった。それは一様な運動だからである。彼は太陽や惑星を動物にみたて、星に宿る霊魂が星の内部に走っている繊維（筋肉繊維と類比的にとらえている）を通じて回転運動を引き起こすと考えた。

天体の運行についてのケプラーの学説は、当時の最も先端的な天文学理論としてガッサンディにとっても無視できないものであった。しかもガッサンディは天文学者の一人としてケプラーを尊敬してやまなかった。彼はケプラーを「ミネルヴァがあらゆる技芸を教え、また至高なるユピテルが神々の会合に立ち入ることを許した」人物と評している（Gassendi, *Opera*, 6:44a)。そのため彼がケプラーの自転理論を次のように述べて受けいれていたとしても不思議はない。

したがってこれらの［天体の］諸部分のことをケプラーとともに「繊維」と呼ぶことができるように思われる。というのも、そうすることによって諸天体の形を霊魂、そして諸天体自身を動物というのを可能にするアナロジーが守られているからである。実際に、私たちが腕を、あるいは足を、あるいは頭を円を描くように動かすとき、あるいは私たちが身体ごと回るとき、私たちはまさに繊維のおかげでそのようにしているのだ。繊維によって編み込まれた筋肉が連続的に円を描いて動かされているのである。同様に天体の球が円を描いて動くときにも、その運動は次のような理由で生じていると考えることができる。すなわち、その球の霊魂、あるいは形、および内的なエネルギーは、あたかも［動物にたとえるならば］繊維、筋肉、あるいは運動に適した器官に相当するような［天体の］何かしらの諸部分を用いるからである。（Gassendi, *Opera*, 1: 639a)

ここでガッサンディは天体にある霊魂と繊維の存在を認めている。しかし彼が霊魂を形とかエネルギーとかいう言葉でいいかえていることを見逃してはならない。実は天体の霊魂の理解の点で、ガッサンディはケプラーの見解を修正している。エピクロスによれば世界には原子と空虚しかない。そのため生き物の霊魂はすべて原子の集合に還元できることになる。ガッサンディもこの見解を採用し、人間霊魂以外の霊魂は原子からなる物質であるとした。よって天体の霊魂もまた原子の集合とみなさねばならない。それは「天体に生来備わっている形、あるいは組成」である。そこでの原子は円状に組み合わされ、あたかも繊維のように構成されている。このため一つの原子が持つ衝撃が隣接する原子に伝わると、衝撃を受けとった原子はまた隣の原子に衝撃を伝える。原子が円状に構成されているため、衝撃の連鎖は最終的に最初の原子に戻ってきて、そこから再び同じように衝撃の伝達がはじまる。このように衝撃が伝達されつづけることにより、天体は永続的に自転運動を行うことになる。ここからわかるように、ガッサンディにとって天体の霊魂とは天体内部の繊維に他ならない。ケプラーにおいては非物質的な霊魂であったものが、原子論の枠組みにより物質の集合体として再解釈されている。

公転の原因についてのケプラーの学説をガッサンディが受けいれるにはより深刻な困難があった。それは太陽中心説とキリスト教の教義との衝突に起因する。キリスト教の正典である聖書には、静止した地球の周りを太陽が回っていることを前提に書かれている箇所がある。たとえば旧約聖書の「ヨシュア記」では、ヨシュアが「日よギベオンの上に止まれ」と命じている。したがってコペルニクスの太陽中心説は聖書の文言に反する異端学説と解釈される可能性があった。この懸念が現実のものとなったのが一六三三年のいわゆるガリレオ裁判である。ガリレオは著作『天文対話』（フィレンツェ、一六三二年）のなかで地動説を支持したかどで、異端誓絶とその後の自宅軟禁を命じられた。ガリレオ裁判は当時の知識人に大きな衝撃を与えた。この報に接したデカルトは『世界論』の公刊を取りやめている。裁判のことを知ったガッサンディは次のような手紙をガリレオに書き送った。「何かもしあなたを、すなわちあなたの学説を断罪する決定を最も神聖なる司教座［ローマ］が下したなら、思慮深い人間にふさわしく心安らかにいてください。真理（これはあなたにつねに与えられています）のために生きているというだけで十分と考えてください」（Gassendi, *Opera*, 6: 66b）。

ガリレオへの書簡からもうかがえるように、ガッサンディは地動説の正しさを確信していた。しかしカトリックの聖職者であった彼がローマの決定をないがしろにすることはできなかった。そのため『哲学集成』では公転についてのケプラーの学説は紹介にとどめられている。その代わりにガッサンディが実際に採用すべき体系として挙げたのがティコ・ブラーエ（Tycho Brahe, 1546–1601）のモデルであった。宇宙の中心にある地球のまわりを太陽が回転し、その太陽を中心に他の星々が回転しているという地動説と天動説の折衷体系である。この体系を採用すべきとした箇所には、ガッサンディにとってそれが苦渋の決断であったことがよくあらわれている。

コペルニクスの体系はより明快でより洗練されたものに思われるのは確かだ。しかし地球に静止、太陽に運動を帰している聖なる文言があり、またこの文言を目に見える現れについてだけでなく、現実の静止と運動についてのものと理解せよという〔教会の〕命令が存在すると人びとがいっている。よってこのような命令を尊重する者にはティコの体系に賛同しそれを擁護する道が残ることになる。

(Gassendi, *Opera*, 1: 149a)

4 摂理の導入と分子

ガッサンディはケプラーやガリレオをいたく尊敬していた。しかしアリストテレス主義に反発し新たな自然哲学を提唱した人物であっても、デカルトの哲学を受けいれることはできなかった。多岐にわたる彼らの論争点のうちの一つが、神の存在証明であった。デカルトは疑いえない「私」の存在が神の観念をもつことから、神が存在するということを証明できると結論づけた。これに対してガッサンディは神の観念があるということから、神そのものの存在を証明することはできないと批判した。しかもデカルトは自分の内面に向かうことで、神を認識する(啓示をのぞけば)もっとも有効な手段を放棄してしまっているとガッサンディはいう。

第一にすでにいったようにあなたは、神の存在、力、知恵、善性、そしてその他の性質の認識にいたるための明らかではっきりとしている王道を見捨ててしまった。それはすなわち宇宙というこの卓越した作品である。それはその巨大さ、区分、多様性、配置、美しさ、恒常性、そしてその他の特質によってみずからの創始者を主張している。私は言うのだが、このかくも巨大でかくも多様でかくも驚くべきこの作品をあなたは拒絶し、それについてあなたに知られていたことは何でも虚偽であるとみなした。そして神の存在、力、そしてその他の性質を証明するために、あなたの精神のうちにある観念だけを使ったのだ。その精神といえばあなた自身にすら判然としないもので、星々や宇宙のその他の部分のように他人に見せることはできないものなのに。

(Gassendi *Opera*, 3: 329b)

ここでガッサンディは、神の存在証明の王道として「デザイン論証」と呼ばれる議論を挙げている。デザイン論証とは、世界にあるみごとな秩序から、そのデザイナーとしての創造主の存在を証明するものである。この議論は数ある神の存在証明のなかでも有力なものとみなされていた。たとえば戦国時代の日本を訪れたイエズス会宣教師たちは、唯一神「デウス」の存在を日本人に納得させるために、この論法を多用していたことがわかっている[13]。このようなデザイン論証の伝統を踏襲するガッサンディにたいして、デカルトは神が設計した世界には目的性が付与されているかもしれないが、それを人間が知ることはできないと反論した。「自然的な事物に関しては、神または自然がそれを造るときに計画した目的から、それらの事物の理由を取り出そうとは、われわれはけっしてしないであろう。というのは、われわれは、自分が神の計画の参与者であると思うほど自分を買いかぶってはならないからである」(デカルト 2001: 48)。

デカルトとの対立からうかがえるように、ガッサンディは世界に目的性を認め、それが神に由来すると考えた。これは神による世界への介入、すなわち摂理の存在を認めたということであり、エピクロスの原子論からの明確な逸脱である。では彼は本来エピクロスの原子論にはなかったこの観念をいかにして、その哲学体系に導入したのだろうか。そのためにガッサンディはエピクロスの原子論とキリスト教の創造論を接合しようとする。世界を構成する原子は原初に神によって創造されたというのだ。それぞれの原子は神からさまざまな大きさ、形、そして運動のための力を受けとる。この力はいまある世界を実現するにふさわしいようなものとして、神によってデザインされている[14]。

このように神による原子の創造を想定することで、少なくとも理論的には摂理のもとで秩序立った世界が成立するということが説明できる。しかしガッサンディはこの説明で満足することはなかった。このような個々の原子の水準に議論を限定しては自然哲学上の説明として十分ではないと考えたからだ。個々の原子はあまりに微小なので人間がそれを知覚することはできない。人間の感覚によってとらえられる性質（たとえば色）というのは必ず原子が一定数集まった結果として生みだされる。したがって自然現象の有意味な説明はこの集合の段階に着目せねばならない。

ガッサンディはこの集合を原子の組成（contextura）とか分子（molecula）とか呼んだ。組成や分子によって説明されるのは色のような単純な性質のこともあれば、動植物の霊魂がもつ非常に複雑な機能であったりする。このような自然現象の基礎にある原子の集合体の起源はどこにあるのだろうか。それは個々の原子が神から与えられた力に従って結合することでできあがるのか。そうではないとガッサンディはいう。

> 神は原子を一つひとつばらばらにつくる必要はなかった。つまりそうやってつくられた原子を続いて少しずつ大きな部分としてくみたて、ついにはそこから世界が成立するというような大きな部分をくみたてていく必要はなかった。むしろ神は諸粒子［原子］に分解されることができるような［原子の］塊をつくったのである。［…］神は原初に地と水に植物を芽生えさせ、動物を生みだすように命じた。そのときに神はあらゆる事物の種子をあたかも苗床であるかのごとくつくったのである。それら万物の種子は選ばれた原子からなる第一の種子であった。そこから生成を通して事物が増殖していった。（Gassendi, *Opera*, 1: 280b）

「創世記」には神が三日目と五日目に地と水に動植物を生みださせたとある。これは実は神による原子の塊、すなわち分子（ここでは種子と呼ばれている）の創造を意味するとガッサンディは解釈した。原初に神によってデザインされた分子があるからこそ、種子からは精巧な機構をそなえた植物が現れうる。世界の規則性と目的性の根拠は分子の存在にあるのだ。

ではなぜ原子の組成が目的にかなったはたらきをするのだろうか。この問いにたいしてガッサンディは二種類の答えを与える。一つは当時の化学（錬金術）研究に由来する観念を踏まえたもので、神によるデザインのため、分子はあたかも知性をそなえた職人のように、鉱物結晶や動植物の身体を形成できると考えるものだ。もう一つの答えはケプラーから受けついだもので、神が原初に幾何学的な力を分子に刻みこんだとする。たとえば「神が大地にたいして、種をもたらす緑の草と、それぞれの種をもつ実をつける果樹を芽生えさせるように命じた原初のときに、彼はその［幾何学的］力を［植物に］刻印し」、「この力が植物のすべての部分およびそれらの部分が担う機能とを、まるである種の仕事のように分配する」という（Gassendi, *Opera*, 4: 71a）。

おわりに

エピクロス哲学を復興させるにあたり、ガッサンディは二つの課題に直面していた。ひとつはエピクロスの教説をキリスト教の教えと調和するように「洗礼」することであり、もうひとつは自然哲学における新しい発見や理論を原子論のうちにとりこむことであった。自らも天体観測を実践する天文学者として、ガッサンディは自転原因に関するケプラーの学説を受けいれ、それを原子論の枠組みから説明してみせた。対照的に公転の原因に関するケプラーの理論については、ガッサンディはそれを受けいれながらも、支持を公言しなかった。聖職者でもあったガッサンディが、ガリレオ裁判を目の当たりしてなお地動説につくことはできなかったのである。

ケプラーやガリレオへの深い敬意とは異なり、デカルトの自然学にはガッサンディは強い敵意をしめした。世界に目的性を認めることはできないとするデカルトの構想は、デザイン論証という神の存在証明のための「王道」を閉ざしてしまうというのである。このようなガッサンディの立論は、エピクロスの哲学のうちにそれと本来あいいれないはずの摂理の観念をもちこむことを彼に要請した。そこでガッサンディは原子の集合からなる分子が神によって原初に創造され、それら分子が神の意図にそったはたらきをするために、世界に規則性と目的性が生まれたと説明した。

このようにキリスト教と調和し、かつ新科学の成果をとりこんだかたちでエピクロスの哲学を構想することにより、ガッサンディはアリストテレス主義を置き代える哲学体系を提示しようとしていた。その試みはとりわけ大きな反響をイギリスで呼びおこすことになる。一六五四年のロンドンで、ウォルター・チャールトン（Walter Charleton, 1619–1707）はガッサンディの著作にもとづいてエピクロス哲学を解説する書物を世に問うた。このチャールトンの著作を通じて、ボイルやアイザック・ニュートン（Isaac Newton, 1642–1727）をはじめとする次世代の新科学の提唱者たちはガッサンディの原子論に触れることになる。それによりエピクロスの原子論はアリストテレスの物質論にたいする有力な対抗馬とみなされることになった。

とはいえガッサンディの試みが全面的に成功をおさめたとはいえない。いかにガッサンディがその洗礼に意を注いだとはいえ、やはりエピクロスの哲学がキリスト教世界で受けいれ可能となったわけではなかった。無神論にして性的放縦をすすめるエピクロス主義という烙印は消えなかったのだ。特にこのレッテルを積極的に使用したのが、新しい物質理論への反対派であった。新物質論の代表的提唱者であるガッサンディとデカルトの双方がカトリック教徒であったため、彼らの学説の広まりをローマ・カトリックによる文化上の侵略であるとして指弾するイギリス国教会の司祭もあらわれる。このような向かい風のなかで、ボイルをはじめとする新科学の提唱者たちは自らの科学理論の宗教的正統性を確立する必要にせまられた。その過程でエピクロス主義を連想させる原子という術語の使用は避けられ、より危険性の低い粒子という言葉が用いられるようになる。こうして以後エピクロスの原子論は科学研究の表舞台から姿を消すことになった[15]。

エピクロス哲学に刻印されたスティグマの問題とならんで、ガッサンディの立論自体も弱点を抱えていた。たしかにガッサンディはケプラーの天文学に通じ、その成果を可能なかぎり受けつごうと試みた。しかし数学の素養に欠けるガッサンディは、ケプラーの発見や理論をさらに発展させて天文学上の業績を残すことはできなかった。またガッサンディが世界にある目的性を説明した仕方も十分なものとはいえなかった。彼が想定した分子は現象の規則性を説明するという点で、アリストテレスの形相概念を置きかえるものであったし、本人もそのように認識していた。だがこの置きかえにより人間の認識が前進したとはたしていえるのだろうか。分子が職人とみなせるから、あるいはそれが幾何学的力を有するから秩序をもたらすはたらきをなすという説明は、ある性質がみられるのはそれを引き起こす形相があるからだという説明と構造的に変わらないのではないか。

だがこの後者の弱点は強みに転化する可能性をひめていた。このことは彼の議論をデカルトのそれと対比させるとよくわかる。デカルトは機械としての自然という世界観を徹底した。すべての現象は粒子の相互作用から説明できる。ここからデカルトはたとえば生物の発生のような複雑な現象にも粒子の作用にもとづく説明を与えようとこころみた。しかし彼が与えた説明はあまりに思弁的で、説明として機能していないと多くの人びとは考えた[16]。『ノヴム・オルガヌム』(ロンドン、一六二〇年)でベーコンが指摘した陥穽にデカルトは落ちてしまったといえる。

なおまた、それにおとらず大きな悪弊は、効果と成果をあげる力はすべて中間の命題にあるにもかかわらず、これまでの哲学とその研究においては、事物の第一原理と自然の終局的根拠との探求と説明に努力が傾注されていることである。そしてそのために、人々は可能的で形相のない質料に到達するまで自然を抽象化するのをやめないのであり、またアトムに到達するまで自然を分解することをやめないのであるが、しかしそのようなものは、たとい真実のものであっても、人間の幸福を増し進めることにはほとんど役立たないのである。

(ベーコン 1966: 251)[17]

ここでベーコンは現象を究極的構成要素から説明するよりも、むしろそういった構成要素と日常的現実の中間段階に焦点をあわせるべきだとしている。原子ではなく分子のレベルから現象の説明を立ちあげようとするガッサンディの哲学は、このベーコンの構想に重なるだろう。実際、ベーコンの強い影響下で自然探究を行ったロバート・ボイルが、自然現象の説明は究極粒子の集合体から出発させねばならないとするとき、彼はデカルトではなくむしろガッサンディの分子論に従っていた。たしかにガッサンディもボイルも分子がもつ性質を、原子（や粒子）の水準にまでおりて説明することはできなかった。その点で彼らの機械論は徹底していない。アリストテレスの形相概念のごとき役割を分子に与えているとデカルトにみなされてもしかたなかったであろう。しかしデカルトほど構想において徹底していないからこそ、彼らの説明には「効果と成果をあげる」可能性が残されたのである[18]。

以上すべての考察は、ガッサンディが歩んだ道が狭きものであったことをしめしている。彼はエピクロス主義、キリスト教、新科学のどれも捨てることなく、三つを包摂する哲学体系を構想した。くわえてガッサンディは自らの原子論をアリストテレスの物質論とするどく区別しながらも、デカルトが迷いこんだ隘路にまでは突きすすまないものとして理論化せねばならなかった。なるほどこのような狭き門をくぐろうとするガッサンディの努力はかならずしも成功しなかったかもしれない。その徹底性の欠如は近代哲学の生みの親という地位を彼に与えなかったかもしれない。だがそれでも、秩序だった世界のありようをキリスト教の教えと調和するかたちで物質主義的に説明する可能性がひらかれたのは、（ベールの言葉を借りるなら）多分に「博識なガッサンディのおかげである」。

◉注

（1）本書がとりあげていない中世の原子論については、三浦（1990）を見よ。
（2）必然性と偶然性をめぐる原子論者とアリストテレスのすれ違いについては、カーク他（2006）、五二四―五二五頁を見よ。
（3）エピクロス主義の伝統全般についての記述は、Jones（1989）に依拠する。
（4）ピロデモス『ソフィストに対して』。近藤（2011）、七八頁より引用。エピクロスの哲学については、ロング（2003）、二一―一一二頁を見よ。

（5）ルターの発言は、Jones（1989）, p. 250 に引用のラテン語より訳出した。ルクレティウス写本の発見については、グリーンブラット（2012）を見よ。

（6）ガッサンディの生涯については、宗像恵（2007）を見よ。『逆説的論考』については、佐々木（1992）、一三―一七頁を見よ。

（7）『哲学集成』は一六五八年に出版された全集版の第一巻と第二巻に収録された。一六四九年の『注釈』の分析としては、たとえば本間（2004）がある。

（8）ガッサンディによるエピクロスの「洗礼」については、Osler（1994）を見よ。

（9）アリストテレスと信仰の調和を目指す営みの中世から初期近代にいたるまでの見通しについては、坂本（2017）を見よ。リプシウスによるキリスト教とストア主義との調和については、坂本（2009）を見よ。

（10）「最も長きにわたった専制」としてのアリストテレス主義については、Mercer（1993）を見よ。アリストテレス哲学の体系性という強みについては、Leijenhorst and Lüthy（2002）, p. 376 に引かれたヨハン・ゲルハルト（Johann Gerhard）の発言を見よ。対照的にボイルは体系の構築を避けた。吉本（2011）を見よ。

（11）ガッサンディの運動論については、コイレ（1988）、二九五―三〇七頁を見よ。

（12）Grant（1994）, p. 544. ケプラーの公転理論について詳しくは、山本（2003）、六七三―七三四頁を見よ。ギルバートに関するケプラーの文言は同書の七二〇頁、七二三頁より引用した。

（13）日本でのイエズス会士によるデザイン論証の利用については、平岡（2013）、五―五八頁を見よ。

（14）ガッサンディの創造論と分子理論については、Hirai（2005）, p. 463-491 に依拠する。日本語縮訳版として、ヒライ（2002）、一四四―一四八頁がある。

（15）Jones（1989）, p. 186–213.

（16）坂本（2014）を見よ。

（17）ベーコンの学問観と物質理論については、柴田（2014）を見よ。

（18）中間段階の理論については、吉本（2011）とならんで、Sakamoto（2016）, p. 174–177 を見よ。

◉参考文献

Athenagoras（1972）*De Resurrectione*, in William R. Schoedel, ed. and trans., *Legatio and De Resurrectione*, Oxford: Clarendon Press.

Gassendi（1658）*Opera omnia*, 6 vols. Lyon; repr. Stuttgart: Frommann, 1964.

Grant, Edward（1994）*Planets, Stars, and Orbs: The Medieval Cosmos, 1200–1687*, Cambridge: Cambridge University Press.

Hirai, Hiro（2005）*Le concept de semence dans les théories de la matière à la Renaissance: de Marsile Ficin à Pierre Gassendi*, Turnhout: Brepols.

Jones, Howard（1989）*The Epicurean Tradition*, London: Routledge.

Leijenhorst, Cees, and Christoph Lüthy（2002）"The Erosion of Aristotelianism: Confessional Physics in Early Modern Germany and the Dutch Republic," in *The Dynamics of Aristotelian Natural Philosophy from Antiquity to the Seventeenth Century*, ed. Leijenhorst, Lüthy and Johannes M. M. H. Thijssen, Leiden: Brill, 375–411.

Mercer, Christia（1993）"The Vitality and Importance of Early Modern Aristotelianism," in *The Rise of Modern Philosophy: The Tension between the New and Traditional Philosophies from Machiavelli to Leibniz*, ed. Tom Sorell, Oxford: Clarendon Press, 33–67.

Osler, Margaret J.（1994）*Divine Will and the Mechanical Philosophy: Gassendi and Descartes on Contingency and Necessity in the Created World*, Cambridge: Cambridge University Press.

Sakamoto, Kuni（2016）*Julius Caesar Scaliger, Renaissance Reformer of Aristotelianism: A Study of His* Exotericae Exercitationes, Leiden: Brill.

カーク、ジェフリー、他（2006）『ソクラテス以前の哲学者たち』内山勝利他訳、京都大学学術出版会

カッシーラー、エルンスト（2010）『認識問題——近代の哲学と科学における　一』須田朗他訳、みすず書房

グリーンブラット、スティーヴン（2012）『一四一七年、その一冊がすべてを変えた』河野純治訳、柏書房

コイレ、アレクサンドル（1988）『ガリレオ研究』菅谷暁訳、法政大学出版局

近藤智彦（2011）「ヘレニズム哲学」、神崎繁他編『西洋哲学史II　「知」の変貌・「信」の階梯』講談社選書メチエ、三三一—九五頁

坂本邦暢（2009）「セネカと折衷主義——ユストゥス・リプシウスにおける悪と世界周期」『哲学』第60号、一八五—二〇〇頁
坂本邦暢（2014）「アリストテレスを救え——一六世紀のスコラ学とスカリゲルの改革」、ヒロ・ヒライ、小澤実編『知のミクロコスモス——中世・ルネサンスのインテレクチュアル・ヒストリー』中央公論新社、二五二—二七九頁
坂本邦暢（2017）「聖と俗のあいだのアリストテレス——スコラ学、文芸復興、宗教改革」『Nyx』第4号、八二—九七頁
佐々木力（1992）『近代学問理念の誕生』岩波書店
柴田和宏（2014）「フランシス・ベイコンの初期手稿にみる生と死の概念」、ヒロ・ヒライ、小澤実編集『知のミクロコスモス——中世・ルネサンスのインテレクチュアル・ヒストリー』中央公論新社、三〇五—三二九頁
デカルト（2001）『哲学原理』三輪正・本多英太郎訳、『増補版　デカルト著作集』第三巻、白水社
ベーコン、フランシス（1966）『世界の大思想　六　ベーコン』服部英次郎他訳、河出書房新社
ベール、ピエール（1984）『歴史批評辞典II　E－O』野沢協訳、法政大学出版局
ヒライ、ヒロ（2002）「ルネサンスの種子の理論——中世哲学と近代科学をつなぐミッシング・リンク」『思想』No. 944、一二九—一五二頁
平岡隆二（2013）『南蛮系宇宙論の原典的研究』花書院
本間栄男（2004）「『エピクロスへの註釈』（一六四九年）におけるガサンディの生理学」『化学史研究』31巻、一六三—一七八頁
三浦伸夫（1990）「中世の原子論」『自立する科学史学——伊藤俊太郎先生還暦記念論文集』北樹出版、一七一—一八六頁
宗像惠（2007）「ガッサンディ」、小林道夫責任編集『哲学の歴史　五　デカルト革命』中央公論新社、一二七—一五四頁
山本義隆（2003）『磁力と重力の発見　三　近代の始まり』みすず書房
吉本秀之（2010）「ロバート・ボイルの化学——元素・原質と化学的粒子」、金森修編『科学思想史』勁草書房、二五五—三三三頁
吉本秀之（2011）「ロバート・ボイルにおけるベイコン主義」『科学史研究』No. 257、三七—四二頁
ルクレティウス（1965）『世界古典文学全集　第二一巻　ウェルギリウス　ルクレティウス』藤沢令夫訳、筑摩書房
ロング、アンソニー（2003）『ヘレニズム哲学——ストア派、エピクロス派、懐疑派』金山弥平訳、京都大学学術出版会

第3章

ジョン・ロックと近代粒子説
近現代の存在論、認識論への影響

青木滋之

はじめに

ジョン・ロック（1632–1704）が、ボイル、シドナム、ニュートンといった当代の自然哲学者たち[1]と深い親交を持ち、自らの哲学的な見解を鍛え上げていくにあたって原子論（粒子説）[2]をはじめとする自然哲学に深く依拠していたことは、研究者の間ではよく知られてきた事実である。[3]一九八〇年代辺りまでのロック研究では、ロックへのロバート・ボイル（1627–1692）の影響力が決定的であるとする論調が相次ぎ、ロックの哲学は、「経験主義の祖」という言葉とは裏腹に、粒子説のような仮説を重視した理論主導的なものだと考えられていた頃もあった。しかし、一九九〇―二〇〇〇年代に入り、ロックが遺した膨大な手稿（読書ノート、草稿、自然誌や医学手稿）が精査・出版されるにつれ、初期からのロックの知的動向がつぶさに追跡できるようになってきている。[4]その結果、そうした仮説主義者としてのロック像は退けられ、より伝統的な、感覚経験を重視する「経験主義」の祖としてのロック像へという揺り戻しが起こっている、というのが現在の研究状況である。

本章の前半では、一七世紀に本格的に始まった古代原子論の復活が、ロックの哲学にどのようなインパクトを与えたのかを、ガッサンディからの影響、ボイルからの影響、という、しばしば言及される情報源との関連でまず論じ、次いで後半では、原子論を基底とした議論が『人間知性論』に登場することを確認したうえで、物質的実体の性質と本質、知識の限界といった重要なテーマについて、原子論がロックの思考にどのように影響を与えたのか、それぞれのテーマに沿って詳しく論じる。

総じて、原子論はロック哲学の存在論、認識論にわたって多大な影響を及ぼし、伝統的な哲学的問題への回答方法を変貌させたのみならず、さらには新しい哲学的問題領域を開拓させるきっかけにもなった、というのが本章の趣旨である。

1　ガッサンディとロック

キリスト教の影響下にあった中世哲学にあって、原子論は無神論的思想として長らく封印されていたが（中世において同じく絶大な影響力があったアリストテレスが、真空の存在を否定していたことも一役買っている）[5]、その原子論を、キリスト教の教義と矛盾しない形で展開し、近代における原子論復活において重要な役割を果たしたのが、ロックよりも一世代前のピエール・ガッサンディ（1592–1655）であった。また、ロックの生きた当時から、主にフランス圏において「ロック哲学は、ガッサンディ哲学の亜流である」との認識があり、ロックの原子論的思考を含めた哲学体系は、ガッサンディからの借り物なのではないかとの指摘が古くからなされてきた[6]。

ガッサンディが初期近代に原子論を復活させたと言われる際の、その原子論の内容とは、いかなるものだったのか。実は、ガッサンディが『エピクロスの哲学体系』（一六四九年）や『哲学体系』（一六五八年）といった著作によって、エピクロス主義をキリスト教教義と整合的な形で大々的に復活させるよりもずっと前、ルネサンス期に、原子論的思想はイタリアを中心に復活の兆しを見せていた。[7] にもかかわらず、ガッサンディに「原子論を復活させた」というクレジットが通常与えられるのは、なぜか。それは、それまでの原子論に含まれていた、⑴ 物質には運動が内在的にそなわっている、⑵ 精神は物質的であり分割可能である、⑶ 世界は神的な考案者なしでも生じ存続しつづけることができる、という無神論的な含みを持つ主張を除去し、原子論をキリスト教と整合的なものへと変容させることを通じて、キリスト教世界に原子論を流布させることに貢献したからである。[8] 実際に、ガッサンディがどのように述べているのか、『哲学体系』には次のようにある。

かの理論［原子論］を推奨するために、われわれはまず、原子は永遠的で創造されないものであるという考え、また、原子は数において無限でありどのような形でも生じるという考え、が拒絶されるべきだと宣言する。ひとたびそのような考えが拒絶されれば、原子とは、以下のような物質の第一形相であること――神が初めから創造した有限なものであり、神がこの可視的世界へと形作ったものであり、最終的に、神がそれ［原子］が変容することによって、宇宙に存在するすべての物体が形成されるよう命じ、許したものであること――が認められるだろう。……次にわれわれは、原子がインペトゥスを持っている、つまり、本性上において自らを動かす力を内在しているという考え、さらにその帰結であるところの、原子がすべての時間にわたって、あらゆる方向へと彷徨い突き動かされてきたその運動を持っているという考え、が拒絶されるべきだと宣言する。原子が運動可能であり、また作用するのは、神がそれら［原子］をまさに創造するときに賦与した運動力および作用力によるのであり、その力が機能するのは神の同意による。というのも、神は、まさに自らがすべての物を保存するよう、すべての物を強いるからである。[9]

原子は永遠に存在し（神の創造による被造物ではない）、運動を内在的に有しているのだという、ここでガッサンディが批判対象としている考えは、この引用の前後を読めば、アリストテレスら古代哲学者（正確には、古代原子論者）[10]からのものであったことが分かる。これを、原子も神の創造物であり、その運動も神が賦与したものである、と論じることによって、ガッサンディは原子論をキリスト教と整合的なものとしたのである。

ガッサンディは、原子論復活における中心人物であったのみならず、「イギリス経験論の神話」というテーゼを担う人物として、重要視されてきた哲学者でもある。[11]もしこのテーゼを強調するノートンらが主張するように、ガッサンディの経験論的認識論が初期ロックに何らかの形で影響を与えたとするならば、ロックが原子論を知ったのも、ガッサンディを通じてである、という主張も説得力を持つことになるであろう。では、イギリス経験論の「神話」を主張する論者たちは、どのような論拠によって、ガッサンディが初期ロックに影響を与えたと主張するのだろうか。

まず、ガッサンディからロックへの影響、という論題で必ず取り上げられるのが、ロックが一六七五年から一六七九年までのフランス滞在の間に出合ったベルニエ（1620–1688）が、一六七八年に出版した『ガッサンディ哲学の要諦』である。ロックがベルニエと会ったのは、ベルニエがこの著作を著した直前であったから、[12]この二者の間でガッサンディの哲学が話題に挙がったのは確かに非常にありえることだろうと思われる。しかし、クランストンによるロックの伝記にあるように、[13]ロックの日誌（journal）を見る限り、ロックがベルニエからの話で最も興味を惹かれたのは、ベルニエがかつて滞在していた東洋にかんする知識であり、哲学にかんする話題は少なくとも日誌にはまったく記載されていない。また、決定的に重要であるのは、ロックが原子に言及する『草稿A、B』を執筆したのが一六七一年であった、という事実である。ゆえに、ベルニエ経由のガッサンディ哲学は、ロックが初めて原子論を見知ったソースではありえない。[14]

そこで、クロール（1984）やミカエルら（1990）は、ガッサンディ哲学（正確にはエピクロス哲学）が記載されたスタンリーの『哲学の歴史』（一六五五—一六六二年）や、ガッサンディの哲学的主著である『哲学体系』（一六五八年）

を、ロックがガッサンディ哲学を摂取した情報源であると見なす[15]。しかし、クロール自身が認めているように、ロックが所有していたのはスタンリーの『哲学の歴史』の第三版（一六八七年刊）であり、初版（一六五五―一六六二年）をロックが読んだという証拠はどこにもない。ミカエルらが有望視する『哲学体系』にしても、挙げられているのは「反アリストテレス主義」や「反本質主義」といった、テキスト上の哲学的議論の類似点のみであり、ロックがガッサンディの『哲学体系』を研究し、原子論を含め知的影響を受けたという直接の証拠はまったく挙げられていない。

ここで、近年のロック研究の質を格段に向上させている、手稿研究に目を向けてみよう。ロックは膨大な量の著作から、何千もの引用を行っており、それがオックスフォードのボドレィアン図書館や、ロンドンの大英図書館に保存されている。冒頭で述べたように、九〇年代辺りからのロック研究において、この手稿研究の成果を無視して語ることはもはや無謀であるように思える。ガッサンディとロックについては、近年にミルトンが「ロックとガッサンディ――再評価」という論文において周到な調査を公表しており、現時点で決定的とも言える論を展開しているが[16]、結論から言うと、ガッサンディが原子論を展開した『エピクロスの哲学体系』（一六四九年）、『哲学体系』（一六五八年）のいずれの著作もロックは所有していなかったし、後述のボイルなどと比べ体系的に読んだ形式も皆無であり、微かな影響を匂わせるような痕跡すらない。確かに、反アリストテレス主義的な経験主義認識論というトーンは共通していたものの、それはロックが独立に到達した地点であり[17]、ガッサンディという外部からの影響なしで説明できるものである。到達地点が類似していたため、大陸の哲学者からは「ガッサンディの亜流」と映ったことは容易に想像できるが、そこに影響関係を読み込むのは早計である。

2　ボイルとロック

イングランドの学者間に原子論を流布させたうえで、ボイル（1627–1691）は大変重要な役割を果たしたとされる。

さらに、一九八〇年代辺りまでのロック研究において、ロックに最も原子論（粒子哲学）の影響を与えた人物として頻繁に挙げられてきたのがボイルであり、「ロックの原子論はボイルからの影響である」という論調が相次いでいた。[18]その根拠となっていたのが、ボイルとロックが、実際にオックスフォードで共同研究を行っていたと推定されてきたこと、加えて、ロックが『人間知性論』で展開した物体の一次性質／二次性質の区別の元となるテーゼを、ボイルがすでに『形相と性質の起源』（一六六六年）で展開していたことがテキスト比較によって判明するとされてきたこと、である。

しかし、近年、ボイルとロックが共同研究を親密に行っていたとされる[19]一六六六年前後のロックの手稿を精査したウォルムスリーによると、そうした形跡はまったく見られない。たとえば七〇―八〇年代のロック研究において、ボイル－ロックの影響関係を語るときに必ず参照されてきた、ボイルの粒子哲学にかんする理論的主著である『形相と性質の起源』（一六六六年）からのメモは、ロックのノートにはほとんどまったく現れない（たった一件、しかも粒子哲学を展開した理論篇からではなく実験篇からの引用のみである）。これは、ロックが、ボイルの『自然学－機械学の新実験』（一六六〇年）、『自然学にかんする試論』（一六六一年）、『実験自然哲学の有用性』（一六六二年）などからは夥しい数の引用を行い、詳細なノートを残しているのと非常に対照的である。[20]こうした実証的な研究によって、ボイル－ロックの間に強い影響力（因果関係）を読み取る試みは、大きな難問を抱えるに至っている。もし仮にロックがボイルの粒子哲学から強い影響を受けているとするなら、なぜ理論的主著である『形相と性質の起源』を熟読した形跡がまったく見られないのだろうか？

むしろ、ロックがその自然学の哲学の発展において甚大な影響を受けたと目されているのは、粒子哲学を信奉したボイルではなく、そのような観察不可能な粒子による自然現象の説明一切を拒絶した実験医学者のシドナム（1624–1689）である、という説が、二〇〇〇年あたりから、前述のミルトンやウォルムスリーといった手稿を直接精査した研究者たちによって強力に推し進められている。ウォルムスリーらの手稿検査はロック研究における重要な貢献であり、シドナムからの影響が最も『草稿A、B』（一六七一年）において顕著であることは、ロックがシドナムと共同執筆した「解剖学」「医術について」との比較考証からも明らかである。[21]

しかし、ボイルからロックへと、粒子哲学の影響がまったく見られなかったと断ずるのは早計であろう。まず、すでに述べたようにロックは一六六〇―六二年のボイルの著作から膨大なメモを取っているように、早くからボイルの著作（粒子論にかんするものも含む）に慣れ親しんでいた。ボイルの理論的主著『形相と性質の起源』が出版された一六六六年前後、またボイルが死去した一六九一年まで盛んに書簡のやりとりをしていることからも、[22]ロックがボイルの『形相と性質の起源』の理論篇においてフルに展開された粒子哲学を見知っていたと考えても、まったく自然なことである。実際、すでに触れたように、ロックは『形相と性質の起源』を所有し、[23]そこから（たった一つだが）メモ書きを残していることからも、同書を手にして読んだことがあるのは間違いない。

もちろん、ボイルの同書を所有していたからといって全篇読んだとは限らないし、ましてや影響を受けたとは言えない。そうした反論が聞こえてきそうである。だが、ロックが粒子哲学の受容という点においてボイルに負っていることを示す、重要な論拠が存在する。それは、ボイルが「粒子構造」という意味合いで初めて用い始めたtextureという語を、ロックも同じ意味で一六八五年の『草稿C』から用いている、という事実である。[24]textureは、ロックがシドナムの強い影響下にあった『草稿A、B』（一六七一年）には登場しないが、『草稿C』（一六八五年）および『人間知性論』（一六九〇年）において繰り返し登場する。このことは、ロックが『草稿A、B』で構築した物体の作用にかんする議論を、『草稿C』に至るまでの間に、ボイルの粒子哲学と折衷させたことを強く示唆している。[25]たとえば、以下に見るように、ボイルとロックの主張はパラレルであることが確認できる。[26]まず、ボイルがtextureという語を用いている箇所から見てみよう。

これらの微小な諸部分が集まり、それらの一次性状と、姿勢または配列にかんする性向ないし配置によって一つの物体に集合させられるとき、われわれが包括的な名前でその物体の構造（texture）と呼ぶものが生じる。
（*OFQ*, 36）

このようにして現代の金細工師や精錬工は、金が王水でたやすく溶けることができ、しかも強水では作用しないことを、金が本物で不純物を含まないことを確かめるにあたっての、金の最も識別可能な性質と見なしている。しかし、これらの属性は金の中においては、金に固有の構造（texture）以外の何ものでもないのである。
（*OFQ*, 18）

このように、ボイルにおいては、一次性状（primary affection）——大きさ、形、運動[27]——を持った物質が、一定の姿勢［向き］や配置で集めることによって、その物体に特有な構造（texture）が生まれるのだとされる。そして、たとえば、金が王水に溶けるが強水では溶けないのは、この粒子構造に拠るものだと、ボイルは考える。これらと同じ texture の使い方を、われわれはロックにおいても確認することができる。

私が色や匂いについてすでに述べたことは、味や音やその他の可感的性質についても言える。つまりそれらに、どれだけ実在性を間違って帰属させてしまったとしても、それらは本当のところ、対象そのものにおいては、われわれの内にさまざまな感覚を生み出す能力にすぎない。そしてそれらは、私がすでに述べたように、かの一次性質（primary qualities）——諸部分の嵩、形、構造（texture）、運動に依存するのである。（*Essay* II, viii, 14）

もしわれわれが、物体の微細な粒子や、その可感的性質が依存している実在的構成を識別するのに十分なだけ鋭い感覚器官を持っていたのであれば、それらはわれわれの内にまったく異なった観念を産み出すのではないかと思う。そして、現在のところの金の黄色い色は消え失せ、その代わりに、ある一定の大きさと形を持った諸部分の驚くべき構造（texture）を見ることになるだろう。（*Essay* II, xxiii, 11）

ロックは texture が何であるのか、確かにはっきりと説明はしていない。しかし、ここで嵩、形、運動などと並べて texture を語っていることから、ボイルと同じように用いていることは明らかである。そして、金に特有の黄金色が、その texture に拠るものだと考えている点においても、ボイルの挙げる王水、強水の例とパラレルであることが認められる。こうして、物体の持つさまざまな性質が、その粒子構造（texture）に依存していると考える点において、ロックはボイルを踏襲していると言える。

また、texture ほど決定的な論拠ではないが、ボイルとロックが用いる一次性状／二次性質、一次性質／二次性質の区別においても、両者の間には、影響関係を読み取れそうな類似性が多く存在する。[28] すでに見た引用にもあったように、ボイルは、物質の大きさ、形、運動を一次性状（primary affection）と呼び、色や匂いといった二次性質から区別する。他方、ロックは一次性質（primary quality：PQ）と二次性質（secondary quality：SQ）とを、並行する仕方で区別している。[29] 近代の文脈において、この一次性質と二次性質の区別を議論した始まりは、ガリレオ、デカルトら機械論者であるというのが定説であるが、両者共に一次性質、二次性質という言葉を用いてはいない。[30] ボイルの一次性状／二次性質という言葉遣いが初出である。ここから、ロックの有名な PQ／SQ の区別が、ボイルの一次性状／二次性質の区別に由来するのだと多くの研究者たちが考えてきたのも、無理からぬことである。ボイルとロックの性質間の区別にみられる類似性については、これから触れることにする。

3 『人間知性論』での粒子説の展開――物体の性質と本質、自然学の限界

ロックの『人間知性論』（一六九〇年）は「イギリス経験論」の嚆矢を放った著作とされるが、ロックの経験論というのは簡潔に言えば、知識の材料である単純観念がすべて経験（感覚と反省）から得られる、という立場である。[31]ロックは『人間知性論』の導入において、「記述による、平明な方法（Historical, plain Method）」によって、人間知性がどのように観念を獲得し、知識を得るようになるのか、知識の確実性や明証性、範囲はどのようなものであるのかを探究する、と宣言する。この「記述による平明な方法」は、ロンドン時代に実験医学の手ほどきを受けたシドナムの「平明で隠しだてのない方法（a plain and open method）」を継承したものであることは、『人間知性論』（一六九〇年）よりも二〇年ほど前に書かれた『草稿A、B』（一六七一年）から明白である。ロックは一六六七年にロンドンに移動し、そこでシドナムとの知己を得て、シドナムの助手をしていたが、その際の実験医学者としての現場経験が、「解剖学」（一六六八年）「医学について」（一六六九年）といったロックの医学手稿に決定的な影響を与えている。[32]

このシドナムからの影響は、ロックによる粒子説の扱いにも強い影響力を及ぼしている。本質的には、ロックは粒子説のような観察不可能な領域の仮説について、シドナムと同様、『人間知性論』全体を通じて不可知論的な立場を採用するに至る。『人間知性論』冒頭には次のような発言がある。

私はここで、心の自然学的考察（Physical Consideration）には立ち入らないことにする。言い換えれば、その［心の］本質がどこに存するのか、どのような私たちの精神の働き、または身体の変容によって、私たちは感官によって感覚を持つようになり、知性の中に観念を持つようになるのか。そして、これらの観念がその形成において、一部であれ全部であれ物質に依存するのかどうか。こうしたことを調べるのに我が身を煩わせるつ

もりはないのである。こうした［自然学的考察にかんする］思索というのは、どれほど好奇心をそそり面白いものであろうとも、ここで私が意図している計画の道からは外れたものとして、私は拒否したいと思う[33]。

（*Essay* I, i, 2）

こうした、心の本質や、観念の形成における物質の役割などについての考察を、ロックは自然学的考察と呼び、そうした考察には立ち入らないと宣言している。ロックの粒子説へのコミットメントを考える上で重要になってくるのは、この公式的言明をどのように理解するか、である。というのも、ロックは粒子説に依拠して展開したと思われる、以下に見ていくような論点に関して、「自然学的考察に、思っていたよりも深入りしてしまった」と弁明しているからである。裏を返せば、ロックはPQ／SQの区別などを論じるにあたって、それが「自然学的考察」にあたることを承知していた、ということである。

1　物体の一次性質／二次性質の区別

粒子説がロックの思想に最も顕著な影響を与えたと考えられるのは、ロックがその哲学的議論の嚆矢を放ったことで著名となった、物体のPQ／SQの区別をめぐる議論である。この議論は、現在でも主に英米系哲学で盛んに論じ続けられており、ロックによる定式化はその源泉となっている[34]。ただし注意しなければならないのは、一般的に、大きさ・形・数・運動・粒子構造といったものがPQの例として、そして色・味・匂いなどがSQの例として挙げられるのに対して[35]、ロックの言うテクニカルタームとしての「性質」は、そうした一般的な意味の性質とは異なるものである、という点である。この点をまず見ていくことにしたい。

ロックは『人間知性論』二巻八章九節以降において、物体のPQ／SQの区別を定式化する議論を行っているが、それに先立つ同二節において、自然学へと深く立ち入った考察を行い、心の中の観念と物体の性質とを区別し、両者を注意深く区別することが必要であると述べている。このことはあまり注意されないが、ロックによる物体のPQ／SQの区別を正確に理解する上で大事なことである。ロックは次のように述べる。

このようにして、熱いと冷たい、明るいと暗い、白と黒、運動と静止の観念は、等しく心の中にある明晰で肯定的な観念（positive Ideas）である。だがおそらく、これらの観念を産み出す原因のいくつかは、われわれの感官がこれらの観念を得てくる主体においては、単なる欠無（privations）である。知性はそうした観念を眺めるにあたって、これらをすべて別個の肯定的な観念として考え、それらを産み出す原因については注意することがない。これは、知性の中にあるものとしての観念にかんする探究ではなく、われわれの外にある物の本性にかんする探究である。これら二つは大変違ったことであり、注意深く区別されるべきである。白や黒の観念を知覚したり知ることと、ある対象を白く、あるいは黒く見えさせるためにはそれら［外にある物体］がどんな種類の粒子でなければならないのか、そして表面において［粒子が］どのように配列されてなければならないのかを調べることは、まったく異なったことだからである。[36]（*Essay* II, viii, 2. 傍点は筆者による強調）

ロックがここで述べているのは、次のようなことである。われわれは白い色や黒い色を知覚するとき、それがどのようなメカニズムで生じるのかを普段は意識しない。そうしたメカニズムを探究することは、心の中に現れる知覚内容（観念）を分析することではなく、そうした知覚を引き起こす原因である、外界の物体にかんする探究をしていることになる。ロックはこの引用にあるように、外界には粒子から構成される物体が存在するという粒子的世界像を有しており、ここに粒子説からの決定的な影響が読み取れる。そして、知覚内容を分析することと、外界の物体を探究することは異なることなので、注意深く区別しなければならない、と注意を促す。

なので、ロックが述べる「性質」というのは、われわれが一般的に理解する性質とはかなり異なるものとなる。

「性質」とは、狭義のテクニカルな意味においては、われわれの心の中に白や黒といった知覚内容（観念）を産み出す、物体の能力だとされる。

心がそれ自身の中で知覚するもの、つまり、知覚、思考、知性の直接の対象（immediate Object）であるものが何であれ、それを私は観念と呼ぶ。そして、われわれの心の中で観念を産み出す能力 Power を、この能力が存する主体の性質と呼ぶ。（*Essay* II, viii, 8）

このように心の中の観念と、物体における性質とを区別したうえで、さらにロックは、物体の性質を大きく分けて二種類に分ける。一つ目は、物体そのものが持っていると思われる一次性質（primary quality: PQ）。二つ目は、物体がその PQ によってわれわれの感覚器官に働きかけることで、われわれの心の中に色・味・匂いなどを産み出す能力であるところの、物体の持つ二次性質（secondary quality: SQ）である。大きく分けて、というのは、より正確に言うとロックは物体の性質を三つに分けているからである。ロックが三つの性質をリストアップしているのが、以下の箇所である。

そこで物体の中にある性質は、正しく考察すると三種類である。

第一に、物体の固性ある部分の嵩、形、数、位置、運動もしくは静止。それらは、われわれが知覚するにせよ知覚しないにせよ物体の中にあり、われわれが発見できる大きさの時には、これらによって物がそれ自身においてあるがままの観念を、われわれは得る。これは、人工物において明らかである。私はこれらを一次性質と呼ぶ。

第二に、ある物体の中にあり、その物体の感覚できない一次性質によって、ある特定の仕方でわれわれの感官のどれかに作用し、そうすることによってわれわれの中にいろいろな色、音、匂い、味などのさまざまな観念を産み出す能力。これら［色、音、匂い、味など］は通常、可感的性質と呼ばれる。第三に、ある物体にあり、その物体の一次性質の特定の構造によって他の物体の嵩、形、構造、運動を変化させ、前と違った仕方でわれわれの感官に物体を作用させる能力。こうして太陽は蠟を白くする能力を持ち、火は鉛を溶かす能力を持つ。これらは普通に能力と呼ばれる。（*Essay* II, viii, 23）

第三の性質は、物体が他の物体に作用することにより、われわれの中に異なる観念を産み出す能力のことを指している。ちなみに、こうした一次性質を持つ物体が、われわれの感覚器官や他の物体に作用するというロックが提示する構図は、物体そのものの絶対的性質と、他の物体との関係で生じる相対的性質というボイルの構図と大変よく似ている。[37]

PQ／SQ の区別を行うロックの議論の詳細を検討するのはここでの目的ではないので割愛するが、[38] 私がここで強調しておきたいのは、公式的には「立ち入らない」と宣言していたものの、ロックは自然学的考察に実質的にコミットしており、そうした粒子的世界像を念頭に置いて、物体の PQ／SQ の区別を行っている、ということである。粒子説はこのように、ロックによる性質間の区別、つまり彼の存在論的な主張に決定的な影響力を持っていると考えられる。

2　実在的本質と唯名的本質

外界世界が究極的には、目に見えないような微細な粒子から成り立っているという粒子的世界像は、当然のことながら、「実在」や「本質」についての考え方にも決定的な影響を及ぼす。こうしたことは、ロックにおいては物質的実体[39]に関する実在的本質（real essence）と唯名的本質（nominal essence）との区別、という形で現れることになる。この区別は、ロック以前の、アリストテレスの考えた物的実体の本質の理論と対照をなす。以下のロックの言に見られるように、アリストテレスの実体形相（substantial form）の説によると、ある実体（たとえば人間）がまさにその実体であるのは、その実体が特定の形相を有する（たとえば「人間」の形相）がゆえである、という説明がなされる。そして、たとえば人間という実体は、人間という形相を有するがゆえに、「理性的な動物」というような本質規定がなされる。それが、「人間」の形相つまり本質的定義に相当するからである。

ロックやボイルら、反アリストテレス派の粒子論者たちは、そうした本質規定が不毛であり、何ら説明力を持たないと感じていた。[40] たとえば上の例でいうと、「なぜ人間は理性的な動物であるのか？」という質問に対して、アリストテレス哲学を奉じるスコラ学者たちは、「それが人間であるから」としか答えない。ロックは、このような実体形相説に基づく本質の説明を、当時興隆してきた粒子説に基づく説明に取り替え、本質という言葉に新しい意味を与えた。以下、ロックの考えを引用しよう。

しかし、ある者たちは、物（Things）の本質が（理由がないわけではないが）まったく知られないものであると考えているので、本質（*Essence*）という言葉のいくつかの意味を考えておくのは不適切ではないだろう。第一に、本質は、物のまさにその存在、つまりは、それ［本質］によってその物がそうであるもの、だと考えられる。こうして、その発見可能な性質が依存するところの、実在的で内的な、しかし実体においては一般的に知られない物の構成を、その［物の］本質であると呼ぶことができる。これは、この［本質という］言葉の形成過程からも明らかであるように、言葉の適切な本来の意味である。というのも、本質（*Essentia*）というのは、その一次的な表記において、適切には存在（*Being*）を意味するからである。第二に、学院での学や論争は、類（*Genus*）や種（*Species*）をめぐって多忙であったので、本質という言葉はほとんどその一次的な意味が失われてしまった。そして、物の実在的な構成の代わりに、［本質という言葉は］類と種から成る人工的な構成にほとんど当てられることになった。

……こうした二つの種類の本質は、前者を実在的本質（*Real Essence*）、後者を唯名的本質（*Nominal Essence*）と呼ぶのは不適切ではないだろう。（*Essay* III, iii, 15）

ここで、「学院での学や論争」と呼ばれているのが、スコラ学による本質の理論である。類や種の区分に熱心で、そうした「人工的な」構成物についての議論に終始していることに、ロックは不満を表明しているわけである。先にも述べたように、記述に則ったロックの方法論からすると、物の本質について、ああだこうだと言葉上だけで人工的な区別をしても意味がない。それゆえに、スコラ流の本質を、唯名的本質（名前の上だけでの本質）とロックは名づけた。それと対照的に、物が究極的に依拠するところの、「実在的で内的な」「一般的には知られない物の構成」こそを、実在的本質と名づけよう、というのがロックの提案である。物質的実体について言えば、実在的本質とは、端的にその物の粒子構造のことを指す。それが、その物をそのように存在させる「本質」なわけだ。

ロックはこのように、粒子説に基づき、「本質」という言葉に新しい意味を与えた。しかし、注意しなければならないのは、このように実在的本質を規定したからといって、われわれがその実在的本質を発見できる日が近い将来に来るとは、ロックはまったく考えていなかった点である[41]。ロックは当時の自然学の最先端である顕微鏡観察にしばしば言及するが、もし仮に人間が顕微鏡のような鋭い目を得たとしても、さらに当時の顕微鏡の一千倍、一万倍の拡大能力を持つ鋭い目を持ったとしても、物質の実在的本質に迫ることはできまいと考えていた[42]。にもかかわらず、ロックによる本質理論が重要であるのは、従来の「形相」に基づく本質の理論を退け、粒子説に基づく「実在的本質」へとわれわれの理論を脱皮させていったことにある[43]。

3　認識論と自然学の限界

最後に、粒子説がロックの認識論そのものに与えた影響について述べよう。物質世界が究極的には粒子から構成されているという世界観は、PQ／SQの区別に見られるように、世界の本当の姿に関連した洞察を与えたり、物体の本質についての理解を変貌させる、といった存在論的な含意があるのと同時に、われわれが自然界について何を知ることができるか、という認識論的な問いに対しても含意を持つ。ロックは『人間知性論』四巻において、同書の本来の目的であるところの、人間の知識の「確実性や明証性、範囲」について体系的な考察に乗り出すが、自然学の限界を論じる四巻三章において、まさに粒子説に依拠した形で、自然学の限界を論じるという所作に及んでいる。より正確に言えば、粒子説を基底にしたPQ／SQの区別を利用しながら、物体の諸性質をわれわれはアプリオリに知ることができない、という議論をロックは行う。伝統的な基礎づけ主義的な認識論の見方からすれば、これは、自然学の限界査定のために自然学を用いるという、悪しき悪循環であり、「科学の基礎づけ」の失敗例だと見なされるかもしれない。しかし、これは（主にカント以降のドイツ系の）哲学からロックを眺めた場合に言えることであり、ロック自身は、シドナム、ボイル、ニュートンら大建築家（Master-Builders）の「下働き（Under-Labourer）」を自任していたこと[44]に注意すべきである。科学革命が進行中であった一七世紀における科学哲学では、（すでに完成した）科学の基礎づけを行うというよりも、当代のイングランドの知的文脈に即して言うと、イングランドの実験哲学[45]そのものを推進することに、主眼が置かれていたのである。

　ロックがPQ／SQの区別に依拠して展開した、自然学の限界にかんする議論は、およそ以下の通りである。

(1)　金（Gold）などの実体の観念を構成し、実体の知識にもっぱら関係するのは、二次性質の観念であるが、これら二次性質の観念は、物質粒子の一次性質に依存している。（もし一次性質に依存しないのであれば、さらにわれわれの理解から離れたものに依存していることになる[46]。）しかし、われわれは、どのような物質粒子の大きさ・形・構造などが、金の観念を構成する性質を産み出すのか分からない。というのは、そうした諸部分は観察不可能だからである。

(2) もし仮に物質粒子の一次性質が分かったとしても、さらに不治の無知をわれわれは有している。つまり、一次性質と二次性質の観念との間の必然的結合をまったく発見することができない、という事実である。

(*Essay* IV, iii, 11)

(3) それゆえわれわれは、個別経験がわれわれに教えること以上のことを、こうした自然学の領域においては望むことはできない。

(*Essay* IV, iii, 12–14)

(*Essay* IV, iii, 14)

PQ／SQ の区別を論じたところで述べたように、物体はその PQ を通じて、色・味・匂いといった SQ の観念を心の中に産み出すという能力を持つ。ゆえに、たとえば、金がなぜあの独特な黄金色をしているのかを学知レベルで知ろうとするならば、金の PQ がどのようなものであるのかを、われわれは知らなければならない。しかし、顕微鏡の議論のところでも指摘したように、当時の顕微鏡のレベル、および想像できる限りにおける顕微鏡観察のレベルにおいても、われわれは物質粒子の究極の姿を把握することはできない。ゆえに、（そうした基底的な粒子構造を知ることができない以上）われわれは物質的実体の諸性質について無知であり続けるだろう、というのが第一の議論である。

もし仮に、とロックは続ける。われわれが物質の粒子構造を発見できる日が仮に来たとしても、どのような粒子構造（texture）が、たとえばどのような色の知覚内容（観念）をわれわれのうちに産み出すことになるのか、粒子構造と知覚内容との間の結合には何ら必然性がない。たとえば、金の粒子（構造）について、現代のわれわれはそれが Au という元素であること、単体として存続するといった知識を持ってはいる。しかし、そうした粒子構造が分かったところで、なぜ金があの独特の黄金色をしているのか、なぜ王水には溶けるが強水には溶けないのか、といった物体の SQ についての知識を、われわれは必然的な仕方で得ることができない。これが第二の議論である。

これら二つの議論により、物質的実体についてのわれわれの知識は、個別経験が教えてくれるもの以上には届かないのだと、ロックは結論づける。われわれは、金や銀といった個別の物質的実体についての知識を増やしていくためには、さまざまな個別的実験や観察を試みながら、漸次的に自然学の知識を前進させていくしかない。このようにロックは、自らの認識論的立場でもあり、積極的に擁護すべき対象であるイングランド実験哲学に対して、粒子説を援用しながら、より深い根拠づけを与えたわけである。

このようなロックの経験主義的な認識論は、大陸のライバルであるデカルト流のアプリオリな自然学認識論を結果として退け、ニュートンによる実験哲学の流布と合わせて、次の一八世紀における啓蒙期の知的背景を形成する大河となった[47]ことは、ここで指摘しておきたい。とりわけ、フランスでの啓蒙主義の興隆に最も貢献したと言われるヴォルテールの哲学、自然学、寛容論が、ロック－ニュートンの敷いたレールの延長線上にあることは、ヴォルテール初期の著作[48]から明らかに窺い知ることができる。

おわりに

以上見てきたように、原子論（粒子説）は、ロックの認識論全体に対しさまざまな含意をもたらしている。ロックが粒子説を得たソースとしては、これまでガッサンディやボイルといった者たちの著作が挙げられてきたが、近年では精力的な手稿研究により、むしろシドナムの自然哲学の影響が、ロックに決定的であったという論考も現れてきている。しかし本章では、ボイルの用いたtextureという語彙や、PQ／SQの性質間の区別において、ボイルからロックへの影響が確かに見られるという立場から、ロックによる粒子説の展開を通覧した。また、シドナムから譲り受けた「記述による平明な方法」の影響により、ロックは自然学的考察への立ち入りを避けるという公式的言明を確かに行っている。だが、ロック自身が認めているように、たびたび自然学（粒子説）への深いコミットメントを行っており、それが最も顕著に見られるのが、ロックによって有名になったPQ／SQの区別であることを指摘した。これも、

（手稿レベルでは現れていないものの）ボイル－ロックの粒子論的な思考の連続性を示す、テキスト上の根拠ではないかと思われる。

結果として、ロックによる原子論（粒子説）の理解は、自然界における物体の性質や本質、あるいは自然界についての知識の限界、といったさまざまな論点に対し、新しい哲学的アプローチを切り開くことを可能にした。そして、ロックが果たしてそのような粒子説の採用において、経験論的認識論と整合的であったのか、という視点から、後にバークリは物質主義批判を（ロックのみならず物質主義者一般に対して）展開することになる。こうした観点からも、原子論（粒子説）は、イギリス経験論という哲学スクールの展開において、重要な基底となったと言うことができるだろう。

◉注

（1） ロックが『人間知性論』（1690）で、自らの役割をボイル、シドナム、ニュートンらの「下働き（Under-Labourer）」としたことは有名である。オックスフォード時代からロンドン時代、フランスへの渡航といった場所でロックが知己を得た自然哲学者には、ウィリス、ローワー、ボイル、フック、ウィルキンス、シドナム、ベルニエといった当代一流の科学者が含まれている。またロック自身が、イングランド実験医学の父と言われるシドナムから「優れた医者である」との評価を受けていることは、あまり知られていない事実である。

（2） 原子（atom）という言葉は、ロックの哲学的主著である『人間知性論』にたびたび登場するが、ロックは粒子（corpuscle）という言葉の方を多用している。他方、ロックが多くの著書を所有していたロバート・ボイル（1627–1691）の著作には、『粒子哲学による形相と性質の起源（*The Origine of Forms and Qualities According to the Corpuscular Philosophy*）』のように、粒子哲学という言葉が頻出する。ただボイル自身、原子論と粒子説には大きな違いはないものと見ている。本章では、ロックやボイルが実際に使っていた「粒子」という言葉を中心的に使っていくことにする。

（3） ロックへの原子論の影響を、研究者の議論の俎上へと乗せた最初の論文は、皮肉にも「原子論の影響はない」とする

Yost（1951）の論文であったように思われる。このヨスト論文に手厚く反論したのが、Mandelbaum（1964）の研究書であり、それにさらなる反論を加えたのが、Yolton（1970）である。ロック研究で初めてのアンソロジーとなった『ロックの人間知性論（*Locke on Human Understanding*）』に載せられた Laudan（1977）に付け加えられた追補（postscript）が、これらの研究のサマリーになっている。その後、ボイルからの影響が盛んに論じられ、バークリの批判が正鵠を射たものではなかった、という論調が八〇年代の論文に続いたが、主に九〇年代からのロック手稿（Locke Manuscript）の研究により、ロックは従来主張されていたほどボイルからの影響は受けていなかった、という事実が判明している。ロックが原子論を採用するにあたり、どのように独自の認識論的思索を展開していったのか、については本章第3節を参照。

（4）手稿研究の先駆は、ロックの医学研究についての Dewhurst（1966）であったと思われる。その後、九〇年代辺りからロックの自然学の哲学についての研究を現代まで牽引してきたのは、Milton, Rogers, Walmsley, Anstey といった研究者たちである。Cranston（1957）から五〇年ぶりに出版されたウルハウスによるロックの伝記 Woolhouse（2007）には、現在までの手稿研究の成果がふんだんに盛り込まれている。

（5）たとえば、『自然学』214b–218a にアリストテレスの議論が見られる。中世からルネサンス時代の真空をめぐる議論を総覧するものとして、Grant（1981）が挙げられるほか、Pyle（1995）, p. 210–231 には中世〜初期近代の原子論的思想について詳しい記述がある。

（6）夙にライプニッツの『人間知性新論』において、「ロックはガッサンディストの体系を受け入れている」という指摘がある。Kroll（1986）は、それまでの多くのロック研究書が「ガッサンディを見落とし、ロックの粒子主義に主たる影響力を持ったのはボイルである、という考え方に傾いている」ことを批判し、スタンリーの『哲学の歴史』（一六五五―一六六二年）』を通じて、ロックはガッサンディの（原子論）哲学を学んだのだと推測している。しかし後述するように、ロックが所有していたのは同書の一六八七年の版であるにすぎず、一六七一年に書かれた『草稿A、B』や、一六八五年の『草稿C』に影響を与えることは不可能である。また、Michael & Michael（1990）は、『草稿A、B』の時点でロックは認識論的なソースを持たず、ゆえにガッサンディの『哲学体系』からその認識論的議論を得たのだと主張するが、これも本章で後に見るように、間違った主張であったことが分かっている。

（7）前述の Pyle（1995）および Garbar et al.（1998）を参照。

（8）Kargon（1964）, p. 185.

（9）Gassendi（1658/1972）, p. 388–389.

（10） アリストテレスは原子論をもちろん拒絶していたが、アリストテレスが『自然学』などにおいて批判対象にすることによって、古代原子論者の教義が後世にまで知られることになったのは、皮肉なことである。

（11） Aaron（1971）は、すでに第二版（1955）の時点から、ロックに対するガッサンディの影響が「無視されてきた」ことを指摘しているが、イギリス経験論の神話をより先鋭に押し出し、研究者の議論の俎上に乗せたのは Norton（1981）である。Kroll（1984）や Michael & Michael（1990）も、このノートンの敷いたレール上で議論を展開している。

（12） Lough（1953）, p. 170.

（13） Cranston（1957）, p. 170. 五〇年後に書かれたウルハウスによるロックの伝記でも、同趣旨の言葉を見出すことができる。ロックはベルニエに会ったものの、「哲学について論じて楽しみ有益であったが、……東洋の人々についての作法を、東洋事情について話してくれることをより望んだ」。Cf. Woolhouse（2007）, p. 139.

（14） 正確に言えば、原子論的思想は『草稿A、B』（一六七一年）に先立つ『自然法論』（一六六四年）に見出されるので、ロックの一六六〇年代前半の草稿、読書メモ等についての手稿研究にわれわれは注意を向けなければいけない。

（15） Kroll（1984）; Michael & Michael（1990）.

（16） Milton（2000）は、以下のような多くの傍証を挙げている。(1)ロックが所有していたガッサンディの著作は、『ペレスクの生涯』のみであった。(2)『哲学体系』からの引用は主に二つの手稿に見られるが、一方（MS Locke f.14）はすべてガリレオ、メルセンヌ、パスカル、トリチェリらによる静水力学や空気力学についての報告で、他方（Add. MS 32554）はガッサンディの空間理論と、クテシビオスの水力学器具についてのものであった。(3)その他、ガッサンディの名が少なくとも一七回、ロックの手稿には登場するが、いずれもボイルの著作（『いくつかの自然学についての試論』や『実験自然哲学の有用性』など）から取られたもので、ガッサンディからの直接的影響を表すものではない。(4)ベルニエから『ガッサンディ哲学の要諦』全七巻を貰ったものの、この『要諦』からの引用は一六九八年のもの（しかも、ガッサンディの哲学についてではなく、東洋に旅行した折の知見について）を除くと、何一つ存在しない。以上のような諸事実から、ミルトンは「ガッサンディのロックへの影響は、これまで一般的に思われてきたよりも、はるかに制限されたものだった」と結論づけている。

（17） ロックの経験主義認識論の形成過程を追うことは本章の範囲外の作業であるが、大まかに言うと、『自然法論』（一六六四年）から『草稿A、B』（一六七一年）、『人間知性論』（一六九〇年）までの段階的発展をつぶさに見れば、彼の認識論がガッサンディからの借り物でないことは明らかである。

（18）Aaron（1971）, Curley（1972）, Alexander（1974a; 1974b）, Palmer（1976）などが挙げられるが、このボイル－ロック路線での研究がクライマックスを迎えたのは Alexander（1985）においてであろう。

（19）たとえば、ロック研究でよく知られた古典である Aaron（1971）, p. 12–14 を参照。

（20）Milton（2001）, p. 225 による指摘。筆者が、実際にボドレィアン図書館で MS Locke d.11 を調べてみたところ、これらのボイルの著作にかんするロックのノートは実に詳細であった。

（21）この点については、青木（2008a）で詳細に論じたので参照されたい。

（22）Stewart（1981）, p. 22–25, 37–38.

（23）ロックが所有していたボイルの著作は、全部で六四アイテムにのぼる。Cf. Laslett & Harrison（1971: 91–93）.

（24）この点を初めて指摘したのは Alexander（1974b）, p. 207 であるが、ウォルムスリーはこの点には何も触れていない。『草稿C』に texture が登場するのは、*Draft C*, 114 などである。

（25）ロックが『草稿A、B』において、粒子説に関してどのような議論を行っていたのかについては、青木（2008a）を参照されたい。

（26）以下の引用箇所以外の、ボイル－ロックのテキスト上の詳細な比較は、青木（2004a; 2005）を参照されたい。

（27）*OFQ*, 16, 35–36.

（28）こうした、テキスト上での類似性から影響関係を読み取ったのが、注18で挙げたさまざまな先行研究である。日本語で読めるものとしては、青木（2004a; 2005）を参照。

（29）正確には、ロックはまず、〈心の中の観念〉と〈物体における性質〉とを区別し、さらに物体の性質を、一次性質と二次性質に区別する。なので、色や匂いを二次性質とするボイルとは決定的に異なる。これら色や匂いといったものは、ロックにおいては「二次性質の観念」である。

（30）古代原子論からガリレオ、デカルトらに至る PQ／SQ の区別についての見取り図を提供するものとして、青木 2007 を参照されたい。

（31）ゆえに、あらゆる知識が経験から得られる、という立場では決してない。

（32）これらの医学手稿の内容が、シドナムからの直接的影響によるものであることについては、青木（2008a）を参照されたい。

（33）Physical Consideration をどう訳すか。岩波文庫の大槻訳だと「物性的考察」とされるが、『人間知性論』の終わりでロックは学問を三つの領域に分け、ギリシア語の「フィシカ」を natural philosophy と言い直していることから、ここでは「自然学的考察」とした。なお、こうした原因論についてさまざまな仮説を交えながらも、深く立ち入らないとする禁欲的な立場は、『熱病治療の方法』（一六六六年）に見られるシドナムの不可知論の影響下で形成されたと考えられる。この点についても、青木（2008a）が詳しいので、参照されたい。

(34) Mackie（1976）, McGinn（1983）, Nolan（2011）などが代表例として挙げられる。

(35) ロックに続くバークリは、このようにPQ／SQを理解したうえで批判を行っている。しかし、これは的外れであるというのが、一九七〇―八〇年代のロック研究に共通して見られた見識である。前述の Laudan（1977）ほか、Curley（1972）, Alexander（1974a）, Mackie（1976）などを参照。

(36) 二巻八章二二節でもロックは同様に、心の中の観念と物体における性質の区別を述べ、物体の性質についての考察が「自然学的探求」に相当することを弁明している。

　私はこれまで、おそらく私が意図したよりも少し自然学的探求（Physical Enquiries）に深入りしてしまった。しかしこの探求は、感覚の本性が少しでも理解され、物体における性質（Qualities in Bodies）とそれによって心の中に産み出される観念（Ideas produced by them in the Mind）との違いが判明に想念されるために必要であり、この違いなしで、観念について理解できるように論議するのは不可能であったのである。それゆえ、この少しばかりの自然哲学への立ち入りを許して頂きたい。（*Essay* II, viii, 22）

(37) ボイルによる絶対的性質／相対的性質の区別と、ロックのPQ／SQの区別との間にある類似性と非類似性については、青木（2004a; 2005）で詳しく論じたので、これらの論文を参照されたい。

(38) 本章での論述とは対照的に、PQ／SQの区別は『人間知性論』に二〇年ほど先立つ『草稿A、B』にその萌芽が見られ、そこでロックはボイルらの粒子説を受け入れるのとはまったく独立に、独自の哲学的思索を通じてこの区別へと到達した、と論じているのがウォルムスリーである。私はこの主張にまったく賛同するわけではないが、Walmsley（2003）が優れた議論を行っている。参照されたい。

(39) ここでは、分かりやすい例として物質的実体に即して論じているが、ロックは「もの（thing）」全般について実在的本質と唯名的本質の区別を議論しているため、この区別は物質的実体のみならず、精神的実体にも本来は成り立つ議論である。

(40) ボイルも『形相と性質の起源』（一六六六年）において、同じ趣旨の主張を行っている。雪がなぜ白く眩しいのかという問いに対して、スコラ学者は「雪は白さや眩しさの形相を持っているから」という説明をするが、それは単なる現象の言い換えにすぎず、何ら説明力を持たないとボイルは考えた。

(41) この点にかんして、当時から有名であったフランスのストラスブール大時計の内的構造についてまったく無知である田舎者よりも、われわれは物質的実体の実在的本質については無知であると、ロックは述べている。*Essay* III. vi. 9.

(42) *Essay* II. xxiii. 11.

(43) ロックの実在的本質についての議論は、たとえば現代の自然主義認識論者のコーンブリスによって取り上げられ、彼の自然種理論の重要な契機となっている。この点については、Kornblith（1993）: Chapter 1 に詳しい。

(44) ロックは大建築家の「下働き」として、何を企図していたのか。この比喩に触れる論文は割合多いが、まとまった考察を行っているものとしては、Alexander（1985）, Jolley（1999）が挙げられる。筆者の見解は、青木（2004b）で素描されているほか、青木（2008b）では、当時の実験哲学をめぐる認識論的な議論（ロック周辺のスプラット、グランヴィル、フックといった者たちの認識論との比較考察）という文脈の中で、ロック哲学の正当な位置づけが議論されている。

(45) 二一世紀の現在では、実験哲学と聞くと、心理学実験を援用して哲学的直観の吟味を行う志向性を持った現代自然主義哲学の流派のことを念頭に置く読者がいるかもしれないが、一七世紀イングランドにおける実験哲学（Experimental Philosophy）とは、ベーコン以来の、実地経験を重視する知的潮流のことを指す。王立協会の主要メンバーであったボイルやニュートンは、イングランド実験哲学の推進者であったし、同協会フェローであったH・パワーは、タイトルそのものが『実験哲学』（一六六四年）という著作を出版し、顕微鏡観察に基づく自然誌を公表している。同じく王立協会フェローであったフックの『ミクログラフィア』（一六六五年）は、顕微鏡観察を初めて図版付きで出版し、細胞（cell）を命名したことで有名である。

(46) ここでのロックによる「もし一次性質に依存しないのであれば、さらにわれわれの理解から離れたものに依存していることになる」という発言は、ロック的な自然主義をよく表したものであると思われる。というのも、粒子説という、ロックが最も理解可能で優れた諸物体の性質を説明する仮説的理論を駆使して、自然学の限界と実験観察の必要性を説いているのが、ここからよく見て取れるからである。

(47) ロック－ニュートンによる経験論哲学の体系化、次世紀への影響については、Rogers（1978; 1982）が優れた展望を与えているので、参照されたい。

(48) ヴォルテールの哲学思想の出発点となった『イギリス便り』（*Letters on the English*）および、反デカルト派の立場からニュートン自然哲学について詳述した『ニュートン氏の哲学の綱要』（*Éléments de la philosophie de Newton*）に、その強い影響力を見ることができる。

●参考文献

Aaron, Richard I.（1971）*Locke*（3rd ed.）, Clarendon : Oxford University Press.

Alexander, Peter（1974a）"Boyle and Locke on Primary and Secondary Qualities", *Ratio*, vol. 16, p. 51–67.

Alexander, Peter（1974b）"The Names of Secondary Qualities", *Proceedings of the Aristotelian Society*, vol. 72, p. 203–220.

Alexander, Peter（1985）*Ideas, Qualities, and Corpuscles : Locke and Boyle on the External World*, Cambridge : Cambridge University Press.

Boyle, Robert（1666）*The Origine of Forms and Qualities*, in Hunter, Michael & Davis, Edward B.（eds.）*The Works of Robert Boyle*, London : Pickering & Chatto, 1999 = *OFQ*.

Curley, E. M.（1972）"Locke, Boyle, and the Distinction between Primary and Secondary Qualities", *The Philosophical Review*, vol. 81, no. 4, p. 438–64.

Cranston, Maurice（1957）*John Locke : a biography*, London : Longmans.

Dewhurst, Kenneth（1966）*Dr. Thomas Sydenham*, Berkeley and Los Angeles : University of California Press.

Garber, D. et al（1998）"New doctrines of body and its powers, place, and space", in Garber, D. & Ayers, M.（eds.）*The Cambridge History of the Seventeenth-Century Philosophy*, New York : Cambridge University Press, p. 553–623.

Gassendi, Pierre（1658/1972）*Syntagma Philosophicum / The Syntagma*, in Craig B. Brush（ed. and trans.）*The Selected Works of Pierre Gassendi*, New York : Johnson Reprint Corporation.

Grant, Edward（1981）*Much Ado about Nothing : Theories of space and vacuum from the Middle Ages to the Scientific Revolution*, New York : Cambridge University Press.

Kargon, Robert（1964）"Walter Charleton, Robert Boyle, and the Acceptance of Epicurean Atomism in England", *Isis*, vol. 55, no. 2, p. 184–192.

Jolly, Nicholas（1999）*Locke : his philosophical thought*, New York : Oxford University Press.

Kornblith, Hilary（1993）*Inductive Inference and Its Natural Ground : An Essay in Naturalistic Epistemology*, Massachusetts : MIT Press.

Kroll, Richard W. F.（1986）“The Question of Locke’s Relation to Gassendi”, *Journal of the History of Ideas*, vol. 45, no. 3, p. 339–359.

Laslett, P. & Harrison, J.（1971）*The Library of John Locke*,（2nd ed.）, Oxford: Clarendon Press.

Laudan, Laurens（1967）“The Nature and Sources of Locke’s Views on Hypothesis”, reprinted in Tipton, I. C.（ed.）*Locke on Human Understanding*, Oxford: Oxford University Press, 1977, p. 149–162.

Locke, John（1671）*Drafts for the Essay Concerning Human Understanding and Other Philosophical Writings*, Nidditch, Peter H. and Rogers, G. A. J.（eds.）Oxford: Clarendon Press, 1990.

Locke, John（c.1685）*Draft C*, type script by Rogers, G. A. J.

Locke, John（1690）*An Essay Concerning Human Understanding,* Nidditch, P. H.（ed.）Oxford: Clarendon Press, 1975 = *Essay*

Lough, John（ed.）*Locke’s Travels in France 1675–1679*, Cambridge: Cambridge University Press, 1953.

Mackie, J. L.（1976）*Problems from Locke*, Oxford: Oxford University Press.

Mandelbaum, M.（1964）*Philosophy, Science, and Sense Perception*, Baltimore: John Hopkins Press.

McGinn, Colin（1983）*The Subjective View: Secondary Qualities and Indexical Thoughts*, Oxford: Clarendon Press.

Michael, Fred S. & Emily（1990）“The Theory of Ideas in Gassendi and Locke”, *Journal of the History of Ideas*, vol. 51, no. 3, p. 379–399.

Milton, J. R.（2000）“Locke and Gassendi: A Reappraisal” in Stewart, M. A.（ed.）*English Philosophy in the Age of Locke*, Oxford: Clarendon Press, p. 87–109.

Milton, J. R.（2001）“Locke, Medicine, and the Mechanical Philosophy”, *British Journal for the History of Philosophy*, vol. 9, no. 2, p. 221–243.

Nolan, Lawrence（2011）*Primary and Secondary Qualities: The Historical and Ongoing Debate*, New York: Oxford University Press.

Norton, David Fate（1981）“The Myth of ‘British Empiricism’”, *History of European Ideas*, vol. 1, no. 4, p. 331–344.

Palmer, David（1976）“Boyle’s Corpuscular Hypothesis and Locke’s Primary-Secondary Quality Distinction”, *Philosophical Studies*, vol. 29, no. 3, p. 181–189.

Pyle, Andrew（1995）*Atomism and Its Critics: From Democritus to Newton*, Bristol: Thoemmes Press.

Rogers, G. A. J.（1978）“Locke’s *Essay* and Newton’s *Principia*”, *Journal of the History of Ideas*, vol. 39, no. 2, p. 217–232.

Rogers, G. A. J.（1982）“The System of Locke and Newton”, in Bechler, Zev（ed.）*Contemporary Newtonian Research*, Dordrecht: Reidel, p. 215–38.

Stewart, M. A.（1981）“Locke’s professional contacts with Robert Boyle”, *Locke Newsletter*, vol. 12, p. 19–44.

Yost, R. M.（1951）“Locke’s Rejection of Hypotheses about Sub-Microscopic Events”, *Journal of the History of Ideas*, vol. 12, no. 1, p. 111–30.

Yolton, John W.（1970）*Locke and the Compass of Human Understanding*, Cambridge: Cambridge University Press.

Walmsley, Jonathan（2003）“The Development of Locke’s Mechanism in the Drafts of the Essay”, *British Journal for the History of Philosophy*, vol. 11, no. 3, p. 417–449.

Woolhouse, R. S.（2007）*Locke: A Biography*, Cambridge: Cambridge University Press.

青木滋之（2004a）「ロックの性質理論――ボイルを手掛かりとして」『人間存在論』第10号、七七―九一頁

青木滋之（2004b）「自然主義的認識論の原型――ロックを題材に」『哲学の探求』第31号、三一―一八頁

青木滋之（2005）「観念と性質――ロックのボイル批判」『アルケー』No. 13、七六―八七頁

青木滋之（2007）「第一性質・第二性質」『イギリス哲学・思想辞典』（日本イギリス哲学会編）所収、研究社、三四二―三四四頁

青木滋之（2008a）「シドナムとロック――記述的方法論の継承」『イギリス哲学研究』第31号、一三―三三頁

青木滋之（2008b）「実験哲学の認識論――フック、グランヴィル、ロック」、*Nagoya Journal of Philosophy*, vol. 7, p. 54–84.

第4章

ライプニッツと原子論

〈アトム〉から〈モナド〉へ[1]

池田真治

はじめに

ゴットフリート・ヴィルヘルム・ライプニッツ（1646–1716）の哲学の発展において、原子論との関わりは極めて重要な位置を占める。若きライプニッツは、ローゼンタールの森での思索を機に、当時最新の科学である機械論とともに、原子論を採用した。成熟期には機械論的原子論を放棄したが、アトムの存在は維持し、「実体的アトム」の考えを採っている。晩年の代表作『モナドロジー』（一七一四年）で提出された「モナド」の概念は、ライプニッツが古今の哲学者たちとの対決を経てようやく辿り着いた、彼の哲学の境地というべきものだが[2]、そのモナドは、「自然の真のアトム」とも呼ばれる。引用しよう。

§1．本作品で語ろうとしているモナドとは、複合体のうちに入ってくる、ある単純な実体のことにほかならない。単純とはすなわち部分をもたないということである。

§2. また複合体が存在するのであるから、単純実体がなければならない。なぜなら、複合体は単純体の集積すなわち寄せ集めにほかならないのであるから。

§3. ところで、部分がないところでは、延長も図形もなく、可能な分割もない。そして、これらモナドは自然の真のアトムであり、一言で言えば事物の要素である。(3)

「モナド」とは、集まることで複合体（すなわち物体）を形成する単純実体である。「単純」とは部分を欠くことである。したがって、モナドは不可分な実体である。注目すべきは、ライプニッツがモナドを「自然の真のアトム」と呼び換えていることだ。この表現は、ライプニッツが生前出版した唯一の単行本、『弁神論』（一七一〇年）にも登場する。

エピクロスあるいはガッサンディのアトムを持続させることと、真に単純にして不可分な実体をすべて存続させることとで、なぜ前者の方が不都合の少ないことになるのか私にはわからない。実は後者だけが自然の真のアトムなのである。

（§89, GP VI, 151f.)

なぜライプニッツは、モナドを「自然の真のアトム」と表現したのだろうか。それは、原子論者が想定しているアトムではなく、自分の考えるモナドこそが、アトムの原義である「不可分なもの」であり、事物の究極的要素である、という大胆不敵な主張を意図しているからにほかならない。その主張の背景には、復興された古代原子論および一七世紀に新しく展開された化学的原子論に対する、ライプニッツの哲学的格闘がある。そこで本章では、原子論と対決していくなかで、ライプニッツがどのようにモナド論を形成していったのか概説する。以下その思想形成を、ライプニッツがアトム概念を受容した一六七六年末までを初期、原子論を批判した一六七八—八七年頃を中期、そしてモナド概念の登場する一七〇〇年以降を後期と、三つの時期に分けて論じる。

アトムからモナドへの一つの系譜を辿ることで、その思想の変遷に共通する、ある哲学的主題が浮かび上がってくる。すなわち、連続的な運動を通じて同一であり続ける物体の実体性を保証するには、コナトゥスや実体的形相、そして能動的力などの精神的な活動原理が要請されなければならない、とする「同一性のテーゼ」である。それは、古代ギリシアの哲学にはじまり、中世スコラから近世を通じて議論され続けてきた、何が事物に真の個別性を与えるのかという「個体化の原理」に関する、ライプニッツの哲学的信念である。

ライプニッツの思想形成が多種多様な背景をもつように、ライプニッツのモナド論が形成された背景もまた多種多様であり、その全容の解明は困難である。「原子論」とは何かということの理解もまた、一七世紀においては多義的であった。しかし、本章から明らかになるのは、ライプニッツのモナド論が、原子論との対決によって大きく促されてきたという歴史的事実であり、その思想の流れに通底する個体の同一性に関する哲学的動機である。

1　初期ライプニッツの原子論——物体的アトムの精神的基礎づけ

一七世紀は、西欧において原子論が復権した時代である。すでに、デモクリトスやエピクロス、ルクレティウスなど古代原子論者の考えが、翻訳を通じて当時の知識人に知られるようになっていた。しかし古代ギリシア時代の原子論が、「科学革命」の時代にそのまま通用したわけではない。たとえば、ピエール・ガッサンディ（1592–1655）は、エピクロスの無神論的な原子論に、動者としての神を導入することで原子論を復権した。また、ガリレオ（1564–1642）やデカルト（1596–1650）らは、われわれが感覚しているすべての自然現象が、非感覚的な粒子といくつかの運動法則のみからなる抽象的運動論に基礎づけられているという数学的世界像をもたらした。こうして、すべての物体は目に見えない粒子から構成されており、われわれが知覚しているすべての自然現象は、大きさ・形・運動のみによって説明されうるとする、「機械論哲学」が開花した。なお、ここでの「機械」のイメージは、歯車や滑車・てこなどの単純な機械が組み合わさってできた時計であるが、さらに動・植物や人間の身体も、時計のような複雑な自動機械（オートマトン）だとみなされた。

しかし、原子論の復権は、機械論哲学だけでなく、一六―一七世紀にかけてなされた「キミア」すなわち化学の発展にも大きく依拠している（Principe, 2011）。錬金術をはじめ、医学や生物学の発展によって、物質の合成や生産、動・植物の種子が観察されたが、発生や成長という自然現象は、それまでの機械論的な原子論や粒子論では説明できないものを含んでいた。そこで、唯物論的な古典的原子論に代わり、「化学的原子論」が台頭する。この新しい原子論の系譜には、フランシス・ベーコン（1561–1626）、ダニエル・ゼンネルト（1572–1637）、フォルチュニオ・リチェティ（1577–1657）、ファン・ヘルモント（1579–1644）、ヨアヒム・ユンギウス（1587–1657）、ガッサンディ、ロバート・ボイル（1627–91）、トマス・ホッブズ（1588–1679）、ケネルム・ディグビー（1603–1665）など、近世科学の立役者たちがいた。

では、この一七世紀前半における原子論の復権に、一七世紀後半に活躍したライプニッツはどのようにかかわっていたのだろうか。実はライプニッツもまた、一六六一年以降、新しい機械論哲学の影響を大きく受け、『結合法論』を書いた一六六六年から実体的形相説を復権させる一六七八年まで、原子論を断続的に採用したり拒否したりしている（Arthur, 2004; 2006）。以下本節では、初期ライプニッツの原子論に焦点を当てる。

ローゼンタールの森での思索

ライプニッツは、若き日のローゼンタールの森での思索を次のように振り返っている。

退屈なスコラ学派から解放された後、近代の学問に向かいました。今でも覚えていますが、一五歳のとき、(4) ライプツィヒの近くにあるローゼンタールという小さな森を独り散歩しながら、実体的形相を採るべきか採らざるべきか、熟考したものです。とうとう機械論が勝利をおさめて、数学に専念することにしました。もちろんその後、パリでホイヘンス氏と会って話すまでは、数学の最も奥深いところまで入ることはできませんでしたが。しかし機械論の究極的理由、さらに運動法則そのものの究極的理由を探求したときに、数学のうちにそれらを見つけるのは不可能であり、形而上学に戻らなければならないと気がついて、たいそう驚きました。そこで私はエンテレケイアに立ち帰って、すなわち質料的なものから形相的なものに立ち帰って、自分の見解についていくつかの訂正と進展を経た後、結局モナドすなわち単純実体のみが真の実体である、質料的なものは現象にすぎない、ただそれが善く基礎づけられており見事に結合している現象であるということを了解しました。

（レモン宛書簡 1714. 1. 10, GP III, 606）

一六六一年、ライプニッツはローゼンタールの森での思索を経て、機械論を採用する。一六六一年は、ライプニッツがライプツィヒ大学に入学し、スコラの学説と機械論哲学の調停を試みていたヤコプ・トマジウスの指導で、アリストテレスとデカルトの著作を勧められた時期である。その成果は、一六六八年から翌年にかけてのトマジウス宛書簡に窺える。ライプニッツはそこで、アリストテレスの実体的形相とデカルト主義者らの機械論哲学とが両立可能であり、形相を形と読み替えることができる、と述べる。そして、アリストテレスやスコラ哲学に通暁した専門家であるトマジウスに対して忌憚なくスコラを批判し、むしろアリストテレス自身の実体的形相の説に立ち返り、それが機械論の原理によって還元できることを主張する（A II-1, 17-38）。また一六六三年から六六年の間に、ライプニッツは再びトマジウスを介してガッサンディやホッブズの著作に親しんだ（Wilson, 1982）。こうしてライプニッツは、一六六〇年代にスコラの実体的形相説[5]を放棄し、当時最新の機械論哲学を採用する。機械論とは、物理現象を形・大きさ・運動に還元して数学的に説明する学である。ライプニッツがこの新哲学に関心をもったのは、余計な存在者を仮定せず、少ない存在者の前提で現象を説明できる点にある。一六六六年、ライプニッツは事物や記号の組み合わせや配列の可能性を網羅し、そこから未知の概念を発見するための方法論を構想した『結合法論』を著し、原子の結合法こそが自然の奥義に踏み込む唯一の方策であると主張した（A VI-1, 187）。一六六九年の『無神論者に対する自然の告白』では、ガリレオやベーコン、ガッサンディ、デカルト、ホッブズ、ディグビーら粒子哲学者らに同意して、「物体現象の説明に対して、不必要に神や非物体的な形相や質に訴えてはならず、すべては大きさや形・運動といった物体の本性や第一性質から導かれねばならない」とする。しかし、物体の剛性ないし凝集の原因や、なぜこの物体がこの大きさやこの形をもつのかという理由など、これら物体の本性だけでは説明不可能なものがあるため、物体現象の説明には、非物体的原理として世界を支配する精神、すなわち神が必要であると主張する（A VI-1, 489-492）。この時期からすでに、ライプニッツは非物体的な形相を要求するようになる。ただし、実体的形相の擁護が原子論の拒否と軌を一にしているというわけではない。たとえば一六七一年の『新自然学仮説』（HPN）でライプニッツは、「私は、デカルトやガッサンディらもっとも偉大な人物たちに従う者、および物体におけるあらゆる多様性は大きさ・形・運動によって説明されるべきであると教える者には、誰であれ完全に同意する」と述べ、機械論の立場を表明している（HPN §57, A VI-2, 248）。一六七二年から一六七六年にかけて、ライプニッツは外交官としての仕事を兼ねてパリに留学し、二六歳にして初めて本場の数学に接するが、その後わずか数年で微積分学の基礎を確立する。しかし、パリでの無限に関する数学研究は、機械論的な原子論や粒子論が数学的には支持しえないものである、という確信をライプニッツにもたらした。パリを去った一六七六年一一月には次のように述べている。「私はガッサンディの原子すなわち完全な固体である物体も、デカルトの繊細な物質すなわち完全な流体である物体も認めない」（A VI-3, 554）。「原子すなわち非常に堅い物体で下位分割されず折り曲げられないもの……しかし事物の本性のうちにそのような物体は存在しないと私は考える」（A VI-3, 561）。そして一六七八年、力によって実体の本性を捉えてからは、唯物論的な機械論的原子論を放棄し、アリストテレスの実体的形相説の復権へと向かう。

このように、一六六六—七八年の時期にかけて、ライプニッツの原子論に対する立場はめまぐるしく変化する。いったいこの時期に何があったのだろうか。それを単純に整理することはできないが、とりわけ次の三点が重要な契機としてあることは確かである。第一に、数学研究がもたらした、物質の無限分割に関する洞察、およびそこから帰結する有限な大きさをもつ剛体としての原子論の拒否。第二に、化学的原子論の系譜にある、「生きた原子」の採用。そして第三に、機械論とアリストテレスの実体的形相説を結びつける鍵となる、ホッブズの「コナトゥス」概念の受容。ライプニッツがこうした考えを採るに至ったその哲学的動機とは何だったのか。以下、数学と化学、そして自然哲学に関する考察が渾然一体となって現れる初期ライプニッツの原子論を紐解くことで、この問題を考察しよう。

物質の現実的無限分割説

まず、数学的議論との関連では、ライプニッツは物体的アトムを否定する際、「物質の現実的無限分割説」にしばしば依拠する。デカルト派に従えば、物体は延長を本性とする。しかし、延長は無限な分割可能性を含む。ゆえに、物体的アトムも物体である以上延長をもち、さらなる分割を免れえない。想定される反論は、それは単なる思考上の分割可能性であって、現実的な不可分性にいつか辿り着くはずだ、というものである。実際、ガッサンディが、有限大で延長をもつが不可分なほど堅い物体的原子の存在を主張した。しかしライプニッツは、物体が、アリストテレス主義者が論ずるように単に可能的な無限分割をもつだけではなく、あるいはデカルト主義者が論ずるように単に思考の上で無際限に分割可能なだけでもなく、現実的に無限に分割されている、と主張する。[6] 言い換えれば、事物は、思考レベルで無際限の部分に分割可能なだけではなく、事象レベルで無際限の部分に分割されている、と言うのである。[7]

しかし、この「物質の現実的無限分割説」は、初期ライプニッツにおける原子論の支持といかにして両立するのだろうか。アーサーはこの問題を「ライプニッツの原子論の謎」と呼ぶ。すなわち、アトムがそのオーソドックスな意味で、もうこれ以上分割できない物質の有限な部分だとすると、「連続体は潜在的に無限に分割しうるだけでなく現実的にも無限に分割されている」という一六六六年以降一貫して採用しているテーゼは、原子論と矛盾する（Arthur, 2004, 187）。

では、初期ライプニッツの思想に矛盾があったのであろうか。そうではない。アーサーは、この問いに正確に答えるには、まずライプニッツが「原子論」として何を理解していたのか、その歴史的文脈を把えることが不可欠とする。というのも、ライプニッツが拒否する原子論と支持する原子論とでは、内容がまったく異なるからである。

ライプニッツと化学的原子論

そこで、ライプニッツが「原子論」として何を理解していたのか確認しよう。まず、ライプニッツが拒否するのは、通俗化されたデモクリトスやエピクロスらの古代原子論の系譜、およびデカルト主義的機械論や粒子論哲学の系譜で普及した「古典的原子論」である。そこで支持されるのは、絶対的に不可分かつ純粋に受動的で、完全な剛性を保ち、いかなる質や力も内在的複雑さも欠く、物体であるかぎりで延長をもつといった性質を満たすアトムである。他方で、ライプニッツがこの時期に採用していた原子論とは、むしろ「新しい原子論」の系譜で、一七世紀前半の化学的原子論を自己流に展開したものである。一七世紀前半には、分割可能なだけでなく、多様な質や活動的力・内在的複雑さをもつアトム概念が主張された。また、空虚の存在を拒否する「充満説」と矛盾しない原子論が採られたりもした。むろん、ライプニッツがこれらの「新しい原子論」を全面的に採用したわけではなく、個々の論点についてライプニッツの意見は分かれている（cf. Arthur, 2004, 203–214）。

とりわけライプニッツが影響を受けたのは、ゼンネルトの種子の理論における「生きた原子」の考えである（cf. Arthur, 2006; Hirai, 2012）。「生きた原子」とは、有機的身体を構成する要素である。古典的原子論に対し、アリストテレスの実体的形相の不可欠性を主張した点も互いに類似している。両者はともに、原子が非質料的な形相を付与された複合的存在者だとし、魂が身体を形作ること（informare）を認める。そして、身体に含まれる諸原子の各々も実体的形相をもち、それらが支配−従属関係の階層をなしている、という形相多元論を支持する。ゼンネルトも初期ライプニッツも、ルター派の霊魂伝移説[8]を信じ、また、魂が含まれる個体的実体のうちに不可分な「実体の核」があるとした。この、形相のみを含み、あらゆる変化を通じて存続し、身体全体に拡散している「実体の核」ないし「実体の花」(flos substantiae)という考えは、魂が物体を形作るというゼンネルトの系譜に連なる。またそれは、すべてのもののうちには作用と運動の原理があり、それは物質全体の花のようなもので、通常、形相と呼ばれているものにほかならないとする、ガッサンディの「物質の花」(flos materiae)という概念を彷彿させる。[9] 彼らは、実体のうちなる活動原理でありかつ目的原因たる魂が、種子から完全な動物への成長を説明すると考えた。そして、あらゆる有機体は、それらがそのうちに予先的に存在する原子的な種子から発展したものであるという前成説を支持した。こうした動・植物の発生や成長は、純粋な唯物論的原子論では説明できない類いの現象だった。

しかし、両者のあいだには明確な相違点もある(Blank, 2011)。ゼンネルトにとって植物的魂は、それをもつ生きた原子が灰のように不可視なほど細かく分割されたときに可死的である。それに対してライプニッツは、原子が微細な灰となっても不可視な「実体の核」として生きており、その実体の核に植付けられた形相ないし魂は、非質料的であるかぎりで不可分であり不死であるとした(ヨハン・フリードリヒ公宛書簡 1671. 5. 21, A II-1, 108–9)。ゼンネルトと異なりライプニッツにおいて魂の活動は身体の大きさに依存しない。ライプニッツにとって、実体の核たるアトムは物理的点に存するとはいえ、そのうちにある魂は不可分な数学的点に位置し、それゆえ原子は分割によっては完全に破壊できず、不死的なのである(A II-1, 176)。

泡体説

次に、初期ライプニッツが採用した原子論が具体的にどのようなものだったのか、一六七一年にロンドン王立協会に提出された『新自然学仮説』(HPN)[10]に見てみよう。『新自然学仮説』は、感覚経験の世界の観点から具体的運動を捉えようとする。そこでは、物体の現象を大きさ・形・運動によって説明しようとしている点で機械論的であることはすでに確認した。注目すべきは、物質が無数の「泡体」(bulla) から構成される、とする「泡体説」である。

> 泡体 (bullae) とは、事物の種子 (semina rerum) であり、形象の織り糸、エーテルの容器、物体の基礎、堅さの原因である。また、事物のうちにわれわれが敬うすべての多様性や、運動のうちにわれわれが見出すあらゆるインペトゥスの基礎でもある。(HPN §12; A VI-2, 226)

泡体とは、不可分者から構成される原子で、地球のエーテル上に働く太陽の作用によってガラス玉のように形作られた、小さな泡のようなものである。それは経験世界を基礎づける物理的粒子である。ゼンネルトやガッサンディ、ファン・ヘルモントらの影響か、泡体は種子と同一視される。同時期に書かれたピエール・ド・カルカヴィ宛書簡で、ライプニッツはこの泡体と同義な「小球」(globulus) や「小世界」(terrella) といった概念も用いている (1671. 6. 22 ; A II-1, 210)。これらは、「世界のうちに世界が無限にある」(mundi in mundis in infinitum) というアナクサゴラスのテーゼを満たすかたちで、そのうちにさらに小さな粒子を含み、以下無限に続く (HPN §§ 43–44; A VI-2, 241f.)。

> すぐれたミクログラフィアを著したキルヒャーやフックが観察したように、鋭い目をもった観察者ならば、より大きな事物についてわれわれが感覚できる質の大部分を、より小さな事物のうちに比例的に発見するであろう。もしこのことが無限に続くならば——連続体は無限に分割可能なので、このことは確かに可能——、いかなるアトムも無限の種であり、ある種の世界のようなものであろう。そして、「世界のうちに世界が無限にある」ことになろう。(HPN §43; A VI-2, 241)

すなわち、物体は、単にアトムへと有限に分割されるのではなく、各アトムもまた小世界としてあって、そのうちにさらに無際限に小世界がある、という構造をもつ。この時代は、顕微鏡の発達によって、物質や生命の微細構造が探求されたが、ライプニッツもまた「ミクロコスモス」の世界観を継承し、自らの原子論に取り込んだのである。さらに泡体は、不可侵入的な外郭をもつ微小な球体で、その硬性（＝抵抗）の原因を、内的運動すなわち「渦動」によってもつ。泡体は、不可視なほど極めて小さく、自然的に損なわれないほど堅い粒子という意味では不可分だが、無限に複雑な内的部分をもつという意味では、依然として分割可能なのである。

ホッブズのコナトゥス概念の受容と精神化

次に、泡体（アトム）がもつ外郭の硬さやその内的運動は、何に原因をもつのだろうか。また、運動のあいだ同一であり続ける物体の「個体化の原理」はどのように説明すればよいのだろうか。そこでライプニッツが注目したのが、ホッブズの「コナトゥス」概念である。ライプニッツはこの問題の説明のために、『新自然学仮説』と同時期に書かれた『抽象的運動論』（TMA）[11]において、コナトゥス概念を適用する。『抽象的運動論』は、『新自然学仮説』で描かれた具体的運動論に対する抽象的基礎を理性によって与える、という意図をもって書かれている。

ホッブズは『物体論』（1655: III, xv, 2）で「コナトゥス」を、「与えられるよりもいっそう小さな空間と時間を通しての運動」、すなわち、「点ごとの、瞬間における運動」と定義した（Hobbes, 1999, 155）。つまり、コナトゥスとは外延量をもたない無限小の運動である。ホッブズは微積分を知らなかったが、思弁的推論によってこの力動的原理に到達した。それは、機械論的自然観の基礎をなす「運動」一般の要素的生成原理を求められたからである（伊豆蔵 2012）。

ではライプニッツはホッブズのコナトゥス概念をどのように受容したのだろうか。ライプニッツは一六七〇年七月二三日付のホッブズ宛書簡において、運動の原因としてコナトゥスがなければならないことに同意する（A II-1,

90-94)。各々のコナトゥスは決して破壊されない「一つ」のものだが、合成可能なものとしてあり、コナトゥスの合成が運動である。この若きライプニッツのコナトゥス概念は、やがて一六七八年の『物体の協働について』において、「運動の無限小解析の要素」となるものである（Leibniz, 2002; 村上 2014）。

しかし、ライプニッツは、事物のうちの凝集の原因（causa consistentiae, seu ... cohaesionis）について、ホッブズは明らかにしていないと批判する。そして、衝突や凝集の際、コナトゥスが物体内部でどのように働いているのか、ホッブズの理論では明らかでないと疑問を呈する。そこでライプニッツは、「コナトゥスが何らかの仕方で物体の凝集を説明するのに十分である、と考えるべきなのでしょう」と述べ、自説を展開する。「というのも、互いに押し合う物体は、コナトゥスにおいて互いに貫通しているからです。コナトゥスは端緒であり、貫通は結合です。ゆえに、端緒において結合があります」（A II-1, 92）。ライプニッツがホッブズから着想を得て、コナトゥスの貫通によって物体の凝集や衝突の問題を解決しようとしたことが、ここに明らかである。こうして、コナトゥスこそが、貫通によって物体に真の連続性をもたらす。ライプニッツはこの考えを、アリストテレスの連続体の定義に帰している。すなわち、「端が一つである（τὰ ἔσχατα ἕν）ものは、単に接続的（連接的）なだけでなく連続的（連続一体的）であり、一つの運動において可動な、真に一つの物体である」（*ibid.*; cf. Aristotle, *Physics* V. 3, 227a10-12）。ライプニッツは、あとは残された仮説、「互いに押し合う物体は、コナトゥスにおいて互いに貫通している」ことを論証することだとし、自らの推論を披露する。コナトゥスは端緒であり、したがってそれは物体が努力している場所における存在の端緒である。何か別の物が存在している場所に存在するということは、その場所への貫通にほかならない。したがって、押す力（圧力・圧縮）は、貫通のコナトゥスである、と。

『抽象的運動論』でも、ホッブズ宛書簡の考えが踏襲される。ライプニッツにとってコナトゥスは、運動の不可分な非延長的部分で、運動の端緒あるいは終端・媒体である（A VI-2, 171, 264f.）。ホッブズと異なり、それは非延長的だが部分をもつ自然的点ないし無限小の運動に帰属するもので、大きさの比較が可能とされる。つまり、ライプニッツにとってコナトゥスは「運動の始まり」であり、部分をもつが不可分な内在的力である。これらコナトゥスの相互浸透が、物体が凝集・衝突したり連続体として合一したりすることを説明する。

それでは、このコナトゥス概念は、先の泡体説にどのように適用されているのであろうか。泡体は、内部に個別的運動をもつより小さな粒子としての、無数の不可分者を含む。これらの非一様な不可分者の内的運動こそが、各泡体すなわち各アトムを個別化する。泡体は自然的には不可分だが、うちにある真の不可分者の運動が、泡体をその内部から無限の現実的部分に分割している。泡体説は、泡体の境界を形成する不可分者が、運動状態によって異なる大きさのコナトゥスの比例をもつことで、泡体同士が互いにオーバーラップすることを認め、その結果、「境界が一つになる、すなわち貫通する」ことを説明する。これは、一七世紀後半の自然学の主要問題であった、物体の衝突の問題に答えようとしたものである。つまり、泡体すなわちアトムは、不可分者から合成された二次的な産物であり、泡体説は、原子論における凝集の問題を克服すべく提示された代替理論なのである（Arthur, 2004）[12]。

ライプニッツは別にこの不可分者の存在に物理的にコミットしているわけではない、ということに注意したい。『抽象的運動論』では、むしろ不可分者をコナトゥスと結びつけ、さらにコナトゥスを「瞬間的精神」と結びつけている。「運動を欠くいかなるコナトゥスも、精神のうちを除いては瞬間を超えて持続しない。というのも、瞬間においてコナトゥスであるものは、時間において物体の運動であるから。このことが、物体と精神の間の真の区別について門戸を開く」（TMA §17; A VI-2, 266）。すなわち、ライプニッツはホッブズのコナトゥス概念を介して、「精神と物体の真の区別」を見出した（伊豆蔵 2012）。ライプニッツは、物体がもつ不可分性は、究極的には非延長的な精神の不可分性によってのみ説明しうると解した。これら精神は、物体のうちの数学的点に位置する。すなわち、精神を不可分な幾何学的点のうちに位置づけることによって、精神が不可分であることを導く。「精神は点に存する。……したがって、精神は点と同様に破壊されえない。というのも、点は不可分であり、したがって不可滅だからである」（A II-1, 181［113］）。それは、物体の核として物理的に不可分なアトムがあり、さらにその不可分性や運動の基礎である精神が、核周りの物質を組織し個体化させる、というアイデアである。これは、ホッブズの唯物論的コナトゥス論を、唯心論的・観念論的に転換する路線であった。ただし、精神は物体のうちにあるとはいえ、物体そのものを精神に還元したわけではない。初期ライプニッツにおいて、アトムはあくまで物体的原子の身分を保つのである。

しかし他方でライプニッツは、物体と精神の区別を連続的・極限的に捉えて、「物体は瞬間的精神、すなわち記憶を欠いた精神」とし、精神においてのみコナトゥスが瞬間を超えて持続する可能性、したがって時間を通じた物体の運動の可能性を認める（A VI-2, 266）。このモデルでは、物体そのものは瞬間的同一性しかもたない。時間を通じた同一な物体の運動を可能にしているのは、精神による記憶である。こうしてライプニッツは、物体の運動を説明するために、個体化の原理あるいは同一性の原理として精神を要請し、コナトゥスを精神と物体の媒介者として利用しているのである。

以上から見えてくるのは、ライプニッツがホッブズのコナトゥス概念を自身の理論に取り込んだのは、まさにデカルト派の機械論哲学の物体論が欠く、個体化の原理を説明するためであったということだ。これは本論全体で示されるべきことであるが、ライプニッツが、〈真に同一なものがなければ、運動が意味をもつこともない〉として、個体化の原理すなわち同一性の問題を終生一貫して重視したことは疑いえない。物体の本性は、デカルト派の主張する延長に限られないのであって、物体がもつ不可侵入性すなわち抵抗、および活動の原理も説明されなければならない。ライプニッツは、物体的粒子がもつ不可侵入性を物体の内的運動である渦動にみるが、その内的運動の要素がコナトゥスである。そしてコナトゥスを「不可分者」とし、「瞬間的精神」と結びつける。すなわち、物体の運動の起源や個体化の原理は、最終的に不可分な精神に求められる。こうして、物体を「一なるもの」にまとめて運動を説明する概念として、「コナトゥス」が採用されたのである（cf. 村上 2014）。

コナトゥス概念からモナド概念に至るまでのステップには、力学における運動量と活力の概念の区別や、「連続体の合成の迷宮」[13] の解決、実体論と現象論の区別などがあるが、その過程で、ライプニッツは物体の実体性を構成する原理を精神化していくことになる。注目すべきは、ホッブズの唯物論的コナトゥス論を、心的なものに逆転したことだ。若きライプニッツは、ホッブズのコナトゥス概念に影響を受けながらも、唯物論的なホッブズとは異なり、コナトゥスを精神的領域と物理的領域をつなぐ「媒体」として、みずからの自然学に導入したのである。

まとめよう。ライプニッツは、『新自然学仮説』において物体がもつ堅さや抵抗・凝集の原因を「運動」に求め、さらに『抽象的運動論』においてその運動による個体化の基礎を「精神」に求めた。ライプニッツが初期に支持したアトムは、受動的で剛性をもち、物質の絶対的に不可分な単位としての古典的アトムではなく、同時代の学者たちが支持した化学的アトムと同様に、自然的プロセスによっては不可分だが、極めて小さく無限に複雑な内的部分をもつアトムである。(14) 彼は、物体それ自体に運動の起源を認め、その起源を不可分な精神とし、アトムを形成する「コナトゥスの精神化」によって、物体の実体性を擁護しようとしたのである。一六七一年のある手紙でも、実体の核であるアトムはある物理的点であるが、そのうちにある数学的点に魂が含まれている、としている(A II-1, 176［109］)。これは、精神と物体の事象的区別が、「連続体の合成の迷宮」を解決ないし解消するという路線にほかならない。しかしそのことは、精神と物理的世界とのあいだの実在的関係という、哲学の難問を問うことでもあった。

2　中期ライプニッツの原子論批判――物体的アトムから実体的アトムへ

本節では、パリ期以降の中期ライプニッツの原子論との関わりを分析する。ライプニッツはパリ期に、自然的ミニマや点・無限小などについての考察から、アトムの原義でもある「不可分性」の由来を、物理・数学的原因には決して求めることができないと判断した。一六七一年および一六七六年に原子論の可能性を集中的に追求したが、一六七六年末にはまた物体的アトムを拒否している。「連続体の合成の迷宮」を厳密に考察した結果、泡体説の基礎をなす不可分者やコナトゥスの概念が維持できなくなったのである。不可分性の究極的起源は、質料ではなく、精神や魂・

実体的形相、言い換えれば、物体の能動と受動の源泉となり真の実在的一性をもつ「実体的アトム」に求めなければならない。こうしてハノーファー期のライプニッツは、「実体的形相の復権」によって自然学を基礎づけようとする[15]。

実体的形相の復権

実体的形相を自然学に導入する動機は、(1) このもの性ないし一性の原理として、(2) 多なる質料を一なる実体に凝集する統一原理として、そして(3) 物体の運動とりわけ物体そのものに帰属する活動の起源を説明するためである。ライプニッツは一六七八年までに物体的実体において等しく保存されるのは活力 (mv^2) であることを発見したが、この時期から実体的形相を「力」として解釈する道を追求する。動力学研究の進展が、デカルト主義者たちによって説明力のないものと思われていた実体的形相の復権を促したのであろう。力を原理としてからは、物体的実体に不可滅な原子核があるという考えは放棄した。したがって、物体的原子が明確に拒否されたのは一六七八年以降である (Arthur 2004, 227)。

物理的アトムから実体的アトムへ

ハノーファー期のライプニッツは、物理的アトムに対して「実体的アトム」と呼ぶものを採用するようになる。以降、物理的一性 (硬性) ではなく、形而上学的一性 (真の個体性) が、アトムに求められる真の特性となる。その転換点は、一六七八—七九年の『自然学の原理』[16]である (Garber, 2009, 48–53)。それによれば、すべての自然現象は機械論的に説明されうるが、運動法則などは物質の必然性のみからでは説明できず、原因と結果の等価についての形而上学的原理に依存するので、機械論哲学の基礎は魂 (形相) に訴えねばならない。

すべての物体はより小さな部分へと現実的に分割されることもまた証明せねばならない。すなわち、アトムのようなものは存在せず、物体のうちではいかなる連続体も正確に指定できない。……魂すなわちある種の形相がなければ、物体は何らかの存在者（ens）ですらない。というのも、さらなるいくつかの部分から成るのではないような、そのいかなる部分も指定できないからである。こうして、「この或るもの」（hoc aliquid）あるいは「何か或る一」（unum quiddam）と呼ばれうるような、いかなるものも物体のうちには指定されえない。……精神と同じだけ多く宇宙の鏡がある。というのも、すべての精神は宇宙全体を表象するが、混然とした仕方においてのみ表象するからである。　（A VI-4, 1988f.）［強調筆者］

ここでも物質の現実的無限分割が、物体的アトムに物体の一性の基礎を認めることができない論拠となっている。そこで、物体の一性を保証するために要請されるのが実体的形相にほかならない。その哲学的動機が、「魂すなわちある種の形相がなければ、物体は何らかの存在者ですらない」というライプニッツのテーゼである。

コルドモアの物体的原子論

一六八六年以降になると、原子論批判が議論の前面に出されるようになる。その主な要因と考えられるのが、デカルト主義者で原子論者のジェロー・ド・コルドモア（1628–1684）との対決である。その様子は、ライプニッツが一六八五年頃に書いた、コルドモアの『物体と魂の区別について』[17]のラテン語訳（一六七九年）を読んだメモに窺える。[18]

コルドモアはこの書で、いわば「物体的原子論」[19]の立場をとり、そこからすべての運動が説明されるとする。また、「機会原因論」[20]を採用し、第一の原因は神の作用にあるとする。書物全体は、六つの議論から成る。第一論では、物体を基礎として、物質・量・質・場所・静止・運動・空虚・形などの一般概念が検討される。第二論では、物質の変化、すなわち量や質・場所・形の変化が、すべて局所的運動によって説明される。第三論では、人工的機械の運動も自然的機械の運動も、同一の原因によって説明され、この原因については、物体しか考察する必要がない、とする。

そして、第四論では、運動の第一原因が考察され、いかなる物体も、いかなる被造的精神も、運動の真の原因ではなく、その機会でしかありえない、と言う。さらに第五論および第六論では、心身問題が考察され、心身の結合は対応に存するのであり、心身の因果的相互作用を認めないこと、したがってまた、心身を明確に区別するべきことが論じられている。

ライプニッツが批判するのは、主に第一論である。コルドモアによると、「物体は延長実体である」が、「物質は物体の集まりである」。すなわち、物質（la matière）は実体ではなく、物質を構成する要素である物体（les corps）こそが、真なる一である。物体は分割されえず、形状を変えることも貫通されることもない。なぜなら、「いかなる実体も、それ自体分割されえない」からである。それに対し、われわれが分割できると思っているものは、物体を寄せ集めた物質にすぎない。物質は、物体の数だけ分割できるし、部分をもつ。[21]

ここでコルドモアが言う「物体」は原子に相当すると考えられるが、具体的には一体いかなるものなのか。①物体は、単独では感覚器官を刺激しえないものである。われわれが感覚しうるのは物質のみである。また、②物体は知覚不可能なものであることから、物体同士の結合を知覚することもできない。われわれは、見ている物塊（masse）を物体として考えるとき、それを同一の延長（étenduë）だと考える。物塊すなわち延長をもつもの（étendu）は分割可能なので、われわれはつい、延長をもつものの概念を分割可能なものの概念と結びつけてしまう。ここに、延長を分割可能と誤って考えてしまう原因があると彼はみなす。この議論は、後のヒュームの「観念連合」を思わせる。

では、延長が分割不可能と言えるのはなぜだろうか。コルドモアは、同一の実体がさらに分割しえないことから、実体すなわち延長は分割不可能であるとしている。すなわち、ある同一の実体は、その本性が延長であるならば、そのすべての端において同一であるために、それらの端のどれもが実体から分離不可能でなければならない。このように、一部のデカルト派には、延長体は分割可能だが、延長そのものは単一実体でありしたがって分割不可能であるとすることで、個体化の問題に対処しようとした経緯がある。こうして――この議論の成否はともかく――コルドモアは次のように結論する。

各々の物体は延長実体であり、したがって不可分であり、物質は物体の集まりである。ゆえに物質は、物体が存在する分だけ部分へと分割可能である。（1er discours）

すなわち、不可分な物体と可分な物質が区別される。コルドモアは、こうした区別をしなければ、自然学の原理の明晰な概念は得られないとする。たとえば、物体が分割可能だとすると、物体の静止が認識できなくなり、したがって運動も説明できなくなる。こうした用語の区別は、彼が弁護士だったことにもよる。「というのも法律家は、Corps を、馬や奴隷のように、破壊することなしには分割しえないものについて言うからである」（*ibid.*）。

ライプニッツのコルドモア批判

このコルドモアの議論を、ライプニッツはどう評価したのだろうか。まず、ライプニッツは、一方でデカルト派が、あらゆる延長は分割可能であると呼んでおり、他方でコルドモアが、あらゆる実体は不可分でありかつ真なる一であると判断していることに注目し、「わたしの見解からは、おそらく両者とも正しい」としている（A VI-4, 1798）。というのも、あらゆる物塊は分割可能だが、実体そのものは分割もされないし消滅もしないということは、ライプニッツにおいても矛盾しない考えだったからである。

しかし、物体を延長実体とみなすコルドモアの議論は、断固拒否する。コルドモアの延長の不可分性に関する議論は、同一性や実体性から不可分性を導出しているにすぎず、延長の概念そのものから不可分性を導出できているわけではない。ライプニッツのように、延長が実体であることをそもそも認めない立場からは、証明としては受け容れ難いものだったのである。こうしてライプニッツは、「もっとも聡明な人が、雑然としたしかたで、霞を通して真理を見ており、正確に証明することができていない」と批判する。

さらにライプニッツは、延長の概念のみからでは与えることのできない、実体の概念がもつべき要素として、「能動と受動の力」があるとし、基体の「活動」が復権されるべきとする（A VI-4, 1799）。ライプニッツは、実体の説明のためには延長以外の何かが付け加えられなければならないことを次の思考実験によって示す。いま、二つの三角形のアトムが合わさることで完全な四角形を形成するとしよう。また、それと正確に等しい四角形の物体的実体すなわちアトムが与えられたとしよう。このとき、これらが延長においてどう異なるのか、ライプニッツは問う。両者を区別しうるのは、物体がもつ歴史、すなわち記憶、したがって精神においてのみであるが、コルドモアら物体的原子論者の立場からでは区別できない。したがって、延長以外の何かが物質に存在することを認めねばならない（*ibid.*）。こうしてライプニッツは、物質に同一性を与え、物質を唯一の実体たらしめる活動的力が「個体化の原理」として必要であるという観点から、デカルト派の原子論を批判する。

『形而上学叙説』とアルノーとの往復書簡

コルドモアの物体的原子論との対決の成果は、中期の代表作である、一六八六年の『形而上学叙説』（『叙説』）に窺える。(22)

物体のあらゆる本性は、延長すなわち大きさ・形・運動のみにあるのではなく、何か魂に関わっていて、一般に実体的形相と言われるものをそこに認めなければならない。（『叙説』§12）

ここには、物体の本性として延長だけでなく実体的形相もなければならないという明確な表明がある。物体的原子論の本格的な批判がなされるのは、直後のアルノーとの往復書簡においてである。ライプニッツは、コルドモアが、実体は真の一性を要求することを洞察した点では評価するが、打ち克ちがたいほど堅い物体的アトムを想定し、それを物体的実体とみなして物体の不可分な一性を認めた点で誤ったとする。ライプニッツによれば、物体的実体がもつ真に不可分な一性の根拠は、延長をもつ物質や物体、したがって質料のうちに求めることはできず、形相によらねばならない。[23]ライプニッツが繰り返しコルドモアを批判するように、物体は延長を本性とするかぎり無限分割可能であり、物体の有限分割によって確定した形をもって現れるような物理的アトムは存在しえない。しかも、ライプニッツにとって形相なき物体は、虹や羊の群れのように、われわれの精神が想像した見かけの一性をもつものにすぎず、真に一なるものとして存在しない「現象」にすぎない。だから、物体的実体が認められるとすれば、それは実体的形相を伴った質料でなければならない（A II-2, 123, 169, 185, 233f., 248f.）。こうしてライプニッツはアリストテレスの質料形相論に立ち返り、機械論の原理に「実体的形相」を加える。[24]したがって、機械論を放棄して実体的形相説を復権したと言うより、機械論と実体的形相説を折衷したと言うのが正しい。

一六八六年の『形而上学叙説』、およびそれがきっかけとなり開始されたアルノーとの往復書簡の時期に、ライプニッツは「個体的実体」に関する包括的な説を形成した。『モナドロジー』をすでに知っているわれわれから見れば、この実体的一性が、究極的には、部分をもたないという意味で単純な実体すなわち「モナド」に求められることを知っている。しかし、ライプニッツはこの時点ではまだ、「物体的実体」と「部分をもたない単純実体」との不可欠な連関を明示的に主張していなかった。「個体的実体」は単純性によってではなく、その完足概念の述語的複雑性で定義される（『叙説』§13）。つまり、主語である完足個体概念は、その個体がもつ性質や個体に生じる出来事の概念すべてを述語としてうちに含んでいる。最初に引用した『モナドロジー』の冒頭部分を予期させるものは、『叙説』にはまだない。たしかに、アルノー宛書簡では「実体的一性」が問題にされることで、「寄せ集め」といったキータームが登場する。また、「実体的一性」の規準として「不可分性」がとられる。しかし、実体的形相にも物体的実体（ないし実体的アトム）にも、「単純性」というモナドの本質的特徴が明示的に帰されている様子はないのである。

中期ライプニッツの「物体的実体説」

われわれが見たように、初期ライプニッツは原子論との対決で精神を自然学の基礎づけに導入するべきという洞察を得た。中期の一六八六―八七年には、質料形相論の観点から、物体的実体は真なる一性をもつが、その実体的一性の基礎は不可分な実体的形相に求めねばならない、という理論を展開している。こうして、中期ライプニッツは、実体的形相を伴った物体的実体のみを支持する。ガーバーは物体的実体を「実体的アトム」と同一視し、アルノー宛書簡での立場を「実体的原子論」と呼ぶ（Garber, 2009, 67, 81）[25]。ただし、「実体的アトム」は、初期の泡体（bulla）がそうであったように、無限の入れ子状になっている。すなわち物体的実体は、実体的形相によって真に不可分であるが、無限個の物体的実体をうちなる部分として含む。「人間の身体の諸部分は、それぞれ固有のエンテレケイアを授けられた無限数の他の物体的実体で充満していますが、……それにもかかわらず、すべての人間はその魂によって与えられる真の一性を授けられています」（GP II, 120 ; cf. GP II, 126）。「物体的実体」とは、エンテレケイアあるいは形相を付与された（informés）物体のことである（1687 ; A II-2, 249）。それは、単なる物の塊ではなく、生きた物体である。

> というのも私はむしろ、すべては生命ある物体で満ちており、魂の多さは、コルドモア氏のアトムの比ではないと考えるからです。彼のアトムが有限数であるのに対して、魂あるいは少なくとも形相の数はまったく無限です。そして、物質が限りなく分割可能である以上、どれほど小さい部分であっても、そのうちに生命をもった（animés）物体、あるいは少なくとも形相を付与された（informés）物体――すなわち物体的実体――がないような、そんな部分を指定することはできません[26]。
> （A II-2, 249）

この箇所から明らかなように、ゼンネルトが物体の分割がある限度を超えると魂も破壊される、したがって生命も失われるとしていたのに対し、ライプニッツは無限分割されたどんなに小さな部分にも、生きた物体が存在するとしている。また、ゼンネルトが、霊魂が物体を形成するあるいは形作るという一般的意味で"informare"を用いているのに対し、ライプニッツは、可視的な形に限定せず、形相を与えるすなわち真の一性を与えるという形而上学的意味で"informer"を用いる。魂が有機的身体に働きかける場合、それは生命をもつ、すなわち"animer"される（アルノー宛書簡 1687.10.9, A II-2, 249）。このように、物体に真の一性と生命をもたらす観点から実体的形相が復権されたのである。

心身適合説

ライプニッツにおいて、実体的形相は、単なる事物ならばエンテレケイアだが、動物ならば魂、人間ならば精神となる。すなわち実体的形相は、(1) 不可分で究極的な構成要素としての一性の役割と、[27] (2) 有機的な多を統一する役割の双方を担うだけでなく、さらに (3) 精神や魂として生命の原理ともなっている。このとき物体的実体は、実体的形相によって魂と身体が適合され、真の一性を付与された第二質料である。『叙説』で最初に提示されたこの心身および実体間の「適合説（併起説）」は、後の「予定調和説」につながる考えである（『叙説』§§ 14–15, § 33）。この適合説および予定調和説の背後にあるのは、心身の相即不離に関するライプニッツの哲学原理である。アーサーは、ライプニッツの初期原子論に見られた物理的原子の一性の精神的基礎、および、中期の質料形相論に見られる適合説、そして後期の予定調和説やモナド論に通底する公理として、「被造的事物においては、それが形作る有機的身体をもたないような形相は存在しない」という公理がある、と指摘する（Arthur, 2006;『モナドロジー』§§ 63–73）。この公理は、「モナド的具体化」（monadic embodiment）とも呼ばれ、その身体をもたないようなモナドはないというライプニッツの採用する形而上学的原理である。次の第3節では、中期の実体的原子論から後期のモナド論に向けて、どのように考えが進展したのかを分析する。

3　後期ライプニッツとモナド論――実体的アトムからモナドへ

前期から中期にかけて、ライプニッツは原子論との対決を通じ、物体および自然現象の基礎に同一性を保証する精神的基礎があるという考えを展開した。しかし、そこにはまだ、心身の結合、すなわち精神が自然とどのように関わるのかという大問題が残ったままであった。この問題にライプニッツが明確な解答を与えようとしたのが、一六九五年の『心身の結合についての新説』（『新説』）という論文である（GP IV, 477–87；引用は段落番号）。

単純実体としてのモナド

フィシャンはモナドの定義に現れる「単純実体」という規定が、『新説』の頃に定着したと解釈する（Fichant, 2004, 108）。これに対しガーバーは、フィシャン解釈に反対する証拠を挙げ、まだこの頃には物体的実体と単純実体とのあいだに立場の揺らぎがあるとする（Garber, 2009, 335–344）。モナドは単なる実体ではなく単純実体である。『叙説』では個体的実体が主題になるが、実体の単純性という規定は見出せない。[28] 実体の条件として、「一」であることが主題になっているにもかかわらず、「一」であるとはいかなることか、まだ十分に解明されているわけではないのだ。他方で、『モナドロジー』では「個体概念」という『叙説』のキータームが現れておらず、フィシャンが指摘するように、少なからぬ断絶が『叙説』と『モナドロジー』のあいだにあることも確かである。しかるに、モナド論のテーマ全体は、「単純性」という用語にかかっているのである（Becco [1975], 279）。

そこで、一六九五―一七〇〇年の時期のモナド概念の展開を、原子論との関連で見てみよう。一六九五年六月二七日、ライプニッツは「実体の本性と実体相互の交渉ならびに心身の結合についての新説」（『新説』）を公表した。「予定調和説」を確立したこの論文は、ライプニッツの自信作である。ここでは「モナド」という用語は使われないが、

「実体的アトム」や「形而上学的点」という重要な概念が登場する（§3, §11）。ライプニッツは、部分をもちかつ不可分である物質的アトムすなわち物理的点が矛盾概念であり、「見かけ上でのみ不可分にすぎない」として退け、実体的アトムすなわち形而上学的点しか存在しないと主張する。また、実体的アトムが真の一性であるならば、部分を完全に欠かねばならない、とする（§11）。そして「真の一性を有する単純実体」という言い方をしている（§4）。「それは創造によってのみ生成し絶滅によってのみ死滅する」（§4）。実体的一性の要件として、「部分をもたない」という意味での「単純性」が明確に述べられるのも、この『新説』である。

この『新説』で、ライプニッツは真に一なる実体を語る上での数学的アナロジーの限界を分析している。実体的アトムは、幾何学的点と算術的単位をモデルとして考えることはできる。しかし幾何学的点は、「部分をもたない」という点で不可分性・単純性の厳密さがあるが、点は線の切り口であるように連続体の様態にすぎず、実在性を欠く抽象物で、実体ではありえない（§3, §11）[29]。また算術的単位は、寄せ集まって多をなすところは単純実体に似ているが、分数に分割されうるので、絶対的な意味で部分をもたないわけではない。こうして実体的一性の根拠は、数学的領域ではなく形而上学的領域に求められる。真の一性は、何か形相的なもの、活動的なものを含む「実在的で生きた点」すなわち「実体的アトム」でなくてはならない（§3）。

ライプニッツがアトムの概念にこだわったのは、物体的実体の実在性の基礎となる、「真の実体的一性」の必要性からである。原子の原義は「不可分」だが、ここではさらに踏み込んで、「部分を全然もたない」ということが要件になっている（§11）。

実体のアトム、すなわち部分を全然もたない実在的一性だけが作用の源泉なのであり、事物の合成の絶対的な第一原理でもあり、いわば、実体的事物の分析の究極の要素なのである。それは形而上学的点と呼んでもよい。（GP IV, 482）

部分の欠如は、エウクレイデス『原論』における幾何学的点の定義の要件であった。しかし、数学的点は厳密ではあっても、延長の端ないし様態であって、理念的なものでしかない。したがって、部分を欠くというだけでは不十分であって、物体の実体的一性を基礎づけるものは形相から成り、そこに「生命的なところと一種の表象」がある「実体の点」、「形而上学的点」でなければならない。「これがないと実在的なものはまったくなくなってしまう。真の一性がなければ多数性もないからである」（§11）。

モナドの登場

以上で、「実体のアトム」すなわち「不可分」で「部分を欠く」、「真の一性を有する単純実体」という規定が、すでに『新説』に現れていることを確認した。では、「モナド」という用語は出現しないものの、モナドの規定はすでに『新説』で完成している、と見てよいのだろうか。フィシャンは、モナドの定義に現れる「単純実体」という規定が『新説』の頃に定着し、「モナドは以降、手の届く範囲にあった」と主張する（Fichant, 2004, 108, 111）[30]。これに対しガーバーは、一六九五―一七〇〇年の時期の著作を分析し、まだ物体的実体をとるか単純実体をとるか、立場に揺らぎがあったと見る（Garber, 2009, ch. 8）。

そもそも「モナド」と言う用語が最初に出現したのはいつか[31]。それは、一六九五年七月二二日のド・ロピタル宛の手紙であり、ギリシア語源の「モナス」で出現する（cf. Fichant, 111f）。

> 各実体は、永久に自らに内的に起きるであろうことを、すべてあらかじめ表出（exprimer）し、また秩序に従って自ら生じさせます。……この主題に関する私の説の鍵は、実在的一性、モナス（*Monas*）が何であるかについての考察に存しています。

無論、モナスやモナドという用語を用いたのはライプニッツが最初ではない[32]。その起源については、近いところでは、ラルフ・カドワース、ファン・ヘルモント、ヘンリー・モア、ジョルダーノ・ブルーノ[33]、古代にまで遡れば、ピュタゴラス派、エウクレイデス、プラトン（派）などを含め、さまざまな憶測がなされうる[34]。フィシャンが述べるように、こうした豊富な背景知識が、「モナド」という古い言葉をライプニッツに選ばせたのだろう。だが、ライプニッツがどこから「モナド」を借りてきたのかを見極めるのは難しい。むしろ、注目したいのはライプニッツがこの用語を復活させた理由である。

「モナド」という用語は、一六九六年九月一三日付のファルデッラ宛書簡にも現れる。

問題の核心は実体の真なる概念に存すると考えます。それはモナドの概念（notio monadis）あるいは実在的一性の概念と同じもので、いわば形相的アトムあるいは本有的点です。なぜなら物質的アトムはありえず、物質のうちに一性を探求しても無駄だからです。また数学的点は本有的ではなく、様態にすぎません。というのも連続体は点から構成されず、あらゆる実体的なものは一性から生じるのですから。（A II-3, 192）

ここでも、物体の実体的実在性の問題から「モナド」が要請されている点は同様である。そして、ド・ロピタル宛書簡と同様、モナドは、「実在的一性」として捉えられている。モナドは、「形相的アトム」（Atomus Formalis）、「本有的点」（punctus essentialis）とも言い換えられている。「モナド」がライプニッツの哲学用語として定着するのは一六九七年中頃である（Garber, 2009, 337）。しかし、この時期のモナドの規定はまだあいまいである。

過渡期のモナド概念

そこで、ライプニッツが一六九六年頃に書いた『不可識別者の原理について』(C. 8–10) に注目する。この小品は、中期の個体的実体説から後期のモナド論への移行段階を示しているからである。そこではまず、二つの事物がいかなる点でも異ならないならば、それらは同一の事物である、という「不可識別者同一の原理」の観点から原子の実在が否定される。

あらゆる哲学および神学そのもののうちで、最も重要な考察とは、これである。すなわち、諸事物がもつ相互の連結(connexio)のゆえに、純粋に外的な規定は存在しない。また、二つの事物が場所(locus)と時間のみによって互いに異なることは不可能である、しかし何か他に内的な差異が介在することがつねに必要である。それゆえ、二つのアトムが同時に形状および大きさにおいて互いに等しいことは——たとえば二つの等しい立方体は——不可能である。そのような概念は数学的である、すなわち抽象的であって実在的ではない。異なる事物は何であれ、何らかの仕方で識別されねばならず、事物においては、位置(positio)のみでは識別するのに不十分である。ここから、純粋な粒子論哲学の全体が倒壊される。(C, 8f.)

ライプニッツはこのように宇宙の根本的な連続性を主張し、原子論や粒子論哲学が想定するアトムの概念が、実在的事物が保つべき「不可識別者同一の原理」に反する数学的な抽象概念にすぎず、したがってアトムは実在的対象ではないと論じる。

第一に、いかなるアトムも存在しえない、さもなければ単に外在的にのみ異なる二つのアトムが存在しうることになるからである。そこから、もし場所がそれ自体のみによって変化を形成しないならば、単なる場所の変化は存在しないことが帰結する。また一般に、場所・位置・量そして数や比例は、単なる関係であり、それら自体が変化を構成するあるいは限界づけるところの他の諸事物から結果（resulto）している。ある場所に在ること（in loco esse）とは、抽象的には、位置（positio）をもつことにほかならないことを推論するように思われる。しかし事物そのものにおいては、場所をもつものは、場所をそれ自体において表現しなければならない。

（C, 9）

抽象的で一様なアトムの存在を仮定すると、それらは内在的な規定すなわち質によって異ならず、位置や量などの外在的で偶有的な規定すなわち関係によってしか異ならないことになる。しかし、ライプニッツの見解によれば、そうした関係は、事物そのもの、事物の運動そのものから生じているはずである。論稿末尾で「すべては〈述語ハ主語ノウチニアル〉という偉大な原理から生じる」と述べているように、ライプニッツは諸関係の基礎を「述語の主語内属説」に根拠づける。[35]現実存在する事物は、完足現実態（エンテレケイア）であり、それ自体がもつ変化の原理によって運動を構成するのでなければならない。こうしてライプニッツは、事物に変化の原理をもたらす基体をモナドとし、各々のモナドの内在的規定を「可能的質」ないし「形象の質料」（materia imaginum）と呼ぶ。ライプニッツはこの「形象の質料」を、現象をもたらす「光」（lumen）になぞらえる。

かつて私はこれを、われわれの現象がそこから結果し、異なるモナドにおいてそれぞれの仕方に応じて異なるものとして、「光」と呼んだ。それは可能的質と呼ぶこともできるであろう。形の延長に対する関係や、派生的力のエンテレケイアに対する関係のように、現象の光に対する関係がある。光はある仕方で、形象の質料である。このことは単なる活動作用の力のうちに場所をもつことはできない。というのも、活動作用は異なる状態に相対的［関係的］なものだからである。したがって、何か究極的なものが求められている。すなわち、同時に形象から形象への移行をもつ、形象の質料である。言い換えれば、活動的な観念（ideae activae）がある。それらモナド自体が生きた鏡であるように、いわば「生きた」観念がある。（C, 9f.）

活力そのものは異なる状態に依存し、事物ないしモナドのうちにある多様な力の総和として計測される何か相対的なものなので、移行すなわち変化の原理である形象の質料をそこに置くことはできない。こうして形相と質料の原理を統一した生命活動の単位が要求される。これはやがて『モナドロジー』で表象と欲求の原理をもつモナドとなるものであろう。

モナドと物体的実体

最後にモナドと物体的実体の関係はどうなっているのかという、ライプニッツ解釈上最も根本的かつ困難な問題を扱いたい。そのために、一六九〇年代後半の状況を確認しよう。その問題に照らして、自然の本性をめぐって議論すべくシュトゥルムに宛てた論文、『自然そのものについて』[36]が参考になる。そこではまず、物体的実体のうちに能動性の原理となる第一エンテレケイアないし原始的原動力がなければならないとしている（GP IV, 511）。ここは中期の力の形而上学に基づく物体的実体説と変わらない。問題はこの後である。

ところで、このものは実体的原理で、生物においては「魂」と呼ばれ、他の実体においては「実体的形相」と呼ばれ、その限りにおいて質料と一緒になって「真に一なる実体」すなわち「それ自身一なるもの」（unum per se）を構成し、それが私の呼ぶモナド（monas）というものを成している。（*Ibid.*）

公刊された著作のうち「モナド」が出現するのは、ここが初めてである。[37] ここでは、中期のように、物体的実体のうちにその実体性の原理となる実体的形相があるとして十分とするのではなく、さらにそれが「真に一なる実体」、「それ自身一なるもの」でなければならない、と条件を強めていることに注目すべきである。そしてそれが、(モナドのラテン語で)「モナス」とはっきりと呼ばれる。続けてライプニッツは言う。

> この真にして実在的な統一(unitas)を取り去ってしまえば、「寄せ集めによる存在者」(ens per aggregatum)しか残らない。しかし、そこから帰結するように、物体のうちに「真なる存在者」(verum ens)は残らないことになる。そこで、「実体のアトム」(atomus substantiae)すなわち私の説く「部分を欠くモナド」(monas partibus carens)は存在するけれども、「物塊のアトム」すなわち「極小の延長をもつアトム」もしくは「究極の要素」は存在しない。点を合成しても連続体はできないからである。(*Ibid.*)

今やモナドが、物体を「単なる寄せ集め」ではなく、それに「真にして実在的な統一」を与えて物体的実体たらしめている原理である。「物体のアトム」はもはや存在しないが、「実体のアトム」は存在する。「部分を欠くモナド」と言われるように、実体的アトムは物体的実体ではなく、単純実体として確立される。(38)

しかしガーバーは、たしかに一六九〇年代後半にモナドという用語が定着しているが、モナドを単純実体と結びつけて読むべきか、物体的実体と結びつけて読むべきか未だあいまいだと指摘する。この時期のモナドは、アルノー宛書簡での物体的実体とまったく整合的に読むことができる場合もあるからである。実際、「モナド」が「一性」(unitas)の単なる言い換えとして出現している箇所も多い。これだと、モナドをアルノー宛書簡での物体的実体として考えられない理由はない(Garber, 2009, 339)。つまり一六九五―一七〇〇年において、モナドはまだ安定した定義をもっていない。ガーバーが示す決定的証拠である一六九八年九月三〇日のヨハン・ベルヌーイ宛書簡では、モナドは個体的実体と並列されるだけでなく、魂(形相)とともに有機的身体をも付与されたものとされる。これは、後年のモナド概念と矛盾する（Garber, 2009, 340）[39]。

過渡期の立場のあいまいさを示す証拠はまだある。一六九八年一二月二七日のピエール・ベール宛書簡で、ライプニッツは物体的実体説がもつ枠組みのもとで、力の保存則を考察している。まず、物体の衝突において、物体がもつ力の保存がいかにしてなされるのかという問題に関連して、ライプニッツは初期の原子論を彷彿させる、「小球」（globule）の概念を出している（GP III, 57）。そこでは、衝突前に物体がもつ駆動力（弾性力）の全体が、衝突後に物体がもつ力の全体と一致することを、物体に含まれる各々の小球がもつ駆動力の総和によって考えられることを説明している。小球とは、初期ライプニッツが物体的アトムとして考えていた微小な物体的球体のことであった。注目すべきは次の箇所である。

> 力の保存は、物質に含まれるあらゆる駆動力に着眼することによってのみ確証される、というのは真実です。そこから……次の帰結が導かれます。すなわち、最も小さな物体のうちにもいわば世界があるのです。あらゆる物体は、どれほど小さくとも、駆動力をもちます。したがって、あらゆる物体は、感覚的諸物体の駆動力をなすものが想像しうるかぎりの微細な流体によって包まれ、貫かれていると見るべきです。また、第一の要素など存在しません。あるとすると、想像しうるかぎり最も微細な流体の最小の部分についてもうんぬんしなければならないからです。
>
> （GP III, 57; 強調筆者）

まず、「最も小さな物体のうちにもいわば世界がある」とあり、一見モナドを示唆するようだが、ここの「最も小さい物体」が物体である以上、モナドではありえない。むしろ、先の「小球」を明らかに指示している。すなわち、物体の内部には、物体を構成しているより小さな物体が無限にあるということであり、初期原子論で提示された「世界の中に世界が無限にある」という仮説を再びもち出してきているのである。次に、「第一の要素など存在しません」

と述べている。これは、物体の分割によって最終的に至りうるような第一の物体的要素は存在しない、ということである。しかし、ライプニッツが真の第一の要素として考える「モナド」ないし「単純実体」の考えには、手紙では踏み込んでいない。むしろ、初期原子論を中期の物体的実体説で再解釈するにとどまっている。

以上、一六九〇年代後半におけるライプニッツの思想を検証してきたが、この時期のモナド概念がいまだ明確な位置づけをもたず、『モナドロジー』の段階には至っていないとするガーバー解釈が正しいと考える。モナドが単純実体として安定した定義をもつようになるのは一七〇〇年以降であり、それには十分な実証的根拠が挙げられている(Garber, p. 341–9)。

モナド概念が確立された一七〇〇年以降は、単純実体と物体的実体の関係が主な問題となる。そこでは、「連続体の合成の迷宮」が深く再検討され、物体の実体性を認めるためには「実体的紐帯」(vinculum substantiale)というモナド間を結合し現実的な連続性を物体にもたらす実体的関係が要請されねばならないとする。しかし、ライプニッツはモナドを真の実体として確立したものの、物体的実体を支持するかどうかについては最後まで悩んでいた。[40] ライプニッツは一七一六年にこの世を去るが、いかにしてアトムないしモナドたちが結合して一なる物体を形成しうるのかという、初期から一貫して関心を持っていた凝集の問題に対する哲学的解決を、最期まで模索していたのである。

おわりに

若きライプニッツは機械論に転向し、原子論を支持した。しかしその原子論は、古典的原子論ではなく、新しい化学的原子論の系譜につらなるものであった。初期ライプニッツが支持したアトム、泡体は、そのうちに無限の小世界を部分としてもつ物体的アトムである。ライプニッツは物体が実体であるからには一性をもち、その一性の根拠としては不可分な要素が必要だと考えた。それは、延長をもつ物体ではありえない。こうして、デカルト派の機械論が欠く物理的原子の個別化と不可分性の基礎は、精神に求められた。アトムを構成するコナトゥスを精神化することで、アトムが物体的実体の真に不可分な核となりうると考えたのである。一六七八年以降、物体的実体に不可分性をもたらす精神的原理は、「実体的形相」として捉えられる。デカルト派の物体的原子論と対決してからは、物体的アトムを一貫して拒否し、実体的形相をともなった物体のみを真に一なる実体として支持するようになる。ここでも原子論は、主に古典的原子論やデカルト派との対決の文脈で、あくまで限定的に否定されている、と考えるべきである。こうして一六七八―一六八七年にかけて、「物体的実体」および「実体的アトム」の考えが出てくるが、「単純実体としての実体的アトム」という考えにはまだ至っていない。一六九五年には、「実体のアトム」すなわち「不可分で部分を欠く真の一性を有する単純実体」という規定に至る。また、この時期から、実在的一性を表す用語として「モナド」が初めて登場する。しかし一六九〇年代後半にはまだ揺らぎがあり、「一性」の条件として「単純性」が明確に打ち出されるのは一七〇〇年代以降である。

以上のような原子論との対決を経て、一七一四年に「自然の真のアトム」としてモナド概念が提出される。ライプニッツは、物体に真の一性を与えるものとして形相や魂・精神が必要であるとした。原子論を支持していた時期でも、この考えは一貫して採用されている。こうした長年の知的格闘を経て、最終的に到達した概念がモナドであった。ライプニッツの哲学は、原子論との対決とともに発展してきたのである。[41]

◉注

（1）本章は、池田（2015a）を元にして、その内容を大幅に増補改訂したものである。引用はすべて拙訳である。翻訳のあるものについては大いに参考になった。

（2）ただし、ライプニッツは形而上学的考察の途上で亡くなったのであり、『モナドロジー』は完成された体系というわけではなく、まだ実験的な仮説としてあったと見るべきである。

（3）『モナドロジー』のテキストについてはLeibniz（1954）およびLeibniz（2004）参照。

（4）ライプニッツの記憶では一五歳で一六六一年の頃ということになるが、カビッツによれば実際の転向はさらに数年後で、ライプニッツが最初の哲学的作品で学位論文の『個体化の原理の形而上学論議』を書いた一六六三年の後とされる。マーサーは最近の研究でカビッツ解釈を批判し、一六六一年のローゼンタールの森での思索によって、アリストテレス哲学から機械論に転じたというよりは、スコラから機械論的自然学に転じたのであって、一六六一—六八年の時期の初期ライプニッツはむしろ、アリストテレス哲学と機械論との融合を模索していたとする（Mercer, 2001, ch. 1）。アントニャザも、ローゼンタールの森での思索においてライプニッツが拒否したのは、アリストテレス哲学そのものではなく、自然現象の説明にアリストテレスの実体的形相を用いることである、としている（Antognazza, 2009, 53）。

（5）スコラ哲学で「実体的形相」とは、第一質料を補完・現実化するもので、質料と形相を一つの複合実体にしてある種の事物として存在するようにさせるものを指す（Pasnau, 2011, 552）。

（6）『抽象的運動論』（1671）、A VI-2, 264:「連続体のうちには現実的部分（actu partes）が存在する。それは無限の（infinitae）現実的部分である。というのも、デカルトの無際限（indefinitum）は事物のうちにはなく、思惟する者のうちにあるからである」。「デカルトの『哲学の原理』についてのノート」（一六七五年）、A VI-3, 214:「「無限」（infinitum）の代わりに、デカルトは「無際限」（indefinitum）という用語を用いることを推奨する。すなわち、その限界がわれわれによって発見されえず、真なる無限という言葉は神のみにとっておかれるということである。しかしこれに反して、第一部第三六項では、物質は運動によって実際にいかなる指定可能なものよりも小さい部分に分割されること、したがって現実的に無限（actu infinitas）であることが認められている」。

（7）「現実的無限分割」はしばしば誤解を招く概念である。ライプニッツが「現実的に無限に分割されている」という場合、彼が意図しているのはたいてい「世界のなかにまた世界が無限にある」ことであり、自然現象において物体が実無限数をもつものとして分割しつくされていることを意味しない。ライプニッツは、遅くとも一六七二年にガリレオの『新科学対話』を読んで以降、全体としての無限数を明確に拒否する（A VI-3, 98; 168）。ただし、「現実的無限分割」が「実在においては、事物の中にはすべての数を超える部分が存在する」という意味で用いられる場合もあり、この意味では実在的な実無限にコミットしていると受け取られても仕方ない。ここにライプニッツの数学と形而上学とのあいだの緊張が窺える。

（8）「霊魂伝移（traductio）説」とは、神による人間霊魂の創造を、最初の人間アダムの霊魂の創造に限定し、以後はその霊魂が増殖するしかたで親から子へと受け継がれていくとするルター派の説のこと。ライプニッツは、創造後における実体の発生を認めるこの説を後に修正し、すべての動植物の魂は創造以来すでに存在していたとする「変成（transformatio）説」を支持することになる（A VI-4, 1465）。

（9） Gassendi (1658), *Opera omnia*, I: 337a; cf. Arthur, 2006; Saul Fisher, 2005, 249.

（10） *Hypothesis Physica Nova*, 1671, A VI-2, 221–257.

（11） 『抽象的運動論』（*Theoria motus abstracti*, A VI-2, 258–276）は一六七一年にパリの諸学アカデミーに提出された。不十分な実験主義を批判し、衝突問題の解決を理性によって説明される運動の抽象的理論の観点から試みた。その定義論的性格とコナトゥスによる運動の説明に、ホッブズの強い影響が観察される。

（12） 『抽象的運動論』の凝集の理論では、不可分者は自然的ミニマ（minima naturalia）あるいは部分をもたない幾何学的点ではなく、所与の瞬間における物体のコナトゥスに比例的な無限小量をもつ非延長的な自然学的点とされる。したがって運動している物体の端点の方が、静止しているそれよりも大きい空間を占める。衝突のとき、運動している物体の端点が占める空間は、静止しているそれよりも大きいので、オーバーラップする。この貫通によって物体の境界が一つとなり結合（連続）を得る（A VI-2, 266; Arthur, 2004, 191）。

（13） 「連続体の合成の迷宮」（*Labyrinthus sive de compositione continui*）は、ルーヴァンの神学者、リベール・フロワモン（1587–1653）が一六三一年に著した書に由来する解決不可能なアポリアを指す。その問題は古く、アリストテレスが自身の著作で取り上げた「ゼノンのパラドクス」に起源を有する。ライプニッツは『弁神論』の「緒論」第二四節でフロワモンの書に言及し、自由の迷宮と並ぶ、自身の最大の哲学的課題とする。このパラドクスは近代初頭では、「瞬間からいかに持続が合成されるのか」という物体の連続運動をめぐる運動論の文脈で現れ、また幾何学的には「点からいかにして線などの連続体を合成しうるのか」という問題、自然学的には「原子や粒子からいかにして延長的物体が合成されうるのか」という問題として捉えられる。要するに、連続的なものの本性とその生成をめぐる原理的困難を言う。

（14） アーサーは、原子に非物質的形相を課すライプニッツの見方が、ゼンネルトによる実体的形相の復権や、ガッサンディらの物活論など、一七世紀原子論の主要な提案を踏まえたものだとする。

（15） ただし、「実体的形相」の概念そのものは、中期に突然出てきたわけではなく、ライプニッツは一六六八年の神学的著作やトマジウス宛書簡などで初期から主張している（Cf. Christia Mercer, 2001, ch. 2）。

（16） 正確な題名は『自然学の原理についての小冊子に関する概説』（*Conspectus libelli elementorum physicae*, A VI-4, 1986–1991）。

（17）Géraud de Cordemoy, *Le discernement du corps et de l'âme*, Paris : 1666.

（18）*Ex Cordomoi tractatu de corporis et mentis distinctione*, A VI-4, 1797–1800.

（19）ただし、コルドモア自身は「アトム」という用語を用いてはおらず、「物体」がアトムに相当する。

（20）「機会原因論」とは、物理的な因果関係も心身間の相互作用も、真の因果関係ではなく、それらの現象は究極的な原因たる神が働きかける機会としてあるにすぎないとする説であり、主にデカルト派のマルブランシュの説として有名である。

（21）コルドモアは「部分」ということで、「事物そのもの」すなわち一つの物体としての部分（partie）と、「事物の外見」すなわち諸物体としての可視的な部分（portion）を区別する。

（22）『形而上学叙説』のテキストは、アカデミー版（A VI-4, 1529–1588）を参照。引用は節番号。

（23）ライプニッツは、アルノー宛書簡では一貫して物体を実体と呼ぶことを躊躇している。むしろ物体は諸実体の集積である。物体が実体になるのは、形相によって不可分性をもつ場合に限る（GP II, 73）。

（24）フィシャンは、真の実体的一性は『心身の結合についての新説』（一六九五年）で言うところの「形相的アトム」でなければならず、アトムを脱物質化した形相的アトムは、しばらくするとモナドと呼ばれるものだ、としている（Fichant, 2004, 116–120）。他方でガーバーは、物体的実体説にライプニッツは早くとも一六七八―七九年頃に至ったが、そのクリアな見解の提示には一六八六―八七年のアルノー宛書簡まで待たねばならなかったとする（Garber, 2009）。

（25）「物体的実体」＝「実体的アトム」か、という問題がある。ガーバーは、アルノー宛書簡でのライプニッツの立場を「実体的原子論」と特徴づける（Garber, 2009, 67, 81）。これは、不可分な物体的実体が、コルドモアが採用するような物体的アトムではなく、実体的アトムに存するとみなした、「物体的実体説」の言い換えである。ガーバーは、アルノー宛書簡でのライプニッツの立場を「エレガント」と評し、次のようにまとめる。「原子論者のように、しかしデカルト主義者と異なり、ライプニッツは物体が実在的対象、実在的不可分性、実在的一性をもつ、より小さな部分からなるものと考えている。ライプニッツの実体的アトムは、原子論者のアトムより、実体的な意味において、真正に不可分なものである。しかしデカルト主義者の延長実体と同様に、ライプニッツの物体は無際限に分割可能である。さらに、デカルト主義者の物体と異なり、単に思考の上で分割可能なのではなく、現実的に無限に分割されている」（*Ibid.*, p. 90）。

しかし、ガーバー解釈に反し、この時期のライプニッツにおいて、物体的実体と実体的アトムの関係は判然としない。一六八五年のコルドモアの読書ノートでは、「物体的実体すなわちアトム」（substantia corporea seu Atomus）としているが、これはコルドモアの考えを敷衍して自ら考察したメモにすぎない（A VI-4, 1799）。ライプニッツは、少し前の一六八三年三月末に、「実体的アトムすなわち物体的実体と同じだけ多くの魂がある」(A VI-4, 1466) と述べている。アーサーは、ここでは物体的実体が実体的アトムとして同一視されているとする (Arthur, 2004, 197)。ガーバーは一六八三年のこの箇所と、一六九五年の『新説』や一六九八年の『自然そのものについて』を典拠に、アルノー宛書簡での立場を「実体的原子論」と呼んでいる (Garber, 2009, 81, note 100)。しかし、アカデミー版を検索したかぎり、アルノー宛書簡において、物体的実体を実体的アトムと言い換えている箇所もなければ、実体的アトムはおろか、それに類似する名称すら登場しない。その理由は、エピクロスらの古代原子論やガッサンディ、コルドモアらの物体的原子論を批判し、物体の不可分性と一性の原理が魂ないし実体的形相にあることを認めてもらうべく、「アトム」という用語の自説への使用を慎重に避けているからであると考える。

実体的アトムが魂(実体的形相)と物体との結合体ならば、実体的アトムも物体的実体である。しかし、物体的実体は実体的形相によって不可分性をもつが、さらにそのうちに無限に物体的実体を含む。その意味では真に不可分な一性ではなく、部分を有する実体である。実際、実体的アトムが単純実体として明示的に語られることはない。ガーバーも述べているように、アルノー宛書簡では、物体的実体の存在論が展開されており、単純実体の考えは見ることができない。物体的実体の実体的形相は単純実体として形成されているかもしれないが、単純実体から形成される複合実体は考えられていない (Garber, 2009, 88-90)。この時期の「実体的アトム」=「物体的実体」としても、『新説』の「実体的アトム」は単純実体であるから、別物である。残るは「実体的アトム」=「実体的形相」の線であるが、実体的形相が単純実体とされていないように、このことは明示的に主張されていない。また、魂を実体と呼んだり実体的形相と呼んだり、実体と実体的形相の区別も一貫されていない。物体的実体の基礎について、ライプニッツ自身の考えにゆらぎがあったと見るべきである。

(26) 最後の一文は、アカデミー版のみにあり、ゲルハルト版には欠けている。

(27) ライプニッツは物体がもつ実体的形相の不可分性を、聖トマスの説とする (GP II, 75)。

(28) アルノーへの書簡に付された『叙説』の概要のコピーにおいて、「それ以外の単純実体」という用語が現れる。これが「単純」の現れる唯一の箇所である。しかしこれはアンヌ・ベコの分析によると、後にアルノーとの往復書簡を出版する計画をしていた、一七〇八—〇九年のときになされた修正であり、『叙説』が出版された一六八六年当時のものではない (Becco, 1975)。

(29) ただし、幾何学的点はそのもとに各々の実体的一性が宇宙を表出する (exprimer) 視点となる。しかしそれは、モナドがもつ空間的場所ではない。幾何学的点は実体的点と異なり空間に位置をもつ (situm habens) が (GM V, 183)、モナドは幾何学的点ではなく、それ自体は空間に場所をもちえない。あくまでも幾何学的点を視点にして宇宙を表象するのみである。

（30）フィシャンは「絶対的に不可分」ということが「部分を欠く」ということを直接含意しており、したがって「単純」とも直結する、と考えている節がある（Fichant, 2004, 119）。

（31）遡れば、『結合法論』で、「同質な事物をもたない事物はモナド的（monadica）である」、と述べていた（§17; A VI-1, 173）。ただし、ここでは組み合わせ論の配置的な意味で述べられている。『モナドロジー』における専門用語の意味で「モナド」が出ているかどうかが重要であろう。なお、一六八一年にクリスティアン・トマジウスによって編纂された、ライプニッツの一六六三年に提出した学士論文『個体化の原理についての論議』の序文において、ライプツィヒ大学における師ヤコブ・トマジウスも「モナド的」（monadicus）という用語を用いている（A VI-1, 7）。

（32）ゴクレニウスの『哲学レキシコン』（一六一三年）によれば、「モナス」（Monas）は、"unitas" すなわち一性を意味する。それは卓越的モナドと劣等的モナドに分類される。卓越的モナドは、事物の原理としてのピュタゴラスの神、形而上学的一性を意味する。劣等的モナドは、数学や論理学にあるもので、数学では算術的単位、論理学では単純名辞を意味する。

（33）ブルーノからライプニッツまでのモナド概念の系譜についてはBecco（1975）を参照。

（34）エウクレイデスの『原論』では、「点とは部分のないものである」と定義される。「部分をもたない」ということは、「部分へ分割できない」、すなわち「不可分」ということでもある。ライプニッツは、エウクレイデスの点の定義に、「位置をもつ」（situm habens）を付け加えるべきとする（「エウクレイデスの基礎について」一七一二頃、GM V, 183）。プロクロスが伝えるところでは、エウクレイデス以前のピュタゴラス派において、点を「位置をもつモナド（モナス）」とする定義がある。モナスは「単位」の意味である。アリストテレスはしばしばこの定義を挙げ、大きさの点で不可分かつ位置をもたないものを「モナド」、位置をもつモナドを「点」（スティグメー）と呼ぶ。他方でプラトンは、点を幾何学的なドグマとし、点を線の端緒、あるいは不可分な線とも呼ぶ（cf. Euclid, 1956, 155f.）。

（35）フィシャンは、「モナド」の登場によって、「個体的実体」および「述語の主語内属説」（praedicatum inest subjecto）は消え去った、としている（Fichant, 2004, 114）。しかしここで見たように、すでに「モナド」が登場した一六九六年頃でも、この説は原理としてその場所を保っている。移行期を示す貴重な資料である。

（36）*De ipsa natura*, GP IV, 504–516. これは一六九八年九月 *Acta eruditorum* 誌に出版された。

（37）一七一四年以前に公刊されたテキストにおいて「モナド」が出現するのは、ここと『弁神論』§396においてのみである

（Fichant, 2004, 132）。

（38） 原子論に反対するもうひとつの論点として、ライプニッツは、一様な質料ないし物塊を想定するアリストテレス主義や原子論では、「変化」を十分説明できていないと指摘する。そこでのライプニッツの説明によれば、変化は、努力（nisus）の程度や方向すなわちその力に内在するモナドの様相によって得られる（GP IV, 514）。

（39） GM III, 542:「完足的モナドすなわち個体的実体（substantia singularis）は、動物それ自体ではなくむしろ魂です。あるいは、魂あるいは形相および有機的身体を授けられたものに何か類比的なものです」。

（40） 単純実体と物体的実体の関係および「実体的紐帯」の概念をめぐる一七〇〇年以降の展開については、池田（2015b）参照。

（41） 本論は、JSPS 科研費（課題番号：16K02113）の助成を受けたものである。

◉参考文献

一次文献

A: *Gottfried Wilhelm Leibniz: Sämtliche Schriften und Briefe,* Deutsche Akademie der Wissenschaften（Ed.）, Darmstadt und Berlin: Akademie Verlag, 1923–.

C: *Opuscules et Fragments inédits*, Louis Couturat（éd.）, Paris: Félix Alcan, 1903.

GP: *Die philosophische Schriften von Gottfried Wilhelm Leibniz,* 7 Bde., hrsg. von C. I. Gerhardt, Berlin: Weidmann, 1875–90（reprint in Hildesheim: Olms, 1996）.

GM: *Leibnizens Mathematische Schriften*, 7 Bde., hrsg. von C. I. Gerhardt, Halle, 1849–63（reprint in Hildesheim: Olms, 1971）.

Leibniz, G.W.（1954）*Principes de la nature et de la grâce fondés en raison ; Principes de la philosophie ou Monadologie*, publiés par André Robinet, Presses Universitaires de France.

Leibniz, G. W.（2002）*La réforme de la dynamique: De corporum concursu (1678) et autres textes inédits*, Michel Fichant（éd.）, Vrin.

Leibniz, G.W.（2004）*Discours de métaphysique suivi de Monadologie et autres textes*, Michel Fichant（éd.）, Gallimard.

『ライプニッツ著作集』全一〇巻、下村寅太郎ほか監修、工作舎、一九八八—一九九九年
『ライプニッツ著作集 第Ⅱ期 1 哲学書簡』酒井潔・佐々木能章 監修、工作舎、二〇一五年

二次文献

Antognazza, Maria Rosa. (2009) *Leibniz: An Intellectual Biography*, Cambridge University Press.

Arthur, Richard. (2004) “The Enigma of Leibniz’s Atomism” in Daniel Garber & Steven M. Nadler (eds.), *Oxford Studies in Early Modern Philosophy*, vol. 1, Oxford University Press, p. 183–228.

Arthur, Richard. (2006) “Animal Generation and Substance in Sennert and Leibniz” in Justin E. H. Smith (ed.), *The Problem of Animal Generation in Early Modern Philosophy*, Cambridge University Press, p. 147–174.

Becco, Anne. (1975) « Aux Sources de la Monade : Paléographie et lexicographie leibniziennes », *Les études philosophiques*, No 3, p. 279–293.

Blank, Andreas. (2011) “Sennert and Leibniz on Atoms” in Justin E. H. Smith & Ohad Nachtomy (eds.), *Machines of Nature and Corporeal Substances in Leibniz*, Springer, p. 115–130.

Cordemoy, Géraud de. (1968) *Le discernement du corps et de l’âme*, Paris: 1666 (*Œuvres philosophiques avec une étude bio-bibliographique*, édition critique présentée par Pierre Clair & François Girbal, Presses Universitaires de France, p. 85–189).

Euclid (1956) *The Thirteen Books of Euclid’s Elements*, 2nd. Ed., Vol 1, trans. with intro. and commentary by Thomas L. Heath, Dover.

Fichant, Michel. (2004) « Introduction : l’invention métaphysique » in *G. W. Leibniz, Discours de métaphysique, Monadologie*, Édition Gallimard.

Fisher, Saul. (2005) *Pierre Gassendi’s Philosophy and Science : Atomism for Empiricists*, Brill.

Garber, Daniel. (2009) *Leibniz : Body, Substance, Monad*, Oxford University Press.

Gassendi, Pierre. (1658) *Opera omnia in sex tomos divisa*, tomus primus, Lyon.

Hirai, Hiro. (2012) “Living Atoms, Hylomorphism and Spontaneous Generation in Daniel Sennert” in Gideon Manning (ed.), *Matter and Form in Early Modern Science and Philosophy*, Brill, p. 77–98.

Hobbes, Thomas.（1999）*De Corpore : Elementorum Philosophiae Sectio Prima*, Karl Schumann（éd.）, Vrin.

Mercer, Christia.（2001）*Leibniz's Metaphysics : Its Origins and Development*, Cambridge University Press.

Pasnau, Robert.（2011）*Metaphysical Themes 1274–1671*, Oxford University Press.

Principe, Lawrence M.（2011）*Scientific Revolution : A Very Short Introduction*, Oxford University Press.（『科学革命』菅谷暁・山田俊弘訳、丸善出版、二〇一四年）

Wilson, Catherine.（1982）"Leibniz and Atomism", *Studies in the History and Philosophy of Science*, vol. 13, no. 3, p. 175–199.

池田真治（2015a）「〈自然の真のアトム〉としてのモナド——ライプニッツの原子論との対決」、日仏哲学会編『フランス哲学・思想研究』第20号、一—一四頁

池田真治（2015b）「連続体におけるモナドの位置の問題——後期ライプニッツにおける数学と形而上学の関係」『アルケー』関西哲学会年報、第23号、一四—二八頁

伊豆蔵好美（2012）「ホッブズと若き日のライプニッツ——十七世紀に「大陸合理論」の哲学は存在したのか?」、佐藤徹郎・雨宮民雄・佐々木能章・黒崎政男・森一郎編『形而上学の可能性を求めて——山本信の哲学』所収、工作舎、二二四—二三四頁

村上勝三（2014）『知の存在と創造性』知泉書館

第5章

ヒューム『対話』のエピクロス的宇宙論
古代原子論とダーウィン主義の間

木島泰三

はじめに

古代原子論は初期近代に再発見され、その教説の多くは、いわゆる科学革命を経た時代に、科学的世界像の基礎をなす学説として取り込まれた。しかし、自然の目的論的説明を否定し、それを原子の偶然的衝突による説明で置き換えるエピクロスの説は、そのような取り込みを拒否された(1)。この意味での「エピクロス主義」は、西洋でキリスト教が支配的であった時代を通じ、主流派から疎まれ、批判される形で語り継がれてきた一つの「虚軸」だった(2)。

本章は、このような非目的論的自然思想としてのエピクロス主義の、近代における継承と発展を引き受けた稀な試みの一つとして、ヒュームの『自然宗教に関する対話』(一七七九年出版。執筆開始は一七五〇年代。以下『対話』)において、懐疑論者フィロを通じて語られるエピクロス的宇宙論を取り上げ、その思想を、『対話』の一〇〇年ほど後にダーウィンが提起し、現代において支持されるに至っている自然淘汰説(ないし自然選択説)と比較する。

この検討の一つの目的は、古代原子論に由来する思想の近代における復権、受容、発展をたどる思想史的な考察を進めることにある。すなわち、共に非目的論的自然観として特徴づけられる古代原子論とダーウィン主義の間の連続性と不連続性を明確にするとともに、[3]『対話』におけるエピクロス主義を、古代原子論とダーウィン主義の中間点に位置する思想として再評価することが、本章の大きな目的である。

このような思想史的な着眼は、古代原子論の偶然的宇宙起源論と、それに基づく目的論的自然観への批判がそれ自体でもつ哲学的重要性への、筆者なりの関心に導かれている。筆者の見るところ、古代原子論の宇宙起源論の重要な洞察はダーウィンの自然淘汰説や現代宇宙論における「人間原理」へと流れ込み、現代でも衰えない生命力を保持している。そして『対話』で語られるエピクロス主義は、この観念の哲学的意義を考える際にも重要な手がかりを多く与えてくれるのである。

1　近代における目的論的自然観とイギリスの自然神学

中世には支配的だったアリストテレス主義の目的論的自然観は、一七世紀科学革命の時期、いわゆる機械論的自然観の成立とともに大きな挑戦を受けた。だがイギリスにおいては、一七世紀後半のボイルやニュートンの時代以降、指導的な科学者と、広教会派と呼ばれる比較的開明的な神学者の間で、いわゆるデザイン論（「デザインに基づく神の存在証明」—— design argument for the existence of God）を基礎にする自然神学が、科学研究を導く積極的な原理として定着した（松永 1996 第一章、ロジェ 1991: 三一三—三一七頁）。[4]この立場は、自然の機械論的な説明を追求する一方、天体や動植物の構造に「神のデザイン」としての合目的性を見出し、その限りで自然の目的論的説明を積極的に保存するという研究プログラムを科学者に与えた。この伝統を背景に書かれたペイリーの教科書『自然神学』（一八〇二年）は同時代において広く読まれ、ダーウィンにも深い影響を与えた（松永 1996 第一章第四節他）。

2 ダーウィンとヒューム

イギリスにおけるデザイン論的自然神学は、ダーウィンの『種の起原』（一九五九年）の公刊を境に衰退したと言われる。これは直接には、「個別創造説」に有力な支えを見出していたデザイン論が、ダーウィンが進化論を説得力ある仕方で提示したことで支えを失ったことによると見られる。またその衰退は、究極的には、ダーウィンの自然淘汰説のメカニズムが、自然におけるデザインの目的論的説明を不要としたことに帰されるだろう(5)。

一方、ヒュームの『対話』は、『種の起原』のみならずペイリーの『自然神学』にも先立ち、デザイン論への徹底した批判を行っている。ここから、ヒュームのデザイン論批判とダーウィンの業績との比較がしばしばなされ、そこからヒュームに対して対極的とも言っていい評価が与えられてきた（ソーバー 2009: 五九頁）。一方でドーキンスやソーバーは、現代の進化生物学の見地から、ヒュームはデザイン論への消極的批判を行ったにすぎず、ダーウィンのような積極的代案を何ら提出していないとして、ヒュームにごく否定的な評価を与える（ドーキンス 1993: 二五―二六頁、ソーバー 2009: 七一頁(6)）。他方でヒューム研究においては、ヒュームは登場人物フィロに語らせたエピクロス的仮説を通じて、「ダーウィンが一九世紀に示したような自然淘汰による進化の理論を、大きな輪郭において予示」したと見なすオコナーや（O'Connor 2001: 142; cf. 21, 29, 120）、ダーウィンが行ったのはヒュームの述べるエピクロス的仮説を「観察によって肉づけする」ことであったと示唆するガスキンなど（Gaskin 2009: 497）、ヒュームとダーウィンとの連続性が強く強調される。

このようなすれ違いは、ドーキンスやソーバーが『対話』序盤のデザイン論への直接的批判のみに目を向けるのに対し、オコナーやガスキンが中盤のエピクロス的宇宙論を取り上げていることに部分的には由来する(7)。ヒュームはそこでデザイン論への積極的代案を提起しているのだが、ドーキンスやソーバーはそれに目を向けないのである。だが、検討すべき問題はその先にある。オコナーやガスキンはあたかもヒュームがダーウィンのアイデアを先取りしていたかのように語るが、この評価は妥当であろうか、という問題である。

この問題をより公平に判定していると思われるのはデネットである。デネットはエピクロス的宇宙論を含む『対話』の全体を検討し、ヒュームのダーウィンへの「接近遭遇」を指摘しつつも、それが「判断停止」に帰着することを、やむをえない時代の制約と見る（デネット 2001 第一章第四節）。われわれはこの評価に大筋で同意するが、そこに不十分な点も見出す。すなわち第一に、デネットはヒュームの思想の検討のみを目指しており、そこにエピクロス主義の継承と発展を認める視点がない。第二に、デネットは『対話』から場当たり的にダーウィン的アイデアを拾うのみで、それを『対話』の論述全体の中に位置づけていない。第三に、デネットはヒュームの説とダーウィンの説の差異の所在を明確にしていない。本章の具体的な目標は、これらの点を補うことにある。

3　古典的エピクロス主義とダーウィン主義の差異と連続性

『対話』の検討に先立ち、ドーキンスやソーバーが認めるダーウィン主義の革新性を、ダーウィン主義とエピクロス主義の連続性とともに、確認したい。

オケによれば、ダーウィンは同時代人から「目的論者」と「エピクロス主義者」という正反対のレッテルを貼られた（Hoquet 2009: 193–231）。現代から見ればいずれも一面的な見方と言えようが、両者に対応する批判は今でも存在する。つまり、一方で現代のダーウィン主義の主流派を、進化における適応の役割を強調しすぎる「パングロス主義」であるとする批判が存在し（Gould & Lewontin 1979）、他方でダーウィンの進化論は精巧な適応を偶然の産物として片づける信じ難い説であるという批判が、現代でも創造論者たちによって提起されている。

後者の批判は、「タイプライターを打つ猿」という思考実験に訴えて論じられることがある。精巧な適応が偶然によって生じる見込みは、猿がでたらめにタイプライターを打ってシェイクスピア全集を書き上げる見込み同様、不可能ではなくとも、途方もなくありそうにない、という論法である。だがドーキンスによれば、このような異議は誤解の産物である。「タイプライターを打つ猿」が想定する事態が「一段階淘汰」であるのに対し、ダーウィン的進化は「累積淘汰」だからである。一段階淘汰の場合、シェイクスピア全集どころか、"Methinks it is like a weasel"という『ハムレット』の一節を偶然に得ることすら、およそ10^{40}回の試行につき一回程度の見込みしかない。しかし、ランダムに生成された文字列にランダムなエラー(「突然変異」)を伴う自己複製を起こさせ、得られた結果から目標に類似した文字列を「育種」する、という「累積淘汰」を行うと、ほんの数十「世代」で上記の一節が得られる。ダーウィン的進化は後者の累積淘汰に相当するのであり、単なる「偶然まかせ」の過程ではないのだ(ドーキンス 1993: 九三―九四頁; cf. ソーバー 2009: 七一―七六頁)。

ところで、「タイプライターを打つ猿」とほぼ同じ批判は、すでに紀元前、キケロの対話篇『神々の本性について』において提起されている。そこでは、「ある種の稠密で独立した物体が力と重さによって運ばれ、それらの粒子が偶然衝突したことから、この世でもっとも精妙で美しい宇宙が誕生した」というエピクロス主義の宇宙起源論が、「二一種類のアルファベットの文字を数えきれないほど集めて何かある容器の中に投げ込み、それらを攪拌して地面に投げ出すと、たとえばエンニウスの『年代記』のように、読者にとってちゃんと読める形になって並ぶ」という想定になぞらえられ、批判される(キケロー 2000 第二巻第三七節、訳文一部改変)。[7] 現代の創造論者がダーウィン主義と同一視し、ドーキンスがダーウィン主義と峻別しようとした思想は、まさにこのエピクロス的宇宙論に相当する。

では、創造論者によるダーウィン主義とエピクロス主義の混同は、見当違いな批判と見るべきだろうか。統計学的、技術的な異議としてはそうであろう。だが、自然観の問題として見るとき、ダーウィン主義とエピクロス主義には明確な連続性がある。自然淘汰説は、自然の基礎的な過程が目的を顧慮しない過程であるにもかかわらず、見かけ上、合目的的な特徴が産み出される機構を与える理論である。ドーキンスら現代の「パングロス主義者」、ないし主流派の進化学者とともに、生物の精巧な適応が「単なる偶然の産物」ではないことを認めるが、デザイン論者に反し、かつエピクロス主義者とともに、それが目的因や超世界的な知性に由来することを認めず、宇宙の基礎的な過程が、目的に導かれていないという意味で「盲目的」であることを認める。この意味でダーウィン主義の宇宙はエピクロス主義の宇宙であり、それはデザイン論が決して容認できない側面である。

　エピクロス的宇宙論とダーウィン主義の連続性は、近年ドーキンスが宇宙論における「（強い）人間原理」と「多宇宙説」について述べた箇所からも示唆される。たとえば地球は偶然ではありえないほど生物の存在に適しているが、ここに神的デザインは不要である。宇宙には多様な条件を備えたきわめて多数の惑星が存在しており、その中に生物に適した少数の惑星が含まれることは統計学的に見て十分見込みのあることでありうるからである。そしてこの地球がこのようでなければそもそもわれわれは生存していない以上、われわれが住む地球がわれわれに適していることに奇跡的な点はない（「惑星版」ないし「弱い」人間原理）。同じ論理により、この宇宙の物理定数が（知的）生物の発生と生存に適した「精密な調整」を施されているように見えることについても、この宇宙が無数のバリエーションをもつ多宇宙（インフレーション理論や超ひも理論がその存在を予測している）の一つであるとすれば、そこに奇跡やデザイン仮説は不要である（「宇宙版」ないし「強い」人間原理）[8]。このようにドーキンスは、生物の環境への適応には「累積淘汰」を適用する一方、地球環境や物理定数の生物への適合性には「一段階淘汰」を適用し、主題によってはエピクロス的な一段階淘汰の説明的効力も積極的に認めるのである（ドーキンス 2007: 二二〇―二二五頁）。

　以上の考察は、ヒュームのエピクロス的宇宙論を、古典的エピクロス主義からダーウィン主義へ至る発展の中間地点に位置づける、という大きな見取り図を示唆する。以下の考察において、その具体的な細部が明らかになるであろう。

4 『対話』の中でのエピクロス的宇宙論の位置づけ

まずは『対話』全体の中でのエピクロス的宇宙論の位置づけを明確にしておく。

『対話』は全一二部からなる。第一部の導入的な対話の後、第二部から第五部では、デザイン論的自然神学の支持者クレアンテスによるデザイン論の擁護と、主に懐疑論者フィロによる、デザイン論への批判が展開される。ドーキンスやソーバーがヒュームのデザイン論批判と見なすのはこの箇所に相当すると思われる。だが、第六部以降もデザイン論批判は間接的な仕方で継続される。すなわちここからフィロは、直接にデザイン論を取り上げてその不備を指摘するのではなく、デザイン論の代替諸仮説を提示することで、デザイン論が唯一の仮説ではないことを示し、デザイン論の相対化をはかるのである(9)。

フィロが第六―七部で提示するのは主にストア派を念頭に置いていると見られる宇宙有機体論である。フィロによれば、デザイン論が「機械の設計」の類比による論法ならば、同じ権利で、われわれの日常経験に登場する動物や植物の類比で世界を捉える論法も妥当でなければならない。たとえば世界は巨大な動物であり、その魂に相当するものが「神」なのかもしれないし、あるいは世界は巨大な植物かもしれず、デザイン論が世界＝機械の起源を「知的設計者のデザイン」の類比で捉えるならば、世界＝生物の起源を「発生と成長」の類比で捉える主張にも同じ権利を認めねばならない、という論法である。

エピクロス的宇宙論は、続く第八部でまた別の代替仮説として提示されるが、真面目な仮説というより、あくまでデザイン論を相対化するための、デザイン論に劣らず不確かな無数の仮説の内の一つ、しかもその中でも「これまで提起されてきた最も不条理な仮説」に過ぎないものとして導入される(Hume 1998, p. 49. ヒューム 1989: 八九頁。訳は引用者。以下も同様)。第八部を締めくくるフィロの次のような言葉は、それを受けているとも解しうる。

広く認められていることだが、あらゆる宗教体系は重大で逃れがたい諸困難を抱えている。［…］懐疑論者が彼らに向けて言うのは、この種の主題に関してはどんな体系も支持されるべきではない、ということだ。［…］判断の一切の停止がここでの僕らの唯一の理に適った手段なのだ。

(ibid. 53: 九七頁)

つまりこの種の問題には判断停止をすべきである、というのが、理論的な問題としてのデザインの問題に対する、フィロの当面の結論である。これを受けて『対話』は、第九部の保守的信仰者デメアが支持するアプリオリな神学への批判を挟み、第一〇部以降、理論的・自然学的問題から、「悪」の問題という道徳的・宗教的問題へとその主題を転じる。

このように理論的考察の最終段階でエピクロス主義をもち出したことの表向きの意図として考えられるのは、エピクロス主義は「最も不条理な仮説」であるが、デザイン仮説もまたそれに劣らない諸困難を抱えているのだから、デザイン仮説への判断も保留すべきだ、という論証であろう。だが、ヒュームがその背後に別の意図をほのめかしている可能性もある。それは、エピクロス主義はデザイン論と最も先鋭に対立し、また最も憶測的でなく、最も合理的な見解であるがゆえに、理論的考察の最終段階で提起された、という可能性である。そしてわれわれはこのような読解に一定の説得力を見出す。

ヒュームが提起する仮説は、(a)デザイン論、(b)ストア的宇宙有機体論、(c)エピクロス的な宇宙の偶然起源説、の三つである[10]。フィロによれば、このうちの(a)は理性ないし精神活動、(b)は発生と成長という、その動作こそ経験的によく知られているものの、その本性は不明である原理を基礎に据えている(ibid. 46: 八三—八四頁)。他方、たしかに(c)もいくつかの仮定（世界の永遠性、物質の有限性、運動の物質への内在性と永続性）を出発点に置くが、それらは確証こそ困難であるとはいえ、それ自身として理解しがたい仮定ではない。この点で(c)は、デザイン論への代替仮説として、最も憶測的要素の少ない理論と見ることができる。言い換えればそれは、「超越神」も「生命力」も必要としない機械論的仮説である。だとしても、そのような理論ですら決定的確証が得られないがゆえに、われわれは判断停止に甘んじねばならない、というのがヒュームの真意ではなかったか、という想定は十分可能である。

以上の位置づけを念頭に置き、第八部を詳しく見ていこう。

5　フィロのエピクロス的宇宙論の考察

1　フィロのエピクロス的宇宙論の概観

フィロによれば、エピクロス主義の元来の立場は以下の三つの主張を含む（ibid. 49–50：九〇―九一頁）、

1．物質的宇宙は永遠である。
2．この世界の物質の総量は無限である。
3．物質には運動が内在し、すべての物質は永久的な擾乱［agitation］状態に置かれている。

フィロは上述のようにエピクロス的宇宙論を「最も不条理な仮説」と呼ぶ一方、それにわずかの修正を加えれば「その仮説を蓋然性の外見をかすかにまとっているようなものにできる見込みがないかどうかは分からない」とも言う（ibid. 49：八九頁）。「わずかの修正」とは、このうちの2を退け、物質の総量を有限と想定する、というものである。そのうえでフィロは、これらの前提から以下のような帰結を引き出す（フィロは宇宙論の提示を二度行っており、以下、必要に応じて両方の叙述を併記する）。

有限個の粒子は、有限個の位置変化に服するのみであり、無限な持続の内では、ありとあらゆる可能な秩序と配置が無限回試みられる、ということが生じねばならない。それゆえ、この世界と、この世界で生じる最小の瞬間に至るまでのすべての出来事は、かつて産出され、また破壊されてきたのだし、また再び産出されかつ破壊されるだろうし、またそこにはいかなる制限も限界もない、ということになる。

(ibid. 50：九〇頁)

しかし、あの活動を与える力――それがどんなものであるにせよ――が、物質の内でなおも継続している、と想定したまえ。このとき、その最初の配置は直ちに、第二の配置にその場を譲ることになる。その第二の配置は、同じように、間違いなく、第一の配置と同じぐらい無秩序に存在するものであろう。そして、多くの変化と変転の継起を経ながら、同様に続いていくであろう。いかなる特定の秩序ないし配置も、たとえ一瞬たりとも不変のまま継続するということはない。原初の力は依然として活動性の状態に留まっており、物質に対し、恒久的な容赦なさを振るう。あらゆる可能な状況が生み出され、一瞬で破壊される。もしも秩序の兆しないし光明が一瞬現れたとしても、それは瞬時に、物質のすべての部分に活動を与える、あの決して止むことのない力によって、流し去られ、混乱へ陥れられることになる。このようにして宇宙は多くの年月の間、継続的な混沌と無秩序の継起を続ける。

(ibid. 51：九二―九三頁)

つまり有限な諸物体の総体は、無限の時間の中で内的動力に衝き動かされ、ありとあらゆる可能な組み合わせを無限回試みる。しかるに諸物体のすべての可能な配置の中には、この際限ない変転を十分に長い時間抑止しうる、次のような配置も含まれる可能性がある。

物質が、それによってあの、物質にとって本質的であるように思われる恒久的擾乱を保存することができ、しかもそれでいて、それが生み出す諸形相における一つの一貫性を維持することができるような、そんな諸事物のある体系［system］、秩序［order］、組織体［economy］が存在しはしないだろうか？　（bid. 50: 九一頁）

これはつまり、単に諸粒子がたまたま秩序だった配置になる、というだけではなく、諸粒子の軌道がたまたま、それ以後混沌に回帰せず、むしろ成立した秩序ある配置を維持するような経路に乗り、それまで諸粒子をかき混ぜていた力が、そのまま秩序を支える力に転換されることも可能ではないのか、という想定である。

『対話』のクレアンテスが代弁するデザイン論者は機械論者であり、神の奇跡によって自己維持的な機械がひとたび創造されれば、以後はそれが機械的運動のみによって維持される可能性を認めるだろう。そしてフィロがここで述べる仮説は、そのようなデザインによる奇跡的な初期配置が、無限回の無方向な試行によっても達成される可能性を指摘する。否、無限の時間の中で有限個の可能な配置がえんえんと試され続けるという前提を認める限り、そのような配置がその「試行」の系列中に出現可能であれば、それがいつか試されることはむしろ必然であろう。

だが、そのような自己維持的機械は存在可能だろうか。フィロはその問いに答えて言う。

そのような組織体は確かに存在する。なぜならそれはこの現在の世界について現実に成り立っていることだからだ。それゆえ、物質の継続的運動は、無限にまではおよばない回数の配置変化の中で、この組織体ないし秩序を産出せざるを得ず、また、その秩序は、ひとたび確立されるや、その［秩序の］本性そのものによって、永遠とまではいかなくとも、多くの年月、自分自身を維持する。　（bid. 50: 九一頁）

すなわち、デザインの産物であるようにしか見えない自己維持的機械とは、われわれが現に観察しているこの世界秩序に他ならない。ここでフィロはこの世界秩序が、知的デザインの産物としてでも、「生命力」のような非機械論的な力の産物としてでもなく、原子の永遠にわたる単純で機械的な運動の必然的産物として説明されうることを示したことになる。

フィロによればこの世界の自己維持性は完璧ではなく、やがて秩序を無秩序が凌駕し、宇宙は再び変転状態に落ち込む。しかし永遠にわたってすべての可能な組み合わせが試される以上、遠い将来再び自己維持的世界体系が生まれ、一定期間自己を維持する。このような壮大な循環史観が、[11] フィロがエピクロスを改作して考案した「新しい宇宙論の仮説」である。

2 フィロの宇宙論の近代性

この仮説は古代原子論をいくつかの点で「近代化」しており、その点で古代原子論からダーウィン主義への発展の中間段階と見られうる。

第一に指摘できるのは、生命の例外性の意識である。フィロの循環宇宙は、現代物理学においてかつて提起された多宇宙説の一バージョンを彷彿とさせる。それによれば、この宇宙は永遠にビッグバンとビッグクランチを繰り返し、そのたびに物理定数をランダムに変化させるのであり、今の宇宙は物理定数がたまたま観測者の生存を許容する稀な時期にある、という（e.g. ドーキンス 2007: 二一七―二一八頁）。

古代の原子論者たちも、宇宙は無限であり、そこに無限数の「諸世界」が散在しているという多世界説を支持していた（ただし「諸世界」は各々の地球を中心とし、恒星天球に囲まれた、天動説的世界である）。だが、エピクロスやルクレティウスは、多世界説を生命の例外性の思想には結びつけていないように見える。彼らの諸世界はむしろ、自然発生的に生命が誕生し、われわれの世界に似た生命系を産み出す世界であり、そこに、生命活動が稀な、特別の説明を要する現象であるという意識は認めにくい。[12]

これに対してフィロの宇宙論は、現代の人間原理が多宇宙（や莫大な数の惑星）に訴えるのと似た仕方で、宇宙の循環過程に訴える。そこでは生物の存在や生物の精巧な適応が、格別の説明を要する例外的現象であることが強く意識されている。このような生命の例外性の意識は、フィロあるいはヒュームが近代の数理的な機械論的自然観、およびそれに結びついたデザイン論の影響下で思考していることと結びついていると思われる。ここにはフィロの思想の近代性、ないしダーウィンとの親近性が見出される(13)。

第二に指摘できるのは、統計学的と言いうる発想である。フィロの宇宙起源説は、決して不確実な「運まかせ」の説明ではない。そこには、十分多くの（無限回の）試行がなされれば、稀な例外も奇跡ではなく、むしろ必然にすらなりうる、という近代的な統計学的思考に通じる発想がある。ダーウィン的淘汰も、膨大な数の変異から、有用な変異が稀にではあれ一定頻度で現れることを統計的に当てにしうるからこそ、機能しうるのである。

ダーウィンに通じる着想の第三は、宇宙秩序の自己維持性への注目である。フィロの仮説によれば、永遠の試行錯誤の中、宇宙に自己維持的秩序がひとたび生じれば、以後はその秩序自らが十分に長い時間自己を継続させていく。つまり、起源そのものは偶然だが、その後の維持は決して偶然ではなく、秩序そのものが自らを保持する、と想定されている。ここには、ランダムな過程とランダムならざる保持の機構の結合、という自然淘汰の構造（ソーバー 2009: 七六頁）との類似を見出しうる。

だが、以上の親近性にもかかわらず、フィロの仮説を子細に見ると、ダーウィンの説との重要な違いも認められる。次にそれを見よう。

3　フィロの宇宙論とダーウィン的進化論の比較

フィロは宇宙秩序の偶然起源説を述べた後、生物と環境の間、および生物相互間での適応ないし「調整［adjustment］」の問題を取り上げる。

物質が、恒久的運動を継続しつつも、なおかつ諸形相における一貫性を保持するような仕方で均衡し、配列され、調整される場合はいつでも、必然的に、そこでの状況は、僕らが現在観察する技巧と発明のような外観のすべてを含むのでなければならない。各々の形相のすべての諸部分は、お互いの間で、またその全体との間で、ある関係をもたねばならない。そしてその全体そのものは、宇宙の他の諸部分との間の関係、その形相を構成する諸要素との間の関係、それの消耗と衰退を補う諸物質との間の関係、敵対的であったり、親和的であったりする他の諸形相との関係、をもたねばならない。

(ibid. 50: 九三―九四頁)

この一節は、ダーウィンが取り組んだ問題に、それと似た精神で臨みながらも、大きく異なった説明を与えている。つまり、もしも宇宙が長い偶然の変動の果てに自己維持的な秩序に到達するならば、その秩序はすでに「技巧と発明のような外見のすべてを含む」ものでなければならなかっただろう、という説明である。およそ自己維持的な宇宙秩序なるものが成立しうるならば、それはちょうどこの世界のような、生物、無生物を問わず、すべての諸部分が相互に精密に適合しあい、一つの調和的全体を構成するような、巨大な有機体でなければならなかった。しかるにこの宇宙秩序はまさに成立しているのだから、そのような調和的構成がたまたまもたらされたに違いない――このような「人間原理」に近い論理によって、フィロは生物の適応をも説明しようとしている。

われわれは、ストア派の宇宙論は有機体論的であり、エピクロス的宇宙論は機械論的である、と述べた。だがここで付け加えねばならないのは、エピクロス主義が機械論的であるのはあくまでも宇宙起源論においてであって、そこで偶然成立した自己維持的な宇宙は、諸部分の完全な相互調整をあらかじめ含んだ巨大な宇宙有機体であり、この点ではストア派の宇宙とそれほどの隔たりはない、ということである。つまりこの宇宙論は、ただ一度の完璧な宇宙有機体の偶然的起源を与え、すべての適応を宇宙有機体の自己維持のための必要条件として一挙に説明する理論なのである。

ここで、生命起源論とその後の適応的進化の理論についての、ドーキンスの印象的な指摘を引こう。

生命の進化は生命の起源とはまったく異なった事例である。なぜなら［…］生命の起源はただ一回だけ起こるしかなかった、特別な出来事であった（あるいは特別な出来事だったかもしれない）が、それに対して、それぞれの個別の環境に対する種の適応的な適合は、何百万回も起こり、いまも継続中なのだからである。

［…］

［…］これは何度も繰り返され、予測可能な、多発的な現象であり、後知恵で初めて知る統計的な、一回限りの幸運ではないのだ。そしてダーウィンのおかげで、それがどのようにして生じるかを私たちは知っている——自然淘汰によってである。（ドーキンス 2007: 二〇九頁。訳文一部変更）

単一の宇宙有機体の偶然的起源にすべての問題を集約するフィロの思想に、この区別は見出されない。ここにフィロの宇宙論とダーウィン的進化論の重要な差異がある。そしてこの点を踏まえれば、次の一節とダーウィン的進化論との異質性も明らかになる。

それゆえ、動物や植物の諸部分の有用性と、それらの相互の間の興味深い調整を強調しても無駄なのだ。僕は、ある動物がその諸部分がそのように調整されていない限り、いかにして存続することができたのか、是非とも知りたいと思う。僕らは、この調整が停止するときはいつでも動物はただちに滅びるということ、そして、その素材［物質］は、もし解体しつつある場合、何らかの新たな形相を試みるということを見いだしてはいないだろうか？　実際に、世界の諸部分は、何らかの恒常的な形相が、この解体した素材［物質］に対してただちに権利主張を行う、という仕方でうまく調整されている、というようなことにたまたまなっている。そして、もしそのようになっていなかったとしたら、はたして世界は存続できたであろうか？　世界は動物と同様に解体し、新たな配置と状況を経過し、それは世界が、多大な、しかし有限な継起の内で、最終的には、現在の秩序、あるいは何かそのような秩序へと落ち着くまで続かねばならないのではないか？

(ibid., p. 51–52：九四頁)

この一節は宇宙の起源における秩序の存在ではなく、宇宙秩序が自己維持を続ける過程での、その内部の動植物の「形相」の消滅と交替を述べており、この点でダーウィン的進化に類似した印象を与える。しかしこの一節はむしろ、宇宙有機体全体の、ホメオスタシスに似た自己調整機構を述べていると言うべきである。つまりフィロはその巧妙な自己調整作用について、「もしそのようになっていなかったとしたら、はたして世界は存続できたであろうか？」と問う。そして世界が現に存続しているという事実が、そのような巧妙な機構の存在を裏付けるのである。

確かに、クレアンテスによるフィロの思想の次のようなパラフレーズは、よりダーウィン主義に近い。

君の話はこうだね。いかなる形相も、その形相の存続のために必要とされる力と器官を所有していなければ存続できない。新しい秩序ないし組織が試みられねばならず、その秩序や組織もまた云々、ということで、自己維持ないし自己支持が可能であるような何らかの秩序が現れ出るまでそれが絶え間なく続く、と。

(ibid. p. 52：九五頁)

この一節は、宇宙全体の秩序の起源説と同じ論理を、種や器官の「形相」の偶然的起源にまで拡張している点で、宇宙有機体の偶然発生説よりもダーウィン的進化論に一層接近している。しかしながら、その接近には限界がある。第一に、この過程はあくまで全か無かの「一段階淘汰」であって、ダーウィン的過程の本質である、自己複製とその逸脱にもとづく「差異化を伴う複製（differential reproduction）」による「累積淘汰」のアイデアは見られない。第二に、この過程が要求する宇宙秩序の可変性、可塑性を過度に許容することは、稀有な秩序の偶然的起源、というフィロの宇宙論の基本構造を揺るがしかねない。それゆえ、形相の偶然的交替という過程がこの体系内で大きな役割を占めるのは難しいと思われる。(14)

したがって、フィロの仮説とダーウィン的進化論は明確に区別される説だと言うべきである。

4　クレアンテスの批判

クレアンテスは以上の宇宙論に対し、デザイン論の立場から、「人間や動物が所有するあの数多くの技巧や利益がどこから生じることになるのか？」と反論する（ibid. 52：九五頁）。そしてクレアンテスは、フィロの仮説は形相の存続のために不可欠の器官や生物しか説明せず、「二つの目、二つの耳」のような余剰の器官や、家畜、農作物といった人類にとって有益な事物の存在を説明しえないことを指摘し、次のように言う。

> この種の諸事例は稀どころではない。そしてそのいずれもがデザインに対する十分な証明になっており、さらにまた善意あるデザインの十分な証明になっている。そしてそのデザインが宇宙の秩序と配列を生み出したのだ。（ibid. p. 52：九五頁）

この批判を「新しい仮説」に内在する理論的難点に対する、ヒューム自身の自覚的な指摘と見ることも可能である。たとえば、生物の環境への適応を宇宙有機体の構成諸部分相互の「調整」として位置づける見方は、個々の生物を中心とした（見かけ上）合目的な適応と、自然全体の単なる法則性ないし規則性としての秩序とを十分に区別しえない。(15)

とはいえ、クレアンテスが挙げる、ラクダや方位磁針の人類にとっての有用性のような、いかにも人間中心主義的な反例は、ヒュームがエピクロス的宇宙論に一定の自信をもっており、残る問題は自然学的なものというよりも道徳的・宗教的な問題だったことをこそ示唆する。すなわち、フィロの仮説が自然における巧妙な相互調整を理論的に説明しえたとしても、デザインに見出される神の人類への「善意」を説明することはできない、という批判である。これは以後の対話の主題となり（第一〇―一一部）、そこでフィロは、この世での「神の善意」に対する、総じて否定的な見解を提示するのである。

したがって『対話』のこの先の議論は、自然学的な理論としてのダーウィン主義の理論と『対話』のエピクロス的宇宙論との比較、という本章の課題を超えるものとなる。しかしながらこの箇所についても、現代のダーウィン主義をめぐる議論との対比で興味深い考察が可能である。最後にこの点を見ておきたい。

6　ヒュームの葛藤と『対話』の多声性

最終部の第一二部前半、デメアの退場後に、フィロは意外な転回を見せる。第八部末尾で、理論的問題としての宗教的問いに判断停止を推奨したフィロは、人間本性がそのような判断停止に耐えられないこと、理性の問題ではなく感情の問題としてデザイン論に強い説得力をおぼえることを告白し、[16] クレアンテスへの熱烈な心情的共感を表明するのだ。たとえばフィロは自然に「目的、意図、デザイン」が見出されることはどんな愚かな思想家も認めざるをえないことであること、また「自然は何も無駄には行わない」という（目的論的な）原理がすべての科学を導いていることを認め、

この真理への確固たる確信から、解剖学者は、新しい器官や導管を観察したとき、それの用途や意図をも発見

するまでは、決して満足することがないだろう。（op. cit., p. 77-78：一四二頁）

として、「不信心者」たるガレノスですら同様の原理を認めざるをえなかったことを強調する（ibid. p. 78：一四三―一四四頁）。

この信仰告白には、穏健な哲学的神学としてのデザイン論を、第一二部後半で批判される熱狂的な「俗衆の迷信」と対比する意図があると思われるし、読者への配慮や偽装の意味もあるはずである。だがそのうえで、ここにヒューム自身の偽らざる心情を推定することも可能である。

ここで再びドーキンスを引用したい。

私は、かつて晩餐会の席でその問題を論じあった、無神論者として知られている現代の著名な哲学者に対してよりも、ウィリアム・ペイリー師に対していっそう共感するところがある。ダーウィンの『種の起原』が出版された一八五九年より以前に、無神論者として通すなどというのはまったく思いもよらないことだったと、その席で私は言った。「ヒュームはどうです?」と哲学者が応酬した。そこで私は尋ねた。「生物界の有機的な複雑さをヒュームはどのように説明しましたか?」その哲学者はこう言った。「彼は説明していませんね。でもどうしてそのことに特別な説明がいるのですか?」

ペイリーは生物界の複雑さについては特別な説明が必要であることを知っていたし、ダーウィンもそのことを知っていた。そして、私とことばをかわした哲学者も、心の奥底ではそのことを知っていたのではないかと思う。[…]ダーウィン以前に無神論者というものがいたとすれば、その人はヒュームに従ってこう言うこともできたであろう、「生物界の複雑なデザインについての説明を私はもちあわせてはいない。私にわかっているのは、神を持ちだしてきてもそれをうまく説明できないということだけだ。そういうわけでわれわれは、誰かがうまい説明を携えて現れるのを待ち望むしかない」と。こういう立場は、論理的には筋が通っているとしても、聞く者にとても満足のいかない感じを残すものであり、なるほど無神論はダーウィン以前にも論理的には信奉しうるものであったかもしれないにしても、ダーウィンによってはじめて、知的な意味で首尾一貫した無神論者というものが可能になった、と思えてならない。ヒュームなら私に同意してくれるだろうと思いたいが、彼の著作のいくつかは、彼が生物のもつデザインの複雑さや美しさを過小評価していたことを示しているように見受けられる。（ドーキンス 1993: 二五―二六頁。訳文一部変更）[17]

一方でこの叙述は、ドーキンスがここでもまた『対話』を注意深く読んでいないことを示唆する。ドーキンスの想定とは異なり、『対話』第一二部のフィロの心情的信仰告白は、ドーキンスが深い共感を寄せるペイリー的な認識を、著者のヒュームが――同意するかはともかく、少なくとも――十分理解できていたことを示すものである。そしてここから、『対話』という著作に対するヒュームの距離についても、一つの推定が可能かもしれない。

多くの読者の考える通り、『対話』の三人の主要人物の中では、フィロこそが最もヒュームの思想に近い立場を代弁しているのだろうと筆者も考える。だがそのフィロ自身も、決してその懐疑論を全面的に徹底してはいないことを第一二部は示唆する。思うに、ヒューム自身は、朋友アダム・スミス同様（矢島 2009 他）、後のペイリー、ダーウィン、およびドーキンスらとともに生物界の精巧な適応に驚嘆し、来るべきダーウィンの一歩手前で、自らが信奉する無神論的な世界観を理論的に一貫させきれず逡巡していたのではないか。ドーキンスは図らずも、その心情を的確に描写しているのではないか。フィロにおける知性と感情の分裂[18]、さらには、クレアンテスというデザイン神学の雄弁な代弁者を登場させる『対話』の多声性を、そのような知的苦闘の記録として読むことも可能であろう。

おわりに

最後に以上の考察を、より大きな視野の中で整理しておきたい。

筆者の問題意識は、最後の節で引用したドーキンスの、「ダーウィンによってはじめて、知的な意味で首尾一貫した無神論者というものが可能になった」という認識を問い直してみたい、という思いに端を発している。筆者は二〇世紀中盤に成立した現代ダーウィン主義（進化の総合説）が従来の知、とりわけ従来の人間の自己認識にもたらす影響の革命的な性格を、ドーキンスや、あるいはそれを「万能酸の浸食」と形容するデネット（デネット 2001 第三章）とともに肯定している。それゆえ、そこに従来の知との断絶と根本的な革新を見ようとするドーキンスやデネット（あるいはスタノヴィッチ 2008 第一章）らの態度には理解できる部分がある。だがその一方で、古代原子論に発する、総じて無神論的で没目的論的な世界像の系譜と、現代のダーウィン主義の人間像・世界像との連続性も、筆者には明らかであるように思われた。それゆえに筆者は、現代のダーウィン主義と古代以来の原子論ないしエピクロス主義の伝統との断絶と連続性の所在をより明確にできれば、という思いを抱いていた。そのなかで「はじめに」で述べたように、その中間に位置する『対話』のエピクロス主義への注目へ導かれたのである。

このような関心から本章はエピクロス・ヒューム・ダーウィンという三つの固有名をめぐる論考となった。このうちのヒュームについては、対話篇の登場人物の語る思想の分析としてではあるが、ヒュームその人が書き記したテキストの分析を行ってきた。他方、エピクロスとダーウィンについては、本章は歴史上の人物としての彼らの思想を直接取り上げたわけではない。本章における「ダーウィン主義」は、歴史的なダーウィンの洞察を核にしつつも、その後に得られた多くの知見をそれに加えて再整備された現代総合説の理論であり、さらに言えば、ドーキンスやソーバーやデネットといった論者の哲学的反省と洗練を経てそこから抽出された思想である。また本章で取り上げた「エピクロス主義」は、ヒュームが創作した人物が語る思想であり、そこにはエピクロス元来の思想からの逸脱やその戯画化、あるいは逆に過度の近代化や合理化が、意識的・無意識的に混入していてもおかしくない。

このように、本章の論考と、歴史的なダーウィンおよびエピクロス自身の思想との対照は他日の課題であるが、本章はこの主題にもいくばくかの貢献をなしうるものと考える。まずダーウィンについては、ドーキンスが一面で高く評価する、ペイリーからダーウィンに流れ込んだイギリス自然神学の、生物界の適応現象への鋭敏な感受性がヒュームにも共有されていると見てよいことを本章は（とりわけ第六節において）明らかにできた。[19] この認識はダーウィン思想の背景となる知的伝統の解明に対する一定の貢献となりうる。またエピクロスについては、本章の論考はエピクロス思想、あるいは古代原子論一般の受容史の一端を解明したという意義を主張できる。古代のテキストについては、このような受容史は、文献学的な読解の作業とともに、またおそらくはそれと結びついた主題として、重要である。さらに言えば本章の視座に立てば、ヒュームを中継地点とする古代原子論受容史の延長線上に、ドーキンスやデネットに代表される現代進化論の探求者たちに見いだされる趨勢、すなわち過激な無神論思想を位置づけることもまた可能かもしれない（木島 2010; 2011; 2016c）。目的も、知性ももたない微粒子の集合離散を実在の根本として位置づけ、それをとりまとめる超越的な介入者ないし設計者の余地を与えない世界像が、そこには一貫して継承されているのである。[20]

◉注

（1）「この世界は自然によって造られたもので、原子が自から偶然の衝突によって、あらゆる具合に、偶然に、目的もなく、意志もなく、結合され、遂に突然投げ出されて、渡されて出て来たものが、大きな物、即ち、大地だとか、海とか、天空とか、生物の種類とかを発生せしめたのである」（ルクレーティウス 1961: 一〇七―一〇八、一九一―一九二、二二七―二二八頁も参照）。付言すると、ここでの「偶然性」は、エピクロス独自の原子の「逸れ」ないし「偏倚 clinamen」の説（同七一—七五頁）を必要としない。原子が必然的法則に従うとしても、それが目的因やデザインを顧慮したものでなければ、偶然で「盲目的」であると見なされるだろう（これについては木島 2016a; 2016b も参照）。なお、エピクロス主義の原子の「逸れ」ないし「偏倚」の理論に対する驚くべき現代的読み替えの試みとして、朝倉 2014; 朝倉 2015 を本書の読者にも紹介しておきたい。

（2）「虚軸」（複素関数の縦軸）という比喩は、科研基盤研究「近現代哲学の虚軸としてのスピノザ」（研究課題番号 22320007）に倣った。

（3）後述するダーウィンの同時代での受容史研究を別にすれば（Hoquet 2009: 193–231）、本章と重なり合う関心からダーウィン主義とエピクロス主義を主題的に対照する考察はあまり目にしないように思われるが、数少ない特異な研究として、キリスト教原理主義者による現代版創造説である「インテリジェント・デザイン論」の支持者、ワイカーの研究がある（Wiker 2002）。ワイカーは同書で創造説に依拠する有神論的道徳を擁護する立場から、神的デザインを「偶然」に帰着させようとする点でエピクロス主義とダーウィン主義をつながり合った思想と見なし、現代の道徳的頽廃の淵源として位置づけようとしている。筆者は無神論的世界像を支持する点でワイカーとは対極の立場だが、エピクロス主義からダーウィン主義に連なる思想系譜に有神論的世界像への強い浸食性を見出す点では一致するかもしれない。この構図は、キリスト教原理主義者こそがデネットの言う「ダーウィンの危険な思想」（デネット 2001）の従来の知や価値体系に対する浸食性に敏感である、というスタノヴィッチの指摘とも一致しそうである（スタノヴィッチ 2008: 四—一〇頁）

（4）その一源流としての、ガッサンディによるエピクロス主義とデザイン論の調停の試みについては、本書第2章の坂本による論考を参照。

（5）進化論そのものの定着が速やかであったのに対し、自然淘汰説が現在のような標準的理論となるには紆余曲折があった（ボウラー 1992）。

（6）ソーバーによれば、ヒュームはデザイン論を「類比からの論証」として位置づけてその不確かさを指摘するが、このときヒュームは、デザイン論が、仮説の蓋然性ないし確率（probability）にではなく尤度《ゆうど》（likelihood）に訴える、「最善の説明への推論」であることを捉えていないという（ソーバー 2009: 五八—七二頁）。

（7）ガスキンによる引用を参考にした（Gaskin 2009: 494）。ヒューム自身も『対話』のなかでこの一節を下敷きにしたデザイン論への支持をクレアンテスに語らせている（Hume 1998: 24. 邦訳四五頁）。ガスキンは他に、一八世紀のブラックモア卿（Sir Richard Blackmore）が『創造』（*Creation*）で行った同様のエピクロス主義批判も引く（ibid. 495）。ボルヘスのエッセイ（ボルヘス 1972）は古代から現代までの「完全な図書館」のアイデアを網羅的に拾う有益な論考だが、近代の「タイプライターを打つ猿」に至る古代からの思想系譜の追跡をその一部として含んでおり、参考になる。

（8）人間原理とは「観測選択効果」の特殊例に過ぎないとされる（三浦 2006. stage 4-5；青木 2013: 一五〇—一八八頁）。なお、「弱い」人間原理と「強い」人間原理の区別は本文に記した通りであるが、木島（2011）一三二—一三三頁で、これらの概念について不正確なまとめを行っていたことを注記しておきたい。

（9）このような第六—八部の議論は、ソーバーの主張に反し（注（6）参照）、ヒュームがデザイン論を「最善の説明への推論」とする見方をも理解し、それを掘り崩そうとしていた可能性を示唆する。

（10）これらのデザイン仮説への代案は、直接には古代思想を引きつつも、生物が示す秩序に関する同時代の思想を念頭に置いている可能性がある。ロジェによれば、一八世紀に入ると、それまで有力だったデカルト的機械論やデザイン論的機械論に抗し、生命を説明する未知の力を物質に帰する新たな機械論（モーペルテュイ、ニーダム、ビュフォン）や、生命の機械論的説明を退ける生気論（カスパール・ヴォルフなど）が登場したのであり（ロジェ 1991: 三二〇—三二一頁）、ヒュームはこれらの思想を念頭に置いていたかもしれない。ロジェはまた、同じ時期に機械論の徹底としてのエピクロス主義の復興もまたなされたことを指摘し、その代表としてラ・メトリが一七五〇年に公刊した『エピクロスの体系（*Système d'Epicure*）』（ラ・メトリ 1949: 二六五—三一二頁）を挙げる（ロジェ 1994: 三一八—三二〇頁）。フィロの語るエピクロス主義も、このような時代背景に結びつけることは可能であろう。なお、ヒュームが具体的にラ・メトリをどの程度参照したかは、筆者には今のところ不明だが、ラ・メトリの『エピクロスの体系』と比較すると、ヒュームはデザイン論の説得力とそれゆえの問題を強く意識し、その点でよりダーウィンに近い姿勢で問題に取り組んでいるように思われる。

（11）これは厳密には「循環史観」ですらない「ランダムドリフト史観」である。つまり宇宙は進歩でも衰退でもない無方向のドリフトを続け、ある時稀な自己維持的秩序が出現し、一定期間それが存続した後に再び解体し、また無秩序なドリフトを繰り返すのである。

（12）それでもエピクロスには、諸世界の中には生命なき世界もある、という思想も見いだされるが（ディオゲネス・ラエルティオス 1994: 第一〇巻第一章第七四節、二六〇—二六一頁）、ルクレティウスに同様の思想は見あたらないように思われる。

（13）生命や知性の例外性のダーウィン的・人間原理的な考察は三浦（2006）stage 4 参照。

（14）ヒュームは現代の生態学が描き出すような「精密な相互依存の上に成り立つ生態系」を想定していたかもしれない。このような思想は、大幅な変動を許容しない保守的システムを想定するだろう。

(15) この同一視が、自然法則そのものを無法則な宇宙全体のローカルで一時的な状態だとするボルツマンの人間原理的仮説(三浦 2006: 一三〇—一三三頁)に類似することは注意。

(16) これは実は理論的問題でもある。ダーウィン主義を踏まえて遡及的に考察すれば、宇宙有機体の自己維持のみを予測するエピクロス説より、個別の生物にとっての善を予測するデザイン論の方が、発見的仮説としては優れているからである。

(17) この哲学者とはアントニー・フリューかもしれない。ヒューム研究者でもあるフリューは晩年、永年信奉していた無神論を撤回したが、その一つのきっかけがドーキンスとの対話であったことを告白している(Flew 2007: 78–80)。

(18) 判断停止の合理的推奨とデザイン論の心情的受容という二面的態度は、懐疑主義と自然主義というヒューム哲学全般の両面性におそらく対応する。ただし「超自然的信念(信仰)」といわゆる「自然的信念」とを単純に同一視すべきでもない(cf. O'Connor 2001: 86–93)。

(19) 『対話』第一二部のフィロのデザイン論への(心情的)賛辞が、ヒュームの本心なのか、偽装の一種なのか(その可能性を筆者は否定しない)は重要ではない。仮に本心でなくとも、デザイン論を動機づけている自然現象に対する的確な把握ができている、という点がここでは重要である。

(20) 本章の原型は二〇一三年四月に法政大学にて行った口頭発表 "Is Philo a forerunner of Darwin?: on Epicureanism in Hume's *Dialogues*" を原型としており、「おわりに」と、いくつかの文献参照や注の増補を除けば、二〇一四年までにほぼ現在の形で完成した。その後本書刊行の間に発表した研究としてここで挙げておきたいのは、スピノザとエピクロス主義に関して本章と通底する問題意識から論じた、木島 2016a; 2016b である。

◉参考文献

Flew, Antony (with Roy Abraham Varghese) (2007) *There is a God: How the world's most notorious atheist changed his mind?*, Harper Collins Publishers.

Gaskin, J. C. A. (2009) "Hume on Religion", in Fate Norton & Jacqueline Taylor (eds.), *The Cambridge Companion to Hume* (second edition). Cambridge University Press: 480–513.

Gould, S. J. & Lewontin, R. C. (1979) "The Spandrels of San Marco and the Panglossian Paradigm: A Critique of the Adaptationist Programme", in *Proceedings of the Royal Society of London. Series B, Biological Sciences*, Vol. 205, No. 1161:

581–598.
Hume, David (ed. with introd. by Richard H. Popkin) (1998／1779) *Dialogues Concerning Natural Religion* (second edition), Hackett Publishing Company. デイヴィッド・ヒューム（1984 改版）『自然宗教に関する対話』福鎌忠恕・斎藤繁雄訳、法政大学出版局
Hoquet, Thierry (2009) *Darwin contre Darwin: Comment lire l'Origine des espèces?*, Seuil.
O'Connor, David (2001) *Routledge Philosophy Guidebook to Hume on Religion*, Routledge.
Wiker, Benjamin (2002) *Moral Darwinism: How We Became Hedonists*, InterVarsity Press.

（以下、邦訳には原著出版年を付したが、古典テキストのいくつかで省略したものがある。）
青木薫（2013）『宇宙はなぜこのような宇宙なのか――人間原理と宇宙論』講談社現代新書
朝倉友海（2014）「渦巻きと折開き」『流砂』第7号、一九一―二〇五頁
朝倉友海（2015）「偏倚・差異・即非――旋渦の思考について」『流砂』第8号、一九〇―二〇六頁
木島泰三（2010）「無神論の現代的意義――デネット『呪文を解く』に見る宗教の進化論的解明と「新無神論」」、西田照見・田上孝一編著『現代文明の哲学的考察』社会評論社、二五四―二八七頁
木島泰三（2011）「現代進化論と現代無神論――デネットによる概観を軸に」、日本科学哲学会編、横山輝男責任編集『ダーウィンと進化論の哲学』勁草書房、一二七―一四八頁
木島泰三（2016a）「偶然性としての必然性――スピノザによる必然主義からの目的論批判と、その古代エピクロス主義との親近性」『法政哲学』第12号、一―一二頁
木島泰三（2016b）「スピノザにおける偶然性の意義――有限者における偶然性と必然性との創造的結合と、その古代および近代エピクロス主義との比較」『法政大学文学部紀要』第72号、五九―七六頁
木島泰三（2016c）「現代の進化論と宗教――グールド、ドーキンス、デネットに即して」『αシノドス』vol. 210＋211（URL: http://synodos.jp/info/18824）
キケロー（2000）「神々の本性について」山下太郎訳、キケロー『哲学Ⅳ（キケロー選集第11巻）』岩波書店
スタノヴィッチ、キース・E（2008／原著2004）『心は遺伝子の論理で決まるのか――二重過程モデルで見るヒトの合理性』椋田直子訳、鈴木宏昭解説、みすず書房

ソーバー、エリオット（2009）（原著2000／初版1993）、『進化論の射程――生物学の哲学入門』松本俊吉・網谷祐一・森元良太訳、春秋社
ディオゲネス・ラエルティオス（1994）『ギリシア哲学者列伝（下）』加来彰俊訳、岩波文庫
デネット、ダニエル・C（2001／原著1995）『ダーウィンの危険な思想――生命の意味と進化』石川幹人・人崎博・久保田俊彦・斎藤孝訳、山口泰司監訳、青土社
ドーキンス、リチャード（1993／原著1986）『ブラインド・ウォッチメイカー――自然淘汰は偶然か？（上巻）』中嶋康裕・遠藤彰・遠藤知二・疋田努訳、日高敏隆監修、早川書房
ドーキンス、リチャード（2007／原著2006）『神は妄想である――宗教との決別』垂水雄二訳、早川書房
ボウラー、ピーター・J（1992／原著1988）『ダーウィン革命の神話』松永俊男訳、朝日新聞。
ボルヘス、ホルヘ・ルイス（1972／原著1939）「完全な図書館」土岐恒二訳、『ちくま』一九七二年一二月号、一四―一六頁
松永俊男（1996）『ダーウィンの時代――科学と宗教』名古屋大学出版会
三浦俊彦（2006）『ゼロからの論証』青土社
矢島壮平（2009）「アダム・スミスにおける有用性と功利的デザイン論」、『イギリス哲学研究』第32号、四一―五六頁
ラ・メトリ（1949）『ラ・メトリ著作集（上巻）』青木雄造、杉捷夫訳、実業之日本社
ルクレーティウス（1961）『物の本質について』樋口勝彦訳、岩波文庫
ロジェ、ジャック（1994／原著1986）「生命の機械論的概念」家田貴子・原純夫訳、D・C・リンドバーグ、R・L・ナンバーズ編『神と自然――歴史における科学とキリスト教』渡辺正雄監訳、みすず書房、三〇七―三二八頁

第6章

コペルニクス的転回と原子論

カントのライプニッツ受容と批判

小谷英生

はじめに

原子論が経験的世界ないし科学的世界の基礎に〈単純で不可分な実体〉を置く学説を意味するならば、カントは反原子論者であったと言える。ただし反原子論が〈世界の基礎に単純な実体など存在しない〉とする学説であるとすれば、カントは反＝反原子論者でもあった。原子論も反原子論もともに誤りであり、自然科学は原子論も反原子論も必要としないというのがカントの立場だったからである[1]。

しかしこのような立場はあくまでも『純粋理性批判』以降のものであり、それ以前には当てはまらない。前批判期のカントは原子論をライプニッツの思想圏内で（つまりはモナド論として）受容し、擁護していたからである。それゆえ後年『純粋理性批判』で展開した原子論批判はライプニッツ批判を意味するとともに、かつての自説に対する自己批判をも含意していたのである。こうしたカントの思想の転回を通時的に確認し、カントの原子論批判を理解すること、そしてそれを通じてカントのライプニッツ受容および批判を明らかにすることが、本章の課題である。

1　前批判期の議論――モナド論の修正と擁護

冒頭で述べたように、『純粋理性批判』に至ってカントは原子論批判に転じた。しかしカントはそのキャリアを原子論（以下、内容に準じてモナド論と表記する）の受容と擁護から出発している。ライプニッツが『モナドロジー』で示した通り、モナド論はこの宇宙と神の存在証明に関するグランド・セオリーであった。前批判期のカントもこれを踏襲している。すなわち、『活力測定考』（一七四七年）、『天界の一般自然史と理論』（一七五五年）[2]、『物理的モナド論』（一七五六年）では自然哲学のために、『神の存在証明のための唯一可能な証明根拠』（一七六二年）では自然神学のために、それぞれモナド論が援用されているのである。本節では自然哲学に的を絞り、『活力測定考』と『物理的モナド論』における原子論理解を確認したい。

1　『活力測定考』におけるモナド論

『活力測定考』の目的は、運動体のもつ力は mv で測定できるのかそれとも mv^2 なのか、というデカルト派とライプニッツ派の論争を調停することにあった（m は質量、v は速度）。そのため、単純実体＝モナドに関する形而上学的な考察に割かれた紙面は決して多いとは言い難い。それでもカントがモナド論を積極的に受容していたことは明瞭にみてとれる。カントはライプニッツに言及し、次のように述べているからである。

物体には、延長にさえ先立って帰属するある本質的な力が宿っている。ライプニッツは初めてこのことを教えたのである。（AA 1, 17）

この「本質的な力」をカントは、ライプニッツの運動力（vis motrix）に代えて「作用力（vis activa）」（AA 1, 19）と名づける。物体が延長を有するものであるかぎり、この「作用力」が帰属するところのものは物体ではなく実体である。実体は相互の外的関係（結合や離反）を通じて物体の延長および物体間の距離を、つまりは空間を形成する。

ひとつの実体は、己れの外部にある他の諸実体と結合または関係していることも、そうでないこともある。あらゆる独立の存在者は自らの規定をすべて自己のうちに含むのだから、このような存在者にとって、他の諸事物との結合は己れの現実存在のためにかならず必要というわけではない。したがって、諸実体が実在しつつも他の諸実体との外的関係を全然持たない〔…〕ということもありうるのである。ところで〔諸実体の〕外的な結合・位置・関係なしにはいかなる場所も生じないため、ある事物が実在し、にもかかわらず世界のどこにも存在しないという事態は十分にありえることである。（AA 1, 21 f.）

引用にあるように「作用力」を有した実体は「独立の存在者」であり、それ自体として実在する。そして他の諸実体との外的結合ないし関係を有するときにのみ空間的世界を形成し、その世界の中に場所を持つようになる。こうした実体は宇宙以前に存在し、かつ宇宙を形成しうる基礎的存在者なのである。言うまでもなく、ここで想定されている実体とはモナドである。

引用の後半で示されているように、実体＝モナド同士が「他の諸実体との外的関係を全然持た」ず、したがって実体＝モナドが実在していながらも空間的世界が形成されないということも考えられる。したがって実体間の外的関係は偶然的なものであり、それゆえ空間的世界すなわちこの世界もまた唯一の世界ではないことになる。つまり実体＝モナドのみからではこの世界の唯一性を論証できないことになる。それゆえにライプニッツはオプティミズム、つまり私たちの世界はありうべき世界の中で最善であるという教説を採用したわけであるが、これについて『活力測定考』のカントがどう考えていたかは定かではない。

カントの実体＝モナド理解はいくつかの点でライプニッツとは異なっている。第一に、ライプニッツにおいてモナドは外的諸力による物理的な作用を受けず、ただ内的原理のみによって活動するとされたが（『モナドロジー』第七一一二節）、カントはこれを否定する。すでに述べたようにモナドは外的ないし物理的に作用し合うとされているからである。次の引用はライプニッツ批判として受け取ることができよう。

力が作用しようという不断の努力であるとすれば、外的諸事物を目指すこの力の努力がまったく規定性をもたないと言おうとするのは明白な矛盾である。というのもその力は、なんといっても定義からして、自己を超えて他の諸事物へと作用しようと努めているからである。現に、近年形而上学者たちに受け入れられている諸定理によれば、その力は現実に他の諸事物へと作用しているのである。（AA 1, 26）

第二に、それゆえ実体＝モナドは純粋に精神的な実体（端的に言えば魂）であるのみならず、物理的実体性を有する。カントは表象力と欲求に加え、物理的な作用力を実体＝モナドの基本性質とみなしている。それゆえカントの立論は、このような物理的存在者がいかにして精神的世界を形成しうるのかという問いに向かうのである。カントは言う。「運動を引き起こすにすぎない力が、いかにして表象や理念を生み出すことができるのか」（AA 1, 20）。なぜ意思的行為のように「魂が物質を運動させることができるのか」（ibid.）。

こうした問いに対するカントの答えは、作用力をたんなる運動力以上に拡張することであった。つまりモナドの作用力は物質の外的状態を変化させるだけでなく、魂の内的状態すなわち表象をも変化させると考えたのである。

運動させられている物質は〔…〕魂にも作用を及ぼす。言いかえれば、物質は魂の内的状態を変化させるのである〔…〕。さて魂の内的状態の全体はあらゆる表象と概念の総括に他ならず、この内的状態が外的なものとの関連を有するかぎり、それは世界の表象状態と呼ばれる。したがって物質は、運動においてもつ自らの力を通じて魂の状態を変化させ、このことを通じて魂は世界を表象するのである。かくして、いかにして物質が魂に表象を押しつけうるのかが理解されたことになる。（AA 1, 21）

以上のように若きカントによれば、精神は自らの作用力によって活動するのみではない。同時に、物理的作用によって世界をいわば表象させられるのである。ライプニッツは受動表象を他のモナドからの被作用の結果とはみなさず判明性の低い（がしかしモナドの能動的な活動による）表象とみなしていた。しかし『活力測定考』のカントは異なる見解を有していたのである。

2　『物理的モナド論』における展開

『活力測定考』で部分的に展開されたモナド論は、一七五六年の『物理的モナド論』において再び、かつ詳細に議論されている。同論文はモナドをめぐる形而上学と幾何学の争いを調停することを目的としており、第一章でこの課題を解決した後、第二章ではモナドの作用力――これは引力と斥力として再定義される――に基づいて物体の惰力や弾性を説明している。

さて、モナドをめぐる形而上学と幾何学の争いとは、物体の無限分割可能性の是非をめぐるものであった。驚くべきことにこの争いをカントは二五年後に出版された『純粋理性批判』の「第二アンチノミー」とほぼ同じかたちで取り扱っており、しかも正反対の結論を導いている。比較のために『純粋理性批判』「第二アンチノミー」の方から示せば、それは次の通りである。

・定立

世界におけるすべての合成された実体は、単純な諸部分から成っている。それゆえ、どこにおいても単純なものか、それとも単純なものから合成されたもの以外には現存しない。（A 434/ B 462）

・反定立

世界におけるいかなる合成された物体も、単純な部分から成っていない。それゆえ、世界のどこにも単純なものは現存しない。（A 435/ B 463）

すぐにわかるように定立は単純実体を支持する立場であり、つまりは原子論（モナド論）の立場である。これに対し反定立は反原子論の立場であり、単純実体の存在を否定する。そして後述するように『純粋理性批判』におけるカントの主張は、定立・反定立どちらも誤りだというものであった。

『物理的モナド論』に戻れば、同様の対立が形而上学者と幾何学者の争いというかたちで描き出されている。アンチノミーにならって記せば次のようになる。

・定立（形而上学の立場）

定義：「モナドと呼ばれる単純な実体は、個々別々に分離されて存在しうるような多数の部分から成り立つものではない」。（AA 1, 477）

定理①：「諸物体はモナドから成り立つ」。（ibid.）

・反定立（幾何学の立場）

定理②：「諸物体の占める空間は分限に分割可能であり、それゆえ原初的で単純な部分から成り立つものではない」。

（AA 1, 478）

定理③：「無限に分割可能な複合体は、原初的で単純な部分から成り立つものではない」。

（ibid.）

ここで定理③のいう「複合体（compositum）」は定理①の「物体（corpus）」を指すのだから、形而上学と幾何学においては正反対のことが主張されていることになる。物体は実体から構成されているという側面から考えたとき、物体は分割不可能な単純実体すなわちモナドから成り立っていなければならない（定立）。しかし物体が空間を占めるという側面からみれば、空間は無限分割可能であるゆえ、物体も無限分割可能でなければならない。したがって物体はモナドから成り立っていない（反定立）。

『物理的モナド論』で示されたこの対立は、定立が実体を、反定立が空間を根拠としている点でも『純粋理性批判』の議論と重なっている。ところが、『物理的モナド論』では、定立も反定立もともに正しいとされているのである。というのは「空間は実体性をまったく欠いているとともに、結合しているモナドの外的関係の現象である」（AA 1, 479）とカントは考えるからである。つまりモナドが外的関係を通じて形成する空間は現象に過ぎず、モナドそれ自体が持つ実体的な部分ではない。それゆえ、空間の無限分割可能性が物体の（その実体的な部分の）無限分割不可能性を廃棄することはない。

ここからカントは定理③にある「無限に分割可能な複合体」を「自然の諸物体では生じえない」（ibid.）ものだと述べ、同定理の系で「ゆえにいかなる物体も、一定数の単純な要素から成り立っている」（ibid.）と結論づける。にもかかわらず反定立が偽ではないのは、それが「自然の諸物体」そのものではなく、諸物体の占めている空間に対してはなおも妥当するからである。

このように実体的な部分としてのモナドと現象的な部分としての空間とを区別することで、『物理的モナド論』のカントは形而上学・幾何学双方の主張を真とした。カントによれば、形而上学と幾何学の見かけ上の争いは両者が同じ対象について論じていると考えたことに起因したが、そうではなく、実は両者は別々の対象（実体と空間）を扱っていたのである。

ところで、モナドが単純不可分な実体であり、かつ分割可能な空間を占めるという事態はいかにして生じるのだろうか。『物理的モナド論』第六節の定理（これを定理④としよう）において、カントは次のように述べる。

定理④：「モナドはその存在する小空間を、その実体的部分の数多性によってではなく、その作用圏（sphaera activa）によって限定する」。（AA 1, 480）

この「作用圏」こそが個々のモナドが占める固有の空間であり、モナドはこの空間を自らの引力と斥力によって形成する。つまりモナドは、一方で引力によって他のモナドと結合関係を形成し、他方で斥力によって他のモナドとの距離を維持するのである。

この見解は『活力測定考』の議論を修正するものである。たしかに『活力測定考』でも空間はモナドの外的相互作用によって成立するとされていたが、いかにしてそうなのかは不透明なままであった。それどころか、モナドが空間を形成しないことすらありうると考えられていた。しかし、『物理的モナド論』の見解によれば、モナドは自らの内的な力によって必然的に空間を形成するとされているのである。

モナドによる空間形成が偶然的なのか必然的なのかという問題は、決して小さな問題ではない。カントは明示的に述べてはいないが、後者の見解から導出される理論的帰結はこの世界の唯一性、しかもオプティミズムなしにモナドそれ自体の働きによって形成される世界の唯一性に他ならないからである。『物理的モナド論』が一七五五年に起きたリスボン大地震——これによってライプニッツのオプティミズムは信頼を失う——の後に執筆されていることを勘案すれば、この修正の思想史的意義は決して小さくはないであろう(3)。

3　前批判期の原子論理解

以上のように前批判期のカントはライプニッツのモナド論を援用・修正・展開していた。一七六〇年代に入っても依然として、カントはモナド論的な宇宙観を有していた。それは一七六二年の『神の存在証明のための唯一可能な証明根拠』における次の発言から確認できることである。

> デモクリトスとエピクロスの原子論的体系は、私の構想と一見すると似ているが、しかしにもかかわらず世界創始者の推論という点についてはまったく異なっている。彼らの体系では運動は永遠であり、創始者をもたない。また、このように多様な秩序の豊かな源泉である衝突は偶然であり偶発的であり、何の根拠ももたないとされる。（AA 2, 148）

このようにカントは、古代の原子論を「世界創始者」の不在という理由で批判しつつも、自分の構想が原子論的であることを認めているのである。

また、同著作における神の規定も注目に値する。

> 絶対に必然的なものが現存する。それは本質において唯一であり、実体において単純であり、本性において精神であり、持続において永遠であり、性質において不変であり、あらゆる可能的なものと現実的なものの観点からは完全に充足したものである。このようなものが神である。（AA 2, 89）

これは『モナドロジー』の（とくに第三八節から四五節の）叙述と重なるものであり、しかもこのような神が創造者、この宇宙の秩序の根拠であると考えられていることは、『モナドロジー』第四七節で言及された原初的なモナド（＝神）と創造されたモナド（＝被造物）の差異を想起させる。

なるほど、M・キューンが評したように「一七四六年から五六年までカントの基本的な立場は変わっていなかった」（Kühen, 2001: 102［邦訳二一一頁］）と言うことができるし、ここで確認したように一七六二年に至ってもそうであったように思われる。理論の深化・修正はあったものの、この時期のカントはライプニッツの理論的影響下で思考していたのである。

2 批判期におけるモナド論批判

前批判期のカントのモナド論は、ひとつの形而上学的世界観として完成していたといえる。しかし一七八一年の『純粋理性批判』において、カントはモナド論批判に転じる。この批判のポイントはモナド論の誤謬を指摘するのみならず、いかにして形而上学がモナド論に帰着してしまうのか、その思考の道筋をも明らかにすることにある。カントのモナド論批判は「反省概念の多義性」と「第二アンチノミー」において直接展開されている。しかしそもそも『純粋理性批判』全体が、モナド論を不必要とするような理論枠組みを提供している。その点を確認したうえで、本題に入っていこう。

1 モナド論批判の前提としてのコペルニクス的転回

カントがモナド論を退けることのできた決定的な要因は、いわゆるコペルニクス的転回にあった。コペルニクス的転回とは一般に、〈対象が認識を規定する〉という考え方から〈認識が対象を規定する〉という考え方への転回を意味する。

この転回に大きな役割を果たしたのは、時間・空間の観念性である。カントによれば、時間・空間は対象それ自体の（すなわち諸モナドの）外的関係ではなく、認識主体がもつ感性の直観形式である。感性はこの直観形式に即して対象を時間・空間的に表象する。言い換えれば感性をつうじて諸対象が与えられるかぎり、それらは時間・空間的に表象されざるをえないのである。したがって認識諸対象は感性的直観のうちに現われた表象すなわち現象に他ならず、感性との関わりなしにそれ自体として存在する物自体ではない。

この見解はすでにみた『活力測定考』の立場、すなわち物質的モナドが精神的モナドに作用し、規定された表象を生み出すという立場を反転させたものである。なるほど私たちの感性は受容性によって働くのだから、[4] 感性を触発する何ものかが感性の外部に存在しなければならない。[5] しかしこの外部者は、対象認識の起因ではあっても対象の表象（すなわち現象）を規定する根拠とはならない。この点は一七八七年に出版された『純粋理性批判』第二版の序論冒頭であらためて宣言されている。

> 私たちの認識が経験をもって始まること、このことを疑う余地はない［…］。しかし私たちの経験が経験をもって始まるとしても、認識がすべて経験に基づいて生じるわけではない。（B 1）

このようにカントによれば、私たちの認識の成立根拠は物自体ではなく表象能力そのものに由来する。それだから私たちの表象能力そのものを理解することができれば、可能的な経験の基本的な諸規則を、経験に先立って知ることができる。ここに認識諸能力の批判というプロジェクトが成立するのである。

さて、周知のように現象と物自体の区別、そしてとくに後者を不可知のものとみなしたカントの教説は、その後のドイツ観念論において問題視されるようになった。しかしライプニッツとカントの関係から言えば、現象と物自体の区別こそ、ライプニッツのモナド論を乗り越えるために決定的に重要だったのである。[6]その理由はライプニッツが、もっといえばギリシア以来の西洋形而上学が、物自体という私たちには決して与えられない認識対象について思考してきたからである。しかし決して与えられない対象についての思考は、己れの正当性を証明するための経験的エヴィデンスを欠いており、空虚な思考に終わってしまいかねない。それゆえ形而上学は諸学派が乱立し、唯一絶対的な答えを出せないままに「終わりなき闘争を繰り広げる闘技場」(A VIII)となってしまったのだ。

周知のようにこの「闘争」に終止符を打つことが『純粋理性批判』の課題であった。経験的エヴィデンスに頼ることができない以上、形而上学が確実な学となるためには、私たちの理性的思考様式のうちに存在するアプリオリな規則に訴える他はない。それゆえまずこうした規則を発見し、対象への適用可能性の限界を見定めることが重要である。『純粋理性批判』の問いは次のようなものである。①いかにして私たちの認識諸能力は、経験的対象を十全に規定しうるのか。②なぜ、そしていかにして認識諸能力は経験的対象を超えて物自体を思考するという誤りに陥るのか。③これらを解決したうえであらためて、確実な学としての形而上学はいかにして可能か。

カントのモナド論批判はこの②に大きく関わっている。モナド論をたんに拒絶するだけでなく、なぜ形而上学は、カントに言わせればモナド論という誤った思考に陥ってしまうのか、その理由をも説明しようと試みたのである。それが示されているのが「反省概念の多義性」と「第二アンチノミー」であった。

2 「反省概念の多義性」におけるライプニッツ批判

「反省概念の多義性」は悟性批判ともいうべき「超越論的分析論」の付録にあたり、その眼目のひとつはライプニッツ批判にある。

カントによれば感性の形式、言いかえれば感性の規定性が時間・空間であったのに対し、悟性のそれは純粋悟性概念すなわちカテゴリーである。カテゴリーは「対象一般の概念」（B 128）であり、「カテゴリーによってある対象の直観は、判断のための論理的な諸機能のひとつに関して規定されたものとみなされる」（ibid.）。カテゴリーが、というよりもそもそも概念が対象一般の表象であるのは、その下に個別的な諸対象を包摂しうるからである。そしてカテゴリーが概念という同種のものを包摂するのみならず、感性的直観という異種のものをも包摂することによって、私たちは認識対象ないし現象を規定することができる。認識が秩序と規則正しさを持つのは、同じことだが現象が規則に従って現われてくるのは、直観にカテゴリーを適用した結果に他ならないわけである。

ところが、個別の現象ではなく対象一般そのものを悟性が規定しようとしたとき、悟性は経験を超えた空虚な思考に陥ることになる。これをカントは悟性の超越論的使用と呼び、経験的使用から区別する。

何らかの原則におけるある概念の超越論的使用とは、一、般、的、で、そ、れ、自、体、そ、の、も、の、で、あ、る、よ、う、な、諸、事、物、（*Dinge überhaupt und an sich selbst*）への概念使用である。他方で経験的使用とは、概念が諸現象に、したがって可能的経験の諸対象に関連づけられる場合である。（A 238 f./ B 298）

この引用にあるように、悟性の超越論的使用において事物は「一般的でそれ自体そのもの」であるとみなされる。このような事物は「対象一般の概念」であるカテゴリーと対応しているものの、しかし事物である以上、概念とは種を異にする対象である。そのような事物は私たちの感性的直観には与えられないが、別の知性的直観には与えられうる対象とみなされる。カントはこれをヌーメノン（可想的なもの）と呼び、現象すなわちフェノメノンに対置した。

先に見たように、感性との関係から考察された場合、物自体は感性を触発する感性外部の何ものか、現象に対応するそれ自体現象ではない何ものかであった。しかし今、悟性との関係から物自体は、悟性の超越論的使用の対象とみなされる。私たちの認識対象は感性によってのみ与えられるのだから、悟性のみによって与えられた対象規定は空虚である。にもかかわらずこれまでの形而上学は現象と物自体を混同し、まさに空虚な思考を行っていたのだとカントは言う。ライプニッツもその例に漏れず、「ライプニッツは諸現象を、諸事物それ自体そのものとみなしてしまった」(A 264/ B 320)。たとえば物質の内的諸力について知られるのは空間において作用している引力と斥力のみであり、したがって物質という概念は空間という感性的規定を離れては無意味である。にもかかわらず、ライプニッツは空間を捨象した実体の内的諸力、内的規定性を追究してしまった。そしてこのように空間を前提としない内的な力として私たちが知りうるのは、私たち自身の思考、表象能力以外にはありえない。それゆえここから、表象力を持ったモナドの思想が生じる。

あらゆる実体は、それが純粋悟性の客体であるならば、内的実在性を与えるような内的諸規定と内的諸力をもっていなければならない。しかし私が内的属性として考えることができるものは［…］それ自体思考であるものか、思考と類比的なものでしかない。したがってライプニッツは、あらゆる実体から、それどころか物質の諸構成要素からも、外的関係を意味しそうなすべてのものを、したがって合成をも頭の中で取り除いた後で、表象力を付与された単純な実体、一言で言えばモナドをこしらえたのであった。(A 265 f./ B 321f.)

そしてモナドがただ表象力のみによって活動するのであれば、諸モナド間の関係は神による予定調和に帰着する。諸実体間の可能的な相互性についてのライプニッツの原理は予定調和とならざるをえず、物理的な影響ではありえない。というのもすべてがただ内的である、つまり自身の表象に従事するだけである以上、ひとつの実体と別の実体との表象の状態は実際的な結合にあることはまったくできず、何らかの第三の、それもすべての実体におしなべて影響を与える原因［すなわち神］が、諸実体の諸状態を相互に適合的にしなければならないからである。（A 274 f./B 330 f.）

こうした診断がライプニッツ解釈として適切か否かについては問わない。確認すべきは、カントのライプニッツ批判はたんなるモナド論の拒絶ではなかったという点である。カントはモナド論の整合性を十分に認めたうえで、その前提に遡って批判を加えている。悟性の本来の対象である現象（フェノメノン）を物自体（ヌーメノン）と混同する、というのがその前提である。このとき形而上学はモナド論に帰着せざるをえない。しかし物自体が私たちに与えられることはありえないのだから、実際に世界がモナド論的であることを証明することはできない。

それどころか、私たちの経験的世界が感性を通じて与えられた現象の世界である以上、経験的世界はヌーメノンとしてのモナドによって規定される世界ではない。したがってたとえ物自体の世界がモナド論的であったとしても、私たちの経験的世界の成立条件（すなわち感性と悟性の協働）には関わりがないのである。

3 「第二アンチノミー」におけるライプニッツ批判

「反省概念の多義性」におけるライプニッツ批判によって、カントのモナド論反駁のロジックは明らかになったように見える。しかしすでに示した「第二アンチノミー」の議論は、さらに別のロジックによるモナド論批判を行っている。すなわち、そこではモナドは感性を触発する何かあるものとしてではなく、また悟性の超越論的使用の対象としてのヌーメノンとしてでもなく、理性によって推論された無条件的なものとして措定されている。それだから「第二アンチノミー」は合成された実体から出発し、それが成立するための究極的な条件として、単純不可分なモナドを推論しうるか否かを論じるのである。

「第二アンチノミー」の定立・反定立のテーゼについては第1節2で示した通りである。その内容をもう一度ふり返れば、合成された物体が与えられたとき、それは単純不可分な部分から成るか（定立）、それともそうでないか（反定立）をめぐる対立であった。そもそもアンチノミーとは両立不可能な（矛盾対当する）ふたつの命題が、互いに背理法を用いて自身の正当性を証明し合うような状態のことを指していた。それゆえ「第二アンチノミー」の定立は次のように考える。合成された実体を（思考の中で）分解していったとき、最終的に単純な実体に辿り着かないと考えるのは、〈分解されるべき合成された実体が与えられている〉というそもそもの前提に矛盾する、と。これに対し反定立は、もしも単純な実体が残存し、しかもそれがひとつの空間を占めるのであれば、空間は多様な部分から成るという事実に矛盾し、したがって不合理であるとする。以上のことから定立は単純不可分な実体の存在を、反定立はその非存在をそれぞれ結論づけるのである。

さて、定立が誤りである理由は、それが物自体について論じているからである。私たちの感性はそもそも対象を多様性を含むものとして受容するのであり、それゆえ合成された物体という現象は、単純実体を前提せずに成立する。言い換えれば、（現象としての）合成された物体の成立根拠は感性と悟性にあり、単純実体ではない。したがって単純実体がなければ合成された物体もありえないとする推論は、私たちの感性・悟性とは無関係に成立する対象についての言明、つまり物自体についての言明に他ならないわけである。しかしこれは空虚である。

それならば反定立が正しいように思われる。たしかに反定立の主張、すなわち世界には合成された事物しかないという主張は現象に妥当する。「空間のいかなる部分も単純ではないために、フェノメノン的全体のいかなる部分も単純ではない」（A 441/ B 469）のは事実だからである。ところがカントは、この反定立もまた偽であると喝破する。

> 無限に分割可能な全体について、〈この全体は無限に多数の部分から成っている〉と言うことは、けっして許されていない。というのもたとえすべての部分が全体の直観のうちに含まれていたとしても、そのなかにすべての分割が含まれているわけではないからである。（A 524/ B 552）

現象が無限に分割可能であるということは、それが実際に無限に分割された部分を含んでいることを意味するわけではない。無限分割可能性はただ、分割が「ひとが分割の背進を続けようとするところまで進む」(A 526/ B 554) ことを言っているにすぎない。つまり、無限分割可能性とは、好きなだけ分割を続けることができる、という永続的な遂行可能性を意味しているのである。このような分割は、真の意味での無限分割とは異なる。なぜならば前者の分割は、実際にはどこまでいっても所詮は有限回の遂行でしかないからである。したがってもしも真の無限分割が与えられるとすれば、それは私たちの操作なしにそれ自体として分割されている場合のみである。したがって反定立も、やはり物自体について述べていることになる。

かくして反定立もまた、現象と物自体を混同してしまっている。私たちが現象に定位して言いうるのは、〈事物の分割は完了することがない〉という消極的な事実だけであって、〈事物は無限に合成された部分から成る〉という積極的な事態ではなかった。ところが理性は推論によって、対象の条件系列を遡って無条件的なものを見つけ出そうとする。そしてモナドの存在・非存在について、それぞれ独断的なテーゼを提示してしまうのである。

以上より、「第二アンチノミー」の定立・反定立ともに誤りだとされた。そしてカントによれば真なる命題は、物自体ではなく現象に定位するかぎり、モナドはあるともないとも言えないというものになる。これが、カントがモナド論も反モナド論もともに退けた理由である。

ここからあらためて『物理的モナド論』に戻れば、その結論をなぜカントが最終的に放棄したのかを理解することができるだろう。『物理的モナド論』の定立 (物体はモナドから成る) は物自体についての判断であったため、『純粋理性批判』のカントにとって受け入れられないものであった。これに対し、反定立はむしろ現象に関する判断とされたわけだが、「第二アンチノミー」の議論によれば、反定立もまた物自体に関する判断にすぎないとされた。それゆえに『物理的モナド論』で示された反定立もまた、偽とされなければならなかったわけである。

前批判期においては、まず物自体としてのモナドが存在し、そしてそれが（相互の外的関係を通じて、あるいは自身の作用力によって）直接現象すると考えられていた。しかしコペルニクス的転回を通じて①対象は現象としてのみ認識され、②この認識は物自体によってではなく感性と悟性によって成立すること、③そもそも物自体はこの現象を踏み越えることによって案出されたものであったことが露見する。それゆえ物自体を議論の出発点に置く形而上学は、カントによれば誤っていることになる。モナド論も例外ではない。物自体としてのモナドに関する考察やモナドに基づく世界の説明は〈どれほど理に適っているようにみえても虚しい〉というのがカントの診断結果なのである。

かくして、認識論のコペルニクス的転回、それに伴う現象と物自体の区別によって、カントはモナド論批判を遂行した。それは端的にはライプニッツ批判であるが、同時にかつての自己にも向けられた批判であったことは、前節の議論から理解できるはずである。

おわりに

本章ではいささか駆け足ではあったものの、モナド論をめぐるカントの立場の転回について論じてきた。カントがモナド論者からその批判者へと転回したこと、そしてそれが全体としてライプニッツとの思想的対決であったことは、以上の議論で明らかになったと信じる。

ところで、カントは本当にモナド論を乗り越えることができたのであろうか。カントのモナド論批判の矛先は、あくまで認識対象としてのモナドに向けられていた。認識主体がその表象能力（感性・悟性・理性）によって現象を十全に規定しうるという教説、私たちの認識は物自体ではなく表象であり、物自体は表象の成立には関わらないとするカントの立場は、窓をもたず表象力のみによって世界を映し出すというライプニッツのモナドにむしろ忠実であったとも言える。つまりカントは諸モナドを外から俯瞰するという不可能な視点を放棄し、むしろモナドの中から世界を表象することを徹底したとも言いうるのである。このように『純粋理性批判』においてもなお、ライプニッツからカントへの思想的継承があったであろうことは看過すべきではない。

◉注

（1）このことは、カントの自然科学論研究において原子論がほとんど取り上げられないという事情と相即している。カントの自然科学論の全体像や体系的位置についてはたとえばプラース（1992）や犬竹（2011）を参照のこと。前批判期の議論についてはたとえばSchonfeld（2000）などが本章にかかわるが、しかし原子論は『物理的モナド論』に限定されて論じられているにすぎない。原子論をもはや必要としない自然科学論を展開したという点にカントの自然科学論の新しさがある以上、カントの原子論の先行研究上の扱いは正当である。しかしだからこそ、原子論をめぐるカントの思想的転回を確認することは必要な作業であろう。

（2）原子論的観点からみたこの著作の意義については松山（1993）を参照のこと。

（3）とはいえ『物理的モナド論』は一七五五年の『天界の一般自然史と理論』といわゆる『新解明』の議論を受けて執筆されており、オプティミズム批判が中心的なテーマでも執筆動機でもなかった。リスボン大地震以前からカントはオプティミズムを批判する論理をもっていたのか、それとも『物理的モナド論』において初めてそうした見解に至ったのかについては、本章では未決の問題としておく。

（4）感性は次のように定義されている。「対象によって触発されることによってのみ表象を手に入れるような権能（すなわち受容性）は、感性と呼ばれる」（A 19/B 33）。

（5）「そもそも現象という概念から、次のような帰結が自ずと生じる。現象には、それ自体は現象ではない何ものかが対応しなければならない。なぜならば現象はそれ自身だけでは、そして私たちの表象様式の外では存在しえず、［…］現象という語がすでに何かあるものを指示しているからである。この何かあるものは［…］それ自体そのもので、また（私たちの直観形式が基づくところの）感性の性質なしで、何かあるものであるにちがいない。すなわちそれは、感性に依存しない対象であるにちがいない」（A 252）。

（6）たとえば次のように言われる。「それゆえ［ライプニッツ＝ヴォルフ学派の］次のような意見、すなわち「私たちの全感性は諸事物の混乱した表象に他ならず、それは私たちが意識的に関わっていない諸表象と諸部分表象の堆積のもとでのみ、諸事物それ自体に帰属するようなものを含んでいる」という意見は、感性と現象の概念を歪曲してしまい、それらの全教説を無用で空虚なものにしてしまう。［…］だからライプニッツ＝ヴォルフ学派の哲学は、感性と知性的能力との区別をたんに論理的なものとみなすことによって、われわれの認識の本性と起源についてのあらゆる探究を、まったく誤った観点から行うよう指示してきた。感性と知性的能力との区別は明らかに超越論的なものであって、認識が判明かそうでないかという形式的なものではなく、この判明性ないし非判明性の起源と内容に関わるものである。それだから私たちは感性を通じて物自体そのものの性質をたんに非判明に認識するどころか、むしろまったく認識しないのであり、私たちの主観的性質を取り除くやいなや、表象された客観は、その感性的直観によって付与された固有性もろとも、どこにも見出されなくなるはずであり、また見出されえないのである」（A 44/B 62）。

◉参考文献

慣例に従ってカントからの引用についてはアカデミー版を用い（AA と略記）、巻数と頁数を併記した。『純粋理性批判』については哲学文庫版を用い、第一版（A版）と第二版（B版）の頁数を併記した。

Kuehn, Manfred（2001）*Kant: A Biography*, Cambridge University Press.（『カント伝』菅沢龍文・中澤武・山根雄一郎訳、春風社、二〇一七年）

Schonfeld, Martin（2000）*The Philosophy of the young Kant: The Precritical Project*, Oxford University Press.

犬竹正幸（2011）『カントの批判哲学と自然科学――『自然科学の形而上学的原理』の研究』創文社

プラース、P（1992）『カントの自然科学論』犬竹正幸・中島義道・松山寿一訳、哲書房

松山寿一（1993）「力と渦――カントの宇宙発生論と十七、十八世紀の思想諸潮流」『現代カント研究』第四巻、晃洋書房、三三―七二頁

第7章

マルクスの原子論
現実の理想からの疎外

田上孝一

はじめに

マルクスと原子論はどのような関係にあるのか。マルクスは唯物論者である。その意味で、ライプニッツのモナド論とは異なる、レウキッポスとデモクリトスに由来する通常の原子論が唯物論だという点では、唯物論としての共通性がある。しかし、アトムという根本原理でもって世界を説明しようとする狭い意味では、マルクスは原子論者ではなかった。また、原子論を広く思考様式として捉え、人間をあたかもアトムのように見て社会を説明しようとする社会観、たとえば方法論的個人主義のような見方を取っていたかどうか、もしくはマルクスの理論が方法論的個人主義のような個に立脚した社会観と親和的かどうかは、マルクス自身の文言から確定するのは難しい。そう解釈することもできるが[1]、ブルジョア的精神をアトム的「個人主義」として批判していたようにも思えるからだ[2]。

このように、成熟したマルクスの中に原子論を見出し、原子論をマルクスの思想的生涯を貫く基本モチーフと見ることはできない。原子論はマルクスの基本的な哲学的立場ではない。マルクスの理論的核心となる哲学的立場は疎外論である。[3] マルクスの疎外論は『経済学・哲学草稿』で確立し、『ドイツ・イデオロギー』で発展させられるが、[4] 疎外論は『経済学・哲学草稿』で突然現れたのではない。疎外論の前提となる基本的な視座、現実をあるべき理想からのずれとして捉えること、現実が本来あるべきあり方から疎外されていると考えることは、マルクスが理論的営為を開始した当初から、その思想的生涯を閉じるまで、一貫して流れ続けた通奏低音ともいえる。

そしてこの疎外論が最初に本格的に展開されたのが、彼の博士論文『デモクリトスとエピクロスの哲学体系の差異』（一八四一年）である。それはまた、マルクスのまとまった考えが表明されている最初期の資料である「父への手紙」（一八三七年）で表明された、理想と現実に関する捉え方の、最初の具体的な理論的展開だった。つまりマルクスにとって原子論とは、彼の哲学である疎外論の、最初期の理論的素材であった。この意味でマルクスの原子論――それは実際にはマルクスのエピクロス論だが――を知ることは、マルクス理論の哲学的核心の源泉を知ることにもなるのである。

1 ヘーゲルとの邂逅――「父への手紙」

最初に「父への手紙」を検討する。この手紙は、二〇歳前のマルクスの思想遍歴、思想形成の現場を生々しく伝えるドキュメントである。この手紙はかなり長文であり、その内容を全面的に検討することはできない。ここではその核心だけを明らかにしておきたい。

マルクスが年少のころより文学作品に親しみ、自らも詩作に励んでいたことはよく知られている。この手紙はまず、自らの詩についての厳しい自己批判から始まっている。すなわち彼は、己の叙情詩が「純粋に観念論的」（Marx 1975a: 10）なものであると反省している。そして、この観念論的性格は、「現にあるものとあるべきものとの完全な対立」（同）によって根拠づけられているとする。このように自らの詩作を清算することを表明したマルクスは、たとえそれが父親の強い薦めによるという外的要因が大きかったにせよ、法学生としての己の位置と、哲学への欲求という内発的要求を調停させる試みとして、独自の法哲学を構築せんとした（同）ことを明らかにしている。そのさいマルクスは、いくつかの形而上学的命題を序論として掲げ、これらの抽象的命題から具体的内容を演繹しようと試みた（Marx 1975: 10–11）。ところが、「ここでもまたなかんずく、観念論に特有な存在と当為とのあの同じ対立が、非常な妨げとなって現れた」（Marx 1975a: 10）。このように、失敗が「現実と当為の対立」という純粋に哲学的な問題に起因することを覚知したマルクスは、「哲学なしでは貫徹できないだろう」（Marx 1975a: 15）ことを痛感し、「安んじて我が身を再び哲学の腕の中に投じる」（同）ことができた。そのうえで「新たな形而上学的根本体系」（同）を書いたのだが、その結論のところで三度、存在と当為を外的に対立させてきた自らのこれまでの全思索が背理に陥らざるをえないことを思い知った（同）のである。

すなわちこれまでのマルクスは、抽象的な形而上学的原理（形式）から具体的内容を演繹しようとしてきた（Marx 1975a: 11）が、いまや彼は、形式と内容は、それらが外的に対立させられる限り、分裂へと帰結せざるをえないものであることを確信するに至った（同）。マルクスは、今までの自らのアイデアリズムが、カントおよびフィヒテにinspireされたものであったことを吐露（Marx 1975a: 15–16）し、このアイデアリズムから離れて、「現実それ自身の中に理想《イデー》を探し求める」（同）ようになったことを告白している。カントとフィヒテというこれまでの「至聖なもの」（Marx 1975a: 15）の幕は下ろされ、「新たな神々」（同）が導入されなければならなかったのである。このような新たな神を、マルクスはどのように得たのであろうか。

彼がかつてヘーゲルの断片を読んだとき、その「グロテスクな岩のようなメロディー」（Marx 1975a: 16）に辟易させられたものだったが、三度の挫折を踏まえて、明確な目的意識をもって読み直し、『クレアンテス、あるいは哲学の出発点と必然的進行について』という対話篇に託して、自己の哲学の基盤を改めて確立しよう（同）とした。その過程でシェリングの自然哲学などもかじってみた（同）ものの、結局「私の最後の命題が、ヘーゲルの体系の始まりだった」（同）。「こうしてマルクスはカントとフィヒテからシェリングを通ってヘーゲルへという、ドイツ古典哲学それ自体と同様の進化を通過した」（Mclellan 1973,1995：23）。このようなマルクスにとって、新たな神とは、カントやフィヒテではなく、シェリングでもありえず、ヘーゲルでしかありえないことがはっきりとした。

ここにマルクスが、「存在と当為の対立」の克服を求めた結果ヘーゲリアンになったことが、高らかに宣言されたのである。

マルクスがヘーゲルに同意したのは何よりも、《存在すべき》ものとしての《理念》の把握に対してであった。理念とはヘーゲルによれば、カントやフィヒテのように現実と切り離されて対立し合うものではなく、現実の中にこそ自らの自己実現を見出してゆくものである。

> 理念を現実から切り離すことは、特に悟性の下で好まれているのであって、悟性はその抽象物の夢を何か真実らしいものと思いこみ、とりわけ悟性が政治の領域においても好んで指図したがるゾレン［当為］に、悟性は自惚れている。あたかも世界が、それがいかにあるべきであるか、あるいはないかを経験するために、悟性を待っていたかのように。もし世界があるべきようにあるのならば、悟性のゾレンの生意気さなどがどこに残るだろうか？
>
> （Hegel 1970：48）

カントのゾレンに対する批判は、理論の中に規範的な要素の介在しない純粋に実証主義的な、それゆえ保守的な体系をヘーゲルが築く機縁になったとしばしば誤解されている。しかし実情はむしろ逆で、ヘーゲルがゾレンを理念の目的として最高に評価するからこそ、それを現実と外面的に対立させて理念を原理上実現不可能なものにしてしまったカントたちの立場をゾレンの立場として批判しているのである。

「カントは、自然あるいは必然と自由の目的との要請された調和とか、実現されたものと考えられた世界の究極目的というようなものの中で、内容からいっても包括的な理念を提起している」(Hegel 1970: 140)が、「ところが思想の怠慢とも呼ぶことができるだろうもののために、この最高の理念に直面して、ゾレンというあまりにも安易な逃げ道を求め、究極目的の現実的実現に対して、理念と実在との分離に固執している。これに反して、生命ある有機体や、芸術美の現存は、すでに感覚や直感に対しても、理想の現実性を示している」(同)。だからカントにとって道徳と現実との関係は次のようなものになる。

その中で世界の究極目的が定立される善はしかし、初めから単にわれわれの善、道徳律としてわれわれの実践理性が規定する善である。だから統一は世界の状態と世界の出来事とわれわれの道徳との一致を越えて行くことはない。その外に、究極目的、善は、この制限とともに、あるべき所の義務同様に無規定な抽象物である。この調和に対して、その内容が真実ではないものとして定立されている対立が再び目覚まされて主張されるようになっており、そのためにこの調和はただ単に主観的なものとして規定されている。――そのようなものとしてこの調和は、単にあるべきもの、すなわち、同じように実在性を持たないものとして、――信仰されたものとして、単なる主観的確信に、真理ではなく、すなわち理念にふさわしい客観性を持たないものに近づく。

(Hegel 1970: 142–143)

つまりヘーゲルによれば、理念はそれが究極目的であるがために、単なるゾレンとして要請されるという可能性の立場に立ち止まっていてはならず、現実に実現可能なものでなければならないのだ。すなわち理念はまさにそれを目指す《べき》ものであるが、それを目指すべきだということが、それが実現されえないことの言い訳になってはならないのである。現実性を持たない、実現できない理念は、本当は理念ではなく、単なる信仰である。このようなヘーゲルのリアリスティックな倫理思想はマルクスに、法や国家というものを考察する際に、それらを単に記述するだけでなく、それらの理想的な姿をも構想したいのならば、必ず従わなければならない決定的な基準を指し示すことになった。

法、国家、自然、といった生きた思想世界の具体的表現において、全哲学はここでは、客観それ自身を、その客観の展開の中において耳をそばだてて聞くようにしなければならず、恣意的な分類は持ち込まれてはならないのです。物それ自体の理性が、それ自身の内で相克しているものとして先に転がり続けて、自身のうちに自身の統一を見出すのでなければならないのです。 (Marx 1975a : 11)

このように、理念と現実との対立に悩み、現実そのものの中に理念の実現を求めてヘーゲルと自己とを結びつけていったマルクスにとって、ヘーゲルとの出会いは、マクレランの言うように、「マルクスの全生涯の中でおそらく最も重要な知的前進であった」(Mclellan 1973,1995 : 22)。

しかしマクレランは、なぜこの出会いが《最も重要》であったのかということについては、十分な説明をしていない。確かにマルクスがこれ以降、規範を実現可能性を捨象した形で構想することはなかった。また、弁証法がマルクス終生の方法論になったことも、マクレランの示唆する通りだ。しかしながら、マクレランの気づいていない重要な方法論を、終生変わらぬ思考のスタイルとして、マルクスはこの時ヘーゲルから引き継いだのである。

それは、次のようなヘーゲル独特の真理論を受け入れることによってもたらされた。「理念は即かつ対自的に真実なものであり、概念と客観性との絶対的な統一である」(Hegel 1970 : 367)。真理が一度このような理念として捉えられると、真理を通常の表象とは違う深い意味において見定める必要が生じてくる。

普通われわれは、対象とわれわれの表象との一致を真理と名づける。この場合、われわれは、一つの対象を前提し、そしてわれわれの表象はこの対象に適応するべきだとする。しかし哲学的な意味では、真理とは、これに反して、抽象的に表現すれば、ある内容のそれ自身との一致をいう。したがってこれは、先に述べたような真理の意味とは、まったく別のものである。ともかく、すでに普通の言葉使いの内にもある程度、真理のより深い（哲学的な）意味を見出せる。たとえば、真の友というとすると、人はその言葉の下に、彼の行いは友情の概念にふさわしいということを理解する。同じように真の芸術品という。この場合、真実でないとは、それだけ悪い、それ自身の概念に適合していない、ということを意味する。この意味で、悪い国家とは真実ではない国家である。そして、悪いおよび真実ではないとは一般に、対象の規定ないしは概念と対象の現存在の間で行われる矛盾の中で成立するものである。（Hegel 1970: 86）

正しさ（Richtigkeit）と真理（Wahrheit）は日常生活においては往々にして同義だと見なされ、そしてそれゆえに、単なる正しさが問題になっているところでしばしば、ある内容が真理と呼ばれる。正しさは一般に、内容がどのような性質であろうかということとは別に、われわれの表象とその内容との形式的一致に関わる。これに反して、真理は対象の自分自身との、すなわちその概念との一致の中で成立する。誰かが病気であるとか、誰かが盗んだということは、それでもともかく、正しいのかもしれない。それらの内容はしかし真ではない。というのも、病んだ肉体は生命の概念とは一致しないし、同じように窃盗は人間の行いの概念とは照応しない行為だからである。（Hegel 1970: 323）

真理とは概念と対象との一致である。概念はそれゆえ、対象の本質を真理として把握するための思惟形式である。しかし概念は、ヘーゲルによれば、対象が事実としてどうあるのかということをただ記述するためだけのものではない。概念とはそれ自身《善い》ものであり、対象がそれとの一致を目指す《べき》ものである。だから、ヘーゲルにとって概念とは、次のようなものなのである。

存在と当為とを統一的にとらえたヘーゲルにあっては、対象の概念は、たんに対象についての知識のみから成り立っていたのではなく、さらにまたこの対象の当為としての理想をもふくんでいたのである。したがって彼にあっては概念は、ある対象が、それが存在すべきであるように存在しているか否かを判断する基準、尺度を提供する規範的概念でもあったわけで、こうした概念が当然はたす機能、すなわち何が限界であるのか、何が否定的で肯定的であるのかを明らかにする批判的機能ももっていたのである。（岩淵 1986: 11）

このように、概念をもっぱら記述的にのみならず、規範的にも用いるべきことを、青年マルクスはヘーゲルを通して学んでいったのである。(5) これが、マクレランの気づかなかった、「最も重要な知的前進」の最も重要な内容である。(6) それゆえ、これ以降のマルクスの理論的な著作（つまりマルクスの全著作）では、マルクスにとって問題の本質を begreifen（概念的に把握）するということは、ただ対象の事実的な本質構造をつかむということだけではなく、同時に対象自身のあるべき理想を明確にするという意味をも含むことになる。たとえば、《人間》という概念は、単に人間の事実的本質をつかむためだけではなく、人間がその本来の理想からすればどうあるべきか、ということを提起するためにも使われるのである。(7)

確かにマルクスは、ヘーゲルと出会って数年の後には、ヘーゲル哲学の観念論的前提とは完全に決別する。もはやマルクスにとって概念とは、それ自体が客観的に実在する精神ではなくて、「人間の頭の中で置き換えられ、翻訳された物質的なもの」（Marx 1991: 17）にすぎない。しかし、現実の運動の中に、そのあるべき姿を begreifen しようとする姿勢こそが、マルクスの終生変わらぬ理論的パースペクティヴだったのである。

2　最初の疎外概念——自由の根拠としてのパレンクリシス

現実が本来あるべき状態にはないとき、われわれは一般に、その現実は《疎外されている》という。この意味で一九歳のマルクスは、後に自らの理論の基礎を疎外理論として定礎する下準備を終えていたと言ってよいだろう。『学位論文』ではマルクス最初の疎外概念が、古代原子論哲学に関するマルクスの独自な理論的解明の鍵として用いられている。そこでここでは、このユニークな著作の核心的部分のみを、マルクス疎外論の一断面を明るみに出すという限定されたパースペクティヴから瞥見することにしたい。

『学位論文』は、『デモクリトスとエピクロスの自然哲学の差異』と題されているが、その内容からすれば、むしろエピクロスそのものの研究論文と言える。この論文の課題は、デモクリトスの原子論に対するエピクロスの原子論の独自な意義を解明・提言することにある。解釈に際してマルクスの念頭にあったのは、エピクロスの原子論はレウキッポスやデモクリトスの原子論以上のものではないというヘーゲルの論断（Hegel 1971: 309）である。それどころか、偶然的現象の中に必然的本質を見出してゆくことを哲学の魂だと考えたヘーゲル（Hegel 1971: 312–313）にとって、根本原理である原子の運動の偶然性を強調するエピクロスの思想は、哲学の名に価しないものですらあった（Hegel 1971: 322）。

そもそもエピクロス原子論の最大の特徴である原子の直線からの傾き＝逸れ（パレンクリシス＝swerving）の想定は、これを最も詳細に報告しているキケロにしてからが、皮肉に満ちた口調で伝えている。

エピクロスは主張する、原子は、その重さによって直線において下方へと駆り立てられる、この運動は物体の自然的運動であると。だがしかし彼は、もしすべてが上から下へと駆り立てられるときには、原子はただ一つとして、決して他の原子と衝突することはできないということに気づいた。この男はそこで、虚言に難を避けた。彼は言った、原子はごくわずかに外れると、しかし、こんなことはまったく不可能なことだ。こうして、原子相互の複合、連結、および付着が生じ、そしてこれらから、世界および世界の全部分そして、世界のうちにあるすべてのものが生じる。これがまったく子供っぽく虚構された事柄であるということは別にして、彼は決して彼の欲するところには到達しない。(8)

キケロは他の著作でも同様なことを述べている。原子の傾きなどという虚構によって、何ごとかを説明しようとしてもできるはずはないと。それどころか『神々の本性について』や、『運命について』では、こんなことを主張するのは、言おうとすることを説明できないよりももっと恥ずかしいという(Marx 1975b: 34. キケロー 2000b: 50)。このように、原子の直線からの傾きという想定は、それが伝えられ始めた当初から、きわめてアド・ホックな仮説として悪名を轟かせていたのである。ヘーゲルにしても、まったく恣意的な思いつき(Hegel 1971: 312)として一笑に付している。ヘーゲルのこのような否定的な評価はむしろ、哲学史の一般的な伝統に沿ったものだと考えられる。ところが、マルクス自身は次のようなきわめて独自な主張をする。

原子の直線からの傾きはすなわち、何ら特殊的な、偶然にエピクロスの自然学に現れてくる規定ではない。それが表現する法則はむしろ、全エピクロス哲学を貫いている。(Marx 1975b: 37)

これは、この当時のマルクスがヘーゲル主義者だったことを考えれば、驚くべき論定だと言わなければならない。なぜなら、マルクスは単なる哲学徒としてではなくて、一人の自覚的なヘーゲル主義者として哲学史を研究しているからである。ヘーゲリアンにとってヘーゲル哲学史は、そうでない研究者とは比較にならないほどの重みをもっていたはずだ。このことは、マルクスが初めから、自己の強靭な思索力に絶対の自信をもった、独立独歩の思想家であったことを示している。この若きマルクスはヘーゲル主義者ではあったけれども、師の学説をそのまま鵜呑みにするエピゴーネンではなくて、より良い思想の構築をつねに目指し、師の思想を換骨奪胎しようとする志操をもった、独創的な思索者だったのである。

ともあれ、悪名高いパレンクリシスの思想を、エピクロスにとって《玉に傷》と考えるのではなくて、むしろエピクロスの核心と捉えることによって、若きマルクスはエピクロスから何を汲み取ろうとしたのだろうか。このことを明らかにするために、それと対比することによってエピクロスの積極性が導き出されるデモクリトスの原子論から見て行くことにしよう。

デモクリトスは原子論者と言われるが、残された真正断片の中には原子論に関するものはほとんどなく、その大部分が倫理思想についてのものである。その一方でデモクリトスは非常な多作家として知られ、その著述は多岐にわたっていたとされる。このような資料的条件から、彼の原子論に基づいた思想体系全体を再構成することは非常に困難である。しかし、その思想の核心は何だったのかということについては、ディオゲネス・ラエルティオスの短い紹介がよくその消息を伝えてくれている。

> 万物は必然（アナンケー）によって生じるのであるが、それは、彼が「必然」と呼んでいるところの渦動（ディーネー）が、万物の生成の原因だからである。また、「快活さ（晴れやかな心境）」（エウテュミアー）が人生の終極目的であるが、これは、一部の人達が聞き間違えて受けとったように、快楽と同じものではなく、いかなる恐怖や、迷信や、その他何らかの情念によっても乱されないで、魂（心）がそれによって穏やかに落ち着いた状態で時を過すことになるもののことである。しかし彼は、この状態を「仕合せ」（エウエストー）とも、またその他多くの名前でも呼んでいる。また、事物のもろもろの性質は、法律や習慣（ノモス）の上であるだけ

にすぎず、自然の本来（ピュシス）においては、アトムと空虚（ケノン）があるだけだとしている。

（ディオゲネス・ラエルティオス 1994: 132）

引用は、この自然哲学がそもそも何を目指していたのか、つまりデモクリトスの哲学の真の目的は何かということを端的に表している。哲学とは人生のテロスであるエウテュミアーを得るための手段だということである。[9] この哲学が教えるのは、万物は《必然の渦巻き》から生じたがゆえに、原子の運動は必然的運動であり、原子が組み合わさってできている万物は必然において成り立っているということである。だからこの哲学が教えることは、生活のなかで偶然が左右し、それによって心動かされることがあっても、その偶然は、ノモスであって、ピュシスにおいては必然なのだということを知ることである。

人間どもは、自分の無思慮の言いわけのために、偶然女神の像を拵えた。なぜなら、偶然が思慮と相争うことはめったにないことであり、人生におけるほとんどのものを正しく秩序づけるのは、分別ある炯眼だからである。[10]

つまり哲学の役割とは、強固な決定論に世界観的根拠を与えることである。ここで人生の目的であるとされたエウテュミアーは、単なる肉体的快楽から区別されているように、エピクロスのアタラクシアとしての精神的快楽に近いものだと考えられる。しかし、デモクリトスにあっては「必然性の認識」によって得られるものは、エピクロスにあってはむしろ反対に、この世界が決定されていないのだということを知ることによって得られるのである。

じつのところ、自然学者たちの主張する運命の奴隷となるぐらいなら、神々についての作り話（神話）に従う方が、まだましであろう。なぜなら、神話の方は、神々を敬うことによって、運命を免れたいという願いが聴き届けられる希望をいだかせはするが、自然学者たちの主張する運命の方は、何らの願いもかなわない必然性をもっているからである。

（エピクロス 1959 : 73）

同じ原子論者でありながら、片や「必然性の認識」に人間の幸福の根拠をみて、他方は、人間がそのノモスにおいてはともかく、ピュシスにおいては自由であるということを明らかにすることに哲学の存在理由を見出している。だから当然、両者の哲学は同じ原子論哲学でありながら、その本質において対照的なものであらざるをえない。

これで、エピクロスのアトムが直線を偶然に逸れることの理由がはっきりとした。なぜなら万物がそのピュシスにおいて完全に決定されていないのならば、万物のピュシスであるアトムそのものに偶然の余地が残されていなければならないからである。しかもエピクロスは、この偶然のパレンクリシスを偶然であるがゆえに、二義的な、どうでもよいものと見なしていたわけではない。まさに、ルクレティウスが解説するように、原子がただ直線上を落下するだけで反発し合うことがなければ、原子が結合して万物を生成させることができない（ルクレーティウス 1961 : 71–72）のである。したがって、エピクロスにとって偶然はむしろ本質的な契機なのである。

これがマルクスがヘーゲルの哲学史に挑戦しようとした根拠である。若きマルクスは、哲学史を精神の発展史として捉えるヘーゲル哲学史を模範として採用することを宣言（Marx 1975b : 13–14）しつつも、すなわち彼が自らの立場をヘーゲリアンとして定位しつつも、致し方ないこととはいえ、ヘーゲルが森をみて木をみない態度によって、エピクロス派、ストア派、懐疑派などのヘレニズム＝ローマの思想の重要性を見抜けなかったことを批判している。「これらの諸体系は真のギリシア哲学史のための鍵である」（Marx 1975b : 14）にもかかわらず。そのためヘーゲルはパレンクリシスに文字どおり偶然しか見出せなかった。ところがマルクスによれば、「偶然によって、必然によって、恣意が法則に高められることによって、決定論が折り曲げられる。……だから、原子の直線的な道からの傾きは原子の法則であり、脈動であり、原子の特別な性質であるといえる」(Marx 1976: 84)。
偶然の仮象の下に必然的な本質を見出すことを哲学の任務と考えたヘーゲルはしかし、エピクロスの偶然のパレンクリシスに、ただの偶然を見たのみだった。しかしマルクスは、ヘーゲルと同じ立場にありながら、師のエピクロス解釈とは真っ向から対立して、この偶然は単なる偶然ではなくて、その本質においては一つの法則であり、これはヘーゲル哲学史が本来つかむべき対象だとした。マルクスはヘーゲルの哲学史を独自に改良しようとしたのである。

このようにマルクスにとっては、パレンクリシスは単なる恣意的な思いつきではなく、エピクロスが、その自由の哲学の根拠として必然的に要請しなければならなかった《法則》であった。しかし、もしこれが法則ならば、直線運動との偶然的な結びつきではなく、その必然的連関を明示しなければならない。そこでマルクスが持ち出すのは、師ヘーゲル哲学の重要原理でありながら、ヘーゲル自身はエピクロス分析に用いることのなかった疎外論である。すなわち、本質の外化による対象化の論理を、原子の直線運動と直線からの傾きに転用しようとするのである。

> エピクロスはそれゆえ、原子の直線による運動において原子の質料性を表現するとすれば、直線からの傾きにおいては、原子の形式規定を実現している。そしてこれらの対立的な諸規定は、直接的に対立的な運動として表象される。(Marx 1975b: 36)

つまり原子の直進運動とパレンクリシスは、相互否定的な相互規定関係にあるのである。しかしこの二契機だけでは、実際には何ごとも生じない。ルクレティウスが言うように、エピクロスがパレンクリシスを想定したのは、直線的に落下するアトムが、相互に反発しあい、相互に結合して、現実世界を生み出すための必要条件としてであるからだ。それだから、直線と傾きは反発という《否定の否定》の契機(山中 1972: 7)の内に止揚されなければならないのである。

多くの原子の反発が、ルクレティウスが傾きをこう名づけているように、原子の法則の必然的な実現である。

（Marx 1975b : 38）

反発によって、原子は無規定な根本要素から、特定の質をもった元素に転化する。これは、本来質を持たない無規定なアトム（分割されえぬもの）の概念からは矛盾している。しかしこの矛盾は、再びそれを止揚するための必然的な媒介である。

原子の概念のうちに存する、現存在と本質との間の、質料と形式との間の矛盾は、個々の原子に質が与えられることによって、個々の原子それ自身において、定立されている。質によって原子はその概念から疎外されていると同時に、原子はしかしその構成において完成されている。質を与えられた原子の反発とそれと関連する集積体から、今や現象世界が生ずる。

（Marx 1975b : 47）

つまり、「諸性質によって原子は、その概念と矛盾する現存在を得て、外化されたものとして、その本質から区別された定有として定立される。この矛盾こそがエピクロスの主要な関心をなしている」（Marx 1975b : 40）ということである。

ではエピクロスは、原子の現存在と、現存在が目指すべき規範としての概念との間の矛盾を、どのように解決しているのであろうか。

ここで持ち出されてくるのが、エピクロスのユニークな神観念として知られるメテオーレ論である。原子論とは本来、無神論を志向するものである。デモクリトスの断片においても、神に関する言葉は、修辞的な理由で用いられているにすぎない。エピクロスの理論も、原子論として、論理的に考えれば、当然神の存在の否定を帰結しなければならないと予想される。ところがエピクロスは神の存在をきっぱりと否定しないで、次のように述べるのである。

神々は透明で風が吹き抜けるものであり、あたかも「二つの社の間」にあるかのように、二つの世界の中間（タ・メタコスミアー）に住んでいる。(11)

このような想定は、パレンクリシス同様、エピクロスの思索の不徹底さを示す事例と考えられてきた。確かに神々が原子以外の原理によって存立する超越者とされていない限りは、原子論の根本原理との本質的な矛盾があるわけではない。しかし、いかんせんこの神観念に何か積極的な意義があるとは、余人には到底思いつかない。ところがマルクスは、天空世界において神々が至福な生活を送っているというエピクロスの想定に着目する。ここからマルクスは、メテオーレ（天体）を原子の結合によって生じる現象世界の理想そのものの表象として捉え返せると考えたのである。

原子は自立性、個別性の形式における質料であり、いわば表象された重さである。しかし、重さの最高の実現は天体である。天体の中では、原子の発展を形成したような、形式と質料との間の、概念と現存在との間の、すべての二律背反が解消されており、その中では要求されたすべての諸規定が実現されている。天体（der cölestische Körper）は永遠で不滅である。それは重心を外部ではなくそれ自身のうちにもっている。天体の唯一の行為は運動であり、そして天体は、空虚な空間によって分離されて直線から曲がり、反発と牽引の体型を形作り、この体系の中で同じようによくその自立性を維持し、そして最後に、時間をその現象形式として自分自身から生み出す。天体（der Himmelskörper）とはだから、現実になった原子である。天体において質料はそれ自身において個別性を受け取っている。だからここでエピクロスは、彼の原理の最高の現存在、彼の体系の頂、終着点をかいま見ているに違いなかった。（Marx 1975b: 55）

このように、原子はメテオーレにおいてその概念的本質を実現する。ここには「最初期マルクスの疎外の止揚の概念の一モデルが与えられていると考えることができるのである」（岩淵 1986: 41–42）。しかし、マルクスの分析はここで終わらない。もしメテオーレにおける原子の疎外の止揚が結論ならば、原子論は神々の崇拝を奨励することに終わるはずである。ところがエピクロスは、天体崇拝という全ギリシア民族の見方に対立する（Marx 1975b: 51）。エピクロスの原子論とはルクレティウスによれば、宗教と神々によって抑圧された人間が、そのくびきを脱して真に自由になるためのもの（ルクレーティウス 1961: 12–13）だからである。それゆえ、「エピクロスの原理は自身を実現する所では、彼にとって現実性を持つことを止めてしまうだろう」（Marx 1975b: 57）という根本的な矛盾をはらんでいる。しかし、この矛盾は、エピクロスの哲学の基本性格を逆照射することになる。

「現象の世界と同じように原子の世界においても、形式が質料と戦う。一定の規定が他方の規定を廃棄していたのであり、そしてまさにこの矛盾の中で、抽象的に個別的な自己意識はその本性が対象化されているのを感じていた」（Marx 1975b: 56）。ところがメテオーレにおいては、「……質料はその個別性を、形式を、それ自身に受け取ったことによって、抽象的な個別性であることをやめている。それは具体的な個別性、普遍性になっている」（同）。だから、「抽象的に個別的な自己意識はそれゆえ、メテオーレの内に、その不倶戴天の敵を認識する」（同）。そして実は、この抽象的個別的自己意識こそが、「エピクロスの真の原理」（同）であり、「自己意識の絶対性と自由こそがエピクロス哲学の原理である」（Marx 1975b: 57）。

したがってエピクロスがメテオーレに理想を見つつも、それを崇拝せずにむしろ《敬して遠ざけ》たのは、「……自己をただ抽象的な普遍性の形式の下でのみ知る自己意識が絶対的な原理にまで高められるならば、迷信的で不自由な神秘主義に門戸が開かれている」（同）からだ。それゆえ個別的な自己意識は一方で、普遍的な自己意識に高まることによって自己に安らぎを見出そうとするが、他方この安住の地は同時に彼自身の喪失である。そこで個別的自己意識にとって残された道は、あくまで現実世界に止まりつつ、現実に対して飽くなき批判を続けてゆく啓蒙主義者のそれである。「エピクロスは……ギリシア最大の啓蒙家である」（同）。これが、『学位論文』でマルクスがエピクロスに対して与えた称号であった。

以上のように、自由な自己意識を原理とする啓蒙的批判の正当性を、エピクロスに即して与えようとしたのが『学位論文』の理論的射程だった。しかしこれはエピクロスその人の哲学の射程を遥かに越え出ていると言わなければならない。エピクロス自身はむしろ、至福な神々の生活に思いを寄せつつ、世俗世界から断絶して、「隠れて生きる」ことによって、賢者の園としての静かなユートピアを築こうとした哲人であった。ここには同時代の哲学者たちに特有な、苛酷な現実世界からの逃避的な態度が色濃く影を落としている。

それに対してマルクスは、エピクロス哲学の理論的帰結がアクチュアルな啓蒙的批判の宣揚だとするのである。まさにここにマルクスが、エピクロス原子論の最終的帰結が、「原子論の解消」（Marx 1975b: 58）だと結論した理由がある。このようなマルクスが、アカデミックな古代哲学研究から一転して、ジャーナリズムの現場でアクチュアルな時事批評をスムーズに展開できたのもうなずける。まさに『学位論文』の到達点が、『ライン新聞』のラディカルな現状批判の出発点を形成していたからである。

おわりに

『学位論文』のマルクスがエピクロスに託して表明した哲学的立場は、自由な自己意識による啓蒙的批判であり、何ものも恐れない批評精神であった。そしてその精神は、すぐ後の『ライン新聞』での評論活動によって遺憾なく発揮されるのであった。しかし『ライン新聞』での現状批判はマルクスをして、彼のヘーゲル主義的立場の限界を痛感せしめたように、啓蒙的批判の出発点である『学位論文』にもまた、ヘーゲル主義固有の限界があった。『学位論文』のマルクスは『ドイツ・イデオロギー』のマルクスと異なり、意識が生活を規定し、人間の精神活動が社会を変革する原動力だと信じていた。この意味で『学位論文』のマルクスは『ドイツ・イデオロギー』のマルクスによって、イデオローグとして批判される面々との共通性を有していたのだった。この限りで、『学位論文』のマルクスを、なかんずくそこで展開されたエピクロス原子論への好意的解釈を、成熟したマルクス思想の一部をなす要素と見ることはできない。

では『学位論文』でのマルクスの原子論研究は論ずるに足らない、若き日の一エピソードに過ぎないかといえば、決してそんなことはない。何よりもマルクスの原子論解釈は、彼の中心的な哲学的立場である疎外論の最初の具体的展開だったからである。とはいえ、その疎外論はあくまでヘーゲル主義の枠内に留まっている。対象化一般と疎外の区別に立脚する唯物論的なマルクス独自の疎外論[12]が確立するには、後の『経済学・哲学草稿』まで待つ必要がある。

しかしマルクス独自の疎外論もまた、ヘーゲル同様に理想を彼岸ではなくて此岸においてこそ実現されるものとして捉え、現実の運動の理想との疎隔を疎外とする見方を、理論の大前提としていることには違いない。この前提それ自体は、ヘーゲル主義を捨てた後でも変らず保持されていた。その意味で、マルクスの知的営為の最初期に展開された彼の原子論研究をトレースすることは、『資本論』の著者である成熟したマルクスにあっても流れ続けている通奏低音を理解することに資するのである[13]。

◉注

(1) 実際エルスターはマルクスを方法論的個人主義の立場から再解釈しようとしている (Elster 1985)。

(2) こちらの方がマルクス解釈としては一般的ではないかと思われる。

（3）マルクスの哲学が疎外論であることについては田上（2013）、特に第一章「マルクスの哲学」参照。また、疎外論であるマルクス哲学の概要については、田上（2018）参照。

（4）『経済学・哲学草稿』の疎外論が『ドイツ・イデオロギー』でどのように発展させられたかについては田上（2000）、特に第四章「『経済学・哲学草稿』と『ドイツ・イデオロギー』の分業概念の差異」参照。

（5）ヘーゲルの真理観に対する許萬元氏による次のような指摘は啓発的である。「対象を無条件的に前提することによって、自分の意識をその前提された対象によって正していくという真理観は、ただそれだけでは、仮象的な実在をも無批判的に前提するという危険を含んでいるのであろう。だから、ヘーゲルにとっては、自分の意識を対象に合致させるまえに、まず、対象的存在そのものがそのあるべき姿になっていなければならない、とされるのである。そして、これこそ、根源的な深い意味での真理とされているのである。すなわち、ヘーゲルにおける真理とは、存在（das Sein）と当為（das Sollen）との合致として、“das Sein-sollende”であって、いわば存在的当為のことであろう。かくして、ヘーゲルの真理観は、仮象的現実への徹底した批判によって、たえずその“das Sein-sollende”を追求してゆくところの実践的な真理観である、といえる」（許萬元 1987：92）。また、ヘーゲルのみならずマルクスも次のような立場に立っていたとしている。「もし「人間とは社会的動物である」という命題があって、これが真に本質を表現している正しい反省命題であるとするならば、それは同時に、「人間とは社会的に形成されなければならない」という形成的な当為命題でもなければならない。これこそ、まさに、本質的に把握された事実命題（＝反省命題）と実践的な当為命題（＝形成命題）との合致としての、すなわち、“Sein”と“Sollen”との合致（das Sein-sollende）としての、客観的真理の実現の立場にほかならないのである」（許萬元 1987：一〇四頁）。そしてマルクスの真理観を次のように総括する。「マルクスが本質的に把握された事実命題（＝反省命題）を、同時に実践的な当為命題（＝形成命題）として把握しているということ、すなわち、単なる反省的なものを同時に形成的に把握しているということは、マルクスがいかに実践的真理観の立場に立っているかを我々に示しているのであろう」（許萬元 1987：一〇五頁）。ただし許氏は、マルクスがどのようにして氏のいわれる「実践的真理観」の立場に立つようになったのかということについて、マルクスの思想形成史を跡づけるような説明はしていない。許氏に対して高村是懿氏は、「認識が客観に一致する（概念を認識する）」という認識論的レベルと、「客観が認識に一致する（概念を実現する）」という存在論的レベルの統一というヘーゲルの真理観を許氏のようにそのまま継承することはできないとされる。「あくまで、真理は認識論の問題としつつ、真理の認識に「あるべき姿」の認識をも含め、この「あるべき姿」を実践し、その実現を目指すことによって、真理は現実のものとなるといえば足りるのではないかと思う」（高村 1996：一二〇頁）。検討を要する問題提起といえる。

（6）すでにジャン・イポリットが先駆的に次のように提起していた（原著一九五五年）。「理想と現実とのあいだのこの対立、まさにここにこそ、一八四〇年から一八四八年にいたる、すなわちヘーゲルの法哲学にかんする初期の諸著作から、思想的成熟の時期をへて、世界史への真の参加が可能となる『共産党宣言』の出版にいたる、若いマルクスの哲学的著作の主題があるのである」（イポリット 1970：一一七頁）。（vgl. Hillman 1966: 89–95）。

（7）これが次のような論定のマルクス学的根拠である。「マルクスの人間学と歴史哲学の鍵となる諸概念の本性は、彼の理論的思想の性格をもよく示している。それらの概念は、単に記述的および説明的であるだけではなく、また価値的および批判的でもある」（マルコヴィチ 1995：一八頁）。

（8）キケロ『善と悪の究極について』。Marx（1975b: 33）より引用（キケロー 2000a：二一一―二二頁）。

（9）しかしマルクス自身は両哲学者を対照させるに急で、デモクリトスもエピクロス同様に、倫理思想の存在論的前提としてその自然哲学を構想したという共通面をつかめず、牽強付会に《自然科学者デモクリトス》対《倫理学者エピクロス》という一面的な対立図式を作り上げてしまった（Marx 1975b: 31–32）ように思われる。

（10）ディールス＝クランツ断片番号 B119。引用は、廣川（1987：二九五頁）より。

（11）キケロ『占いについて』。引用は、山本・戸塚（1985：六一頁）より。

（12）対象化と疎外の区別については田上（2000）第二章「対象化と疎外の区別」参照。

（13）本章は博士論文（田上 2000）の第一章「マルクス最初の疎外概念――「父への手紙」と『学位論文』」を、加筆修正の上で再録したものである。博士論文は刊行以来、望外の好評を得て多くの読者を獲得することができたが、さすがに出版してから二〇年近くが経過し、入手困難になっている。これまた嬉しいことに、再刊の希望を多く聞くが、私としてはそのまま復刊するのではなく、増補改訂版を出したいという希望を持っている。しかし、つねに何冊もの単著や編著の執筆を抱えている現状があり、俄かに改訂作業に着手することができない。そこで今回は、原子論の共著という場を借りて、一章でも新たに陽の目を見させたいと念願した次第である。旧稿ではあるが、マルクス研究におけるマイナー分野の一つであり、類似文献が少ないこともあって、今でも独自の理論的意義を有していると自負している。今回の再録にあたっていくつかの文献に当たったが、もともと研究蓄積が少ない分野ということもあって、これといって取り上げるに値するものはなかった。とはいえ、他の研究テーマに力を注いでいたこともあって、是が非でも取上げるべき新たな研究を看過している可能性がある。識者にご教示いただければ幸いである。

◉参考文献

Elster, Jon（1985）*Making Sense of Marx*, Cambridge University Press.

Hegel, G. W. F.（1970）*Enzyklopädie der philosophischen Wissenschaften im Grundrissen 1830: Erster Teil Die Wissenschaft der Logik mit den mündlichen Zusätzen*, Berlin, Suhrkamp Verlag.

Hegel, G. W. F.（1971）*Vorlesungen über die Geschichte der Philosophie II*, Berlin, Suhrkamp Verlag.

Hillman, Günther（1966）*Marx und Hegel: Von der Spekulation zur Dialektik*, Frankfurt am Main, Europäische Verlagsanstalt.

Marx, Karl（1975a）Karl Marx an Heinrich Marx in Trier [Berlin,10./11. November 1837], MEGA III-1, Berlin, Dietz Verlag.

Marx, Karl（1975b）*Differenz der demokritischen und epikureischen Naturphilosophie nebst einem Anhange von Karl Heinrich Marx Doctor der Philosophie*, MEGA I-1, Berlin, Dietz Verlag.

Marx, Karl（1976）*Hefte zur epikureischen philosophie*, Viertes Heft, MEGA IV-1, Berlin, Dietz Verlag.

Marx, Karl（1991）*Das Kapital: erster Band; Hamburg 1890*, MEGA II-10, Berlin, Dietz Verlag.

Mclellan, David（1973, 1995）*Karl Marx: A Biography*, Paramac.

イポリット、ジャン（1970）『マルクスとヘーゲル』宇津木正・田口栄治訳、法政大学出版局

岩淵慶一（1986）『初期マルクスの批判哲学』時潮社

エピクロス（1959）『エピクロス』出隆・岩崎允胤訳、岩波文庫

キケロー（2000a）『キケロー選集10　哲学Ⅲ』永田康昭・岩崎務・兼利琢也訳、岩波書店

キケロー（2000b）『キケロー選集11　哲学Ⅳ』山下太郎・五之治昌比呂訳、岩波書店

許萬元（1987）『ヘーゲルにおける現実性と実践的把握の論理〔増補版〕』大月書店

田上孝一（2000）『初期マルクスの疎外論――疎外論超克説批判』時潮社

田上孝一（2013）『マルクス疎外論の諸相』時潮社

田上孝一（2018）『マルクス哲学入門』社会評論社

高村是懿（1996）「ヘーゲル哲学における『概念論』の意義」、関西唯物論研究会責任編集『唯物論と現代』第18号、文理閣。

ディオゲネス・ラエルティオス（1994）『ギリシア哲学者列伝（下）』加来彰俊訳、岩波文庫

マルコヴィチ、ミハイロ（1995）『コンテンポラリィ・マルクス』岩淵慶一他訳、亜紀書房
廣川洋一（1987）『ソクラテス以前の哲学者』講談社
山中隆次（1972）『初期マルクスの思想形成』新評論
山本光雄・戸塚七郎編訳（1985）『後期ギリシア哲学者資料集』岩波書店
ルクレーティウス（1961）『物の本質について』樋口勝彦訳、岩波文庫

第8章

ニーチェと原子論
不可分な自己から可分的な自己へ

本郷朝香

はじめに

ニーチェの原子論への言及は、大抵は「主体」をそれに喩え、批判する文脈において見られる。それ以上分割しえないもの、他からの影響を被らないものとして主体を原子になぞらえるやり方自体は珍しいものではない。しかしニーチェの場合、原子的主体を批判するために、原子論を論駁する自然科学的理論を、本格的に自身の理論に取り込もうとしており、この点に彼の独創性も存すると考えられるのである。本章では、ニーチェのその姿勢がよく表れている『善悪の彼岸』（一八八六年／以下『善悪』）一二節を扱う。

この節において肯定的に言及される、原子論の批判者である物理学者ボスコヴィッチとニーチェの関わりについては、古くはシュレヒタによって指摘され(1)、また近年ではウィットロックその他によって(2)、これまで見過ごされてきたボスコヴィッチのニーチェへの影響が強調されてもいる。しかし多くの指摘は、ボスコヴィッチのニーチェへの影響を、ニーチェ後期に結実した、力への意志概念や永劫回帰思想へと一足飛びに接続してしまうものであり、間の細かい過程についてはいまだ取りこぼされているように見受けられる。

これに対し、本章では、ボスコヴィッチの力学的発想が具体的にどのようにニーチェに取り込まれたのかを細部において明らかにするものである。その際、必ずしも読者に対して親切とは言えない『善悪』一二節の短い文言を整合性を持ったものとして取り扱い、できるだけ一二節内部に留まりつつ解釈することを試みている。

1 『善悪の彼岸』一二節

『善悪』一二節においてニーチェは、かつての原子論、いまだ存続する原子論、今後採用すべき理論について述べている。いわば原子論の過去、現在、未来が示されていることになるが、こうした観点に沿って、以下に引用を三分割して示す。

① 唯物論的原子論 die materialistische Atomistik は、ありうる限りの最も反駁されたものである。[…] これはあのダルマティア人ボスコヴィッチのおかげであり、彼は、ポーランド人コペルニクスとともに、見かけ Augenschein に対して最大の勝利をおさめた敵対者であった。コペルニクスは、われわれのすべての感覚 Sinn に反して、大地は固定されたものではないことを信じさせたが、ボスコヴィッチは地上における〈固定された feststand〉最後のもの――〈物質 Stoff〉、〈質料 Materie〉――大地の残り、細片としての原子に対する信仰を棄てることを、われわれに教えた。これは古来この地上において得られた、感覚に対する最大の勝利であった。

② […] 次にわれわれはあのもう一つの、より致命的な原子論にとどめを刺さなくてはならない。それはキリ

スト教が最も巧みに最も長きにわたって教えたところの、霊魂原子論 die Seelen-Atomistik である。この言葉で私が表そうとするのは、霊魂を何か不滅なもの、永遠なもの、分割しえないもの、モナド、原子として考える、あの信仰である。

③［…］ここだけの話だが、今は〈霊魂 die Seele〉を捨てて、この最も古い最も貴重な仮説をあきらめる必要はないのである。［…］霊魂仮説を新しく解釈して、これを洗練する道は開けている。〈死すべき霊魂 sterbliche Seele〉、〈主体複合体としての霊魂 Seele als Subjekts-Vielheit〉、〈衝動および情感の社会的構造としての霊魂 Seele als Gesellschaftsbau der Triebe und Affekte〉という概念は、将来の学問の中において市民権を有すべきである。(KSA5: JGB12, 26)[3]

次に、①〜③それぞれにまず簡略な解説を補っておく。

①原子論の過去：

ニーチェがここで原子をあえて唯物論的原子と表記するのは、特に物質粒子としての原子ということを強調するためであろう。しかしニーチェは物質粒子の実在を否定しているわけではない。①の後半を見てゆくと、ニーチェの関心は、ものの実在如何ではなく、感覚 Sinn に即した認識か、感覚に反した認識かという、ものの認識方法にあることが分かる。[4] 日常感覚に即すなら、大地は「固定されて feststand」いる。コペルニクスの地動説はこの感覚に反したものだった。後に詳述するが、同様にボスコヴィッチの理論も、日常感覚に反した発想を備えているという点でニーチェに讃えられているのである。したがって本章では、「感覚に即している」ということがニーチェにおいてなぜ批判に値するのかが確認されねばならないだろう。

②原子論の現在：

物質的原子論の次に打倒されねばならない〈霊魂原子論 die Seelen-Atomistik〉とは、霊魂を「不滅なもの、永遠なもの、不可分のもの、モナド、(5)原子として」考える霊魂観である。この表現から、霊魂原子論とは、霊魂に原子の性質をそのままあてはめたもの、原子化された霊魂、もしくは擬人化された原子の意味であると考えられる。ボスコヴィッチの発想によって物質界から追い払われた原子論は、こうして精神の領域で生き残っているということであろう。

③原子論の未来：

霊魂原子論に代わり、ニーチェが提案するのが、〈主体複合体としての霊魂 Seele als Subjekts-Vielheit〉仮説である。これはまずは、複数の主体を束ねた霊魂と考えることができる。原子論および、霊魂原子論が「不滅なもの、永遠なもの、不可分のもの」という性質を備えているのに対し、主体複合体としての霊魂の方は複合体であるから、分割の可能性に開かれているといえる。さらに、この複数の「主体」の一つ一つが、『善悪』の他の箇所では「霊魂」と言い換えられていることから、(6)これは「霊魂の複合体としての霊魂」、すなわち、一個の霊魂が複数の霊魂を内包している状態と考えられる。

以下では引用①、②、③の順序に従って、具体的にニーチェの主張を確認してゆく。

2　原子論から質点理論へ

1　剛体としての原子

「唯物論的原子」が物質粒子としての原子であることは推測できるが、この原子がさらにどのような性質を持つものであるか考察してゆこう。

引用①では原子が「固定された feststand」物質として語られている。一般に諸原子の集合離散から現象を説明するという原子論の伝統に則る限り、これは原子が運動・移動しないという意味での固定ではないだろう。「唯物論的原子」が物質粒子だとすれば、これには物質としての延長が、つまりは原子の内側というものがあると考えられる。

原子そのものが静止しているのではないとすれば、固定が存在しうるのはこの原子の内側ということになるだろう。

では原子内部の「固定」とは何であろうか。「固定」を、単に「変化しないこと」と読み替えるなら、これを、伝統的な原子の特徴としての「不変性」、「不可分割性」、「相互不可侵性」の言い換えと解釈することもできる。しかし「固定」が、コペルニクスによって論駁される側の持つ性質として登場することから、これはコペルニクスの地動説における地球の「運動」と対照的な、「静止」とも言い換え可能な「固定」と解釈するのが妥当であると考えられる。「固定された feststand」と訳している fest は、「固体 Festkörper」を表現するときにも使われる形容であることに留意すると、さらに「静止」としての側面が見えやすくなる。

一般に「固体 Festkörper」というとき、「物体 Körper」内部の何が「固定されて fest」いるかといえば、物体を構成する原子や分子などの諸部分である。原子や分子のつながりが密で、容易に位置を変えない・運動しないものが固体、運動しやすいものが液体というのが、現代でもなされている定義である。原子・分子という分類こそ行っていないものの、すでに一七世紀にデカルトが、固体とは物質が形状を変えないこと、「（物質を構成する）すべての微小部分が互いの間で静止している quiescere」（Descartes: 71／デカルト：142）ことと表現している。これとは逆に、「流体の微小部分は、ひとしい力であらゆる方向に運動する」（同）。このように、力を加えられた時の物体内部の諸部分の動き如何で固体であるか液体であるかが決まるとすれば、その運動の度合いによって液体から固体までの間になるほど無数の度合いが想定できるとしても、かりに物体内部の諸部分がまったく「静止」しているなら、その物体は、いかなる力を加えられようとつねに決して形を変えない、完全に硬い物質、すなわち剛体ということになるだろう[7]。したがって原子内部の「固定」を特に「静止」ととるなら、ニーチェが①で言及するものも、剛体としての原子と考えられるのである。

もちろん上記は物質一般についての定義である。これを原子に適用できる条件は、原子が物質粒子である場合である。粒子としての延長がある以上、原子は理論上、部分に分割することが可能となってしまう。物質的原子が、アトムの語義である不可分割体という特性を満たすためには、デモクリトスがそうしたように、これに硬さという特徴を付与する必要が生じてくる。つまり物質的原子は剛体と言い換えられるということである。

しかし剛体性を、現実の運動におけるわずかな変動を捨象した、理想化されたモデルとして置くのではなく、現象を可能にする本来的性質として原子に付与するとき、とある不合理が指摘されうる。(8) 現実の硬い物体同士の衝突の際には、そのつど力の一定の減少が見られ、エネルギー保存則に対するこの矛盾を取り除くためには、力の一部が物体の接触面から物体内の諸部分に分散していくと仮定せねばならない。しかし剛体としての原子同士の衝突においてはそもそも部分に分解すること、内部への影響ということは考えることができない（カッシーラー 1979: 181）。

ボスコヴィッチの理論は、この剛体としての原子同士の衝突を考察した際に生じる不合理を避ける解決案として構築されたものであった。しかしその内容を知るうえでも、まずボスコヴィッチの理論に多大な影響を与えたライプニッツの主張を見ておく必要がある。『物体の力と相互作用に関する驚嘆すべき自然法則を発見し、かつその原因に遡るための力学提要』（一六九五年）においてライプニッツは、剛体としての原子批判を展開する。剛体Aと剛体Bが互いに向けて前進し、衝突した瞬間に後方に跳ね返されるとき、それぞれの剛体は決して己の力を相手の内部に受け渡さないので、両剛体において、前進運動から後進運動へと、中間的な諸段階を経ることのない瞬間的な変化が起きることになる。たとえ衝突の瞬間に速度ゼロになったとしても、結局運動から静止、静止から運動への変化は飛躍的に起こっていることになる（ライプニッツ: 516–517）。しかし「いかなる変化も飛躍によっては生じない」という連続律の観点から、ライプニッツはこれを不合理と見る。

ライプニッツは衝突する二物体を、剛体ではなく、「膨らまされた二つの球」のように捉え直す必要性を説く。二物体は衝突において徐々に圧縮され、衝突の力は両物体の弾性の力へと転化されて運動そのものは弱まり、ついに静止する。次いで物体の弾性が復元されると、両物体は相互に跳ね返り、静止から始まり連続的に増大する後退運動を行い、ついには相互に近づいてきたときと同じ速さを回復することになるが、逆方向に向かって相互に遠ざかっていき、もし両物体が等しい大きさと等しい速さを持つとすれば、出発点に戻り着く（同517）。しかもライプニッツがここでいう「静止」は、「消滅しつつある運動、もしくは極小の運動」（同518）として、運動の一形態に解釈し直されているので、彼にとっては、自然界に字義通りの静止は存在しないことになる。いかなる物体もある程度の軟らかさを備えていて衝突時には変形し、また「あらゆる跳ね返りは弾性から生じる」（同）という例によって、ライプニッツは運動と静止、物体外部と物体内部の二元論を連続的につないでいくのである。[9] これはすなわち、物体の運動を、物体同士の衝突する接触面から物体内部にも浸透させることで、物体内部から静止を追放したということであろう。

2　ボスコヴィッチの理論

ニーチェがボスコヴィッチを知ったのは二九歳の頃、一八七三年に読んだランゲの『唯物論史』を通してであった。この著作で肯定的に紹介されていたボスコヴィッチによほど興味を持ったと見えて、以来ニーチェはたびたびボスコヴィッチの『自然哲学の原理』をバーゼル大学の図書館で借りており、直接彼の理論を学ぼうとした形跡がある。[10]

あらためて、ボスコヴィッチの理論を見ていこう。明らかに上記ライプニッツの剛体の話を念頭に置いていると考えられる例が、ボスコヴィッチの『自然哲学の原理』（一七五八年）にも登場する。速度9で移動する剛体が、同じ方向により速く移動する剛体に追突されて速度12になった場合、衝突する前と後とで、速度9から速度12へと瞬時の変化が生じていることになる。この速度変化は中間的な過程を経ることなく生じているので、衝突の「瞬間」に着目すると、一つの瞬間が二つの時間を持つ、もしくは一つの剛体が二つの速さを持つことになってしまうと、ボスコヴィッチは指摘する（Boscovich: 37）。[11]

こうした急激な速度変化という不合理を解消するために、ライプニッツは、衝突後の力が物体の接触面から物体内の諸部分に分散し、運動が物体内に持ち込まれるとして運動を連続的に捉えなおした。しかしボスコヴィッチは、こうしたライプニッツの「連続律」を参考にして自身で名づけたところの「連続法則」（同：24）というものに従って、さらに二物体の衝突以前にも速度変化が起こっているとすることで、衝突前と衝突後の速度変化の漸進性を強調するのである。

この過程を可能とするため、ボスコヴィッチは物質を、質点というものの集合体と捉える。質点は粒子的な延長を持たず、質量のみを備えた単なる力の中心点である。この質点は、中心からの距離に従って、斥力、引力、斥力、引力……と、交互に切り替わる力の場に取り巻かれており、最後は緩やかに減少していく引力圏で終わると考えられている。[12] そのため、質点同士は決して衝突することなく、かつ決して完全に離れ去ってしまうこともなく、互いに一定の間隔を置きながら、相互に作用し合い、静止することなくつねに緩やかな運動を続けている。[13]

原子論に対する質点理論の発想の根本的な違いは、「点」がもはや、そこから作用が出発する原因としての作用者という地位を主張しえなくなっていることである。質点を特徴づけるものは、他の質点との関わりの全体なので、一個の質点を特徴づけるものは、他の質点との作用・反作用の中で決定されるそのつどの速度変化になる。質点はそこに働く諸作用同士の拮抗の「結果」や「徴」という立場に退いているとも言える。一個の質点の動きは確かに他の全質点の動きに影響を与えるが、他の全質点の動きもまた一個の質点の動きを決定しているのであり、ここでは原因・結果関係は相対化されていることになるだろう。

カッシーラーはここに、「物質的な連続体が連続法則によって破棄されるという逆説的な結果」(カッシーラー 2003: 102) を指摘する。「できごとの連続性を堅持し厳密に保持しようとすると、存在は不連続な諸要素に分解せざるを得ないのである」。延長物体同士は近接作用によってしか力を及ぼし合わないので、作用は一定の長さしか持たないことになるが、質点はこうした関係を裏返しにし、外見上は不連続の極みとしての力の点になりながら、遠隔作用により、己を取り巻く全環境との関係性という連続を体現しているということであろう。

つまり引用①の「感覚に反して」いるというのは、このボスコヴィッチの独特な物質観を指している。視覚や触覚など、われわれ人間の感覚一般は、物質が確固たる形を持ってそこに固定されているように捉えがちだが、質点理論はそうした物質観を解体し、物質を、流動的な力の集合に置き換えている。すでにライプニッツが二物体の衝突現象において、物質内部から静止を追放したことに続き、ボスコヴィッチは衝突以前から運動が始まっているという質点理論の導入により、物質概念そのものから静止を追放したと言える。

3 霊魂原子論から主体複合体としての霊魂

1 霊魂における固定

次の引用②でニーチェは、霊魂の姿で生き残っている原子としての「霊魂原子論」を打倒せねばならないと言う。この場合の霊魂の原子性も、「不滅なもの、永遠なもの、分割しえないもの」という特徴に存するとされるので、引用①の表現を用いるなら、これは固定された霊魂とも言い換えられるだろう。では固定は、霊魂においてどのように現われるのだろうか。『善悪』一二節の内容を説明し直していると考えられる一七節では次のように言われる。

「[…] 一つの考えが来るのは、「それ」が欲するときに来るのであって、〈私〉が欲するときに来るのではない。そうだとすれば、〈私〉という主体が、〈考える〉という述語の条件であるというのは事実の歪曲である。[…]〈あるものが考える es denkt〉。しかし、この〈あるもの〉をただちに、あの古い有名な〈私〉であるとするのは、穏やかに言っても、ただ一つの仮定、一つの主張であって、いかなる〈直接的な確実性〉でもない。[…] ここで人々は、文法的な慣習に従ってこう考えている。〈思考は一つの活動であり、個々の活動には、活動するものが属している。したがって——〉」。これとほぼ同じ図式で、古い原子論は、働く力に対して、その働きの内にあって、そこから作用する物質の細片、原子を求めたのだ。

われわれが何かを考え、その営みを描写するとき、「私は考える」と表現するが、このときすでに、「考える denken」という運動の内に、その運動を引き起こす原因としての「私 Ich」があるのではないかとするわれわれ特有のものの見方が作動しているというのである。

一般的には、「私は考える」という命題は、総合命題と言える。日常で描写される主語「私」には、「考えない」という述語もまた接続可能であり、さらにさまざまな動作をそのつど接続し変えることができる或るものと考えられるからである。同じく、「原子が運動する」と言う場合も、この主語「原子」についてわれわれは、「運動しない」や、その他種類や速さの異なるさまざまな動きを接続することができるようなものとして構想する。こうした主語のありようを言い換えると、多様に現われる作用の中にあって、この作用を制約する、それ自体は変化しないもの、すなわち実体もしくは主体ということになる。というよりむしろ、こうした実体・主体を現象に読み込むわれわれの姿勢がまずあり、それがわれわれの文法構造にも反映されているというべきであろう。

以上を踏まえると、引用①で、力学的な意味での不変性、すなわち静止としての固定であった原子の特徴が、引用②において、主語としての不変性や自同性へと意味を移していると言えるだろう。

2 主語の成立過程

1 同等化

物質内部の固定は、それが力学的な不合理を招くがゆえに否定されていた。では現象の内に主語として固定的なものを読み込むことは、なぜ否定されるのだろうか。以下で、われわれの認識の成立と対象の固定化の関わりについて遺稿でニーチェが述べていることを参考に、確認していく。

ニーチェによれば、「すべての私たちの認識器官や感官は、保存・成長の諸条件に関してのみ発達している」

（KSA12: 352）。成長・保存のために食物を咀嚼し、体内に取り込むように、われわれは認識において、対象を抽象化、単純化し、「事物をわがものとすることを目指している」（KSA11: 164）のである。事物がわれわれにとって計算し取り扱いやすくなるという「有用性」（KSA13: 334）の観点からなされている対象の単純化、抽象化について、ニーチェはこうも言う。「真理への意志とは、固定的なものにすることein Fest-machen、真なる・持続的なものをつくることein Wahr-Dauerhaft-Machen、［…］このものを、存在するもの Seiende へと解釈し変えることである」（KSA12: 384）。ここでも「固定」という表現が出てくる。われわれにとっての「真理」とは、対象のありのままを捉えることではなく、本来は非恒常的で刻々と変化しているかもしれない世界を、われわれにとって理解しやすい形――固定化され、存在化されたもの――に作り直したものであるということであろう。現象の固定化に関して、さらにニーチェは以下のように言う。

> われわれの思考に本質的なことは、新しい素材を古い範型のうちへと組み入れる働き（プロクルステスの床）、新しいものを同等のものにする Gleich machen des Neuen 働きである。（KSA11: 687–688）

プロクルステスが寝床の長さに合わせて旅人の体を無理やり引き伸ばしたり切断したりするように、認識の際にわれわれが行っているのは、新たに出会われるものを乱暴に、既知のものに合わせて形成していくことだというのである。時間経過を通して固定的なものを持続させるには、本来はそのつど異なっているかもしれない刻々の現れについて、ある瞬間における現れとそれと隣り合う次の瞬間における現れとを同等視することの繰り返しが必要になるだろう。したがってニーチェはしばしば、生成が固定化もしくは存在化する過程自体に密着して、上記のように「同等化する gleich machen」、もしくは「同一 identisch」のものが「回帰 Wiederkehr」する、といった表現を使用するのである。(14)

2 現象の二重化

しかし「同じ事物」は単に持続物として固定されているだけではない。こうした同等化からさらに、現象の内にあって不変でかつ現象の制約になっているもの、すなわち作用に対する作用者としての実体・主体という概念が発生するという。しかし現象の内に作用者を見ること自体、これまで見てきた認識の成立過程に照らし合わせると、不条理であることが見えてくる。

〈主体 Subjekt〉とは、あたかもわれわれの持つ多くの同等の諸状態は、唯一の基体 Substrat のおかげであるかのごとくみなす虚構である。しかしわれわれの方が初めにこれらの諸状態の〈同等性 Gleichheit〉を作り上げておいたのである。（KSA12: 465）

われわれは、諸現象の根底に、それら諸現象を制約する原因としての主体・実体を想定し、諸現象の同等性をこの主体の制約の結果と見なす。しかし既述のように、同等性は所与ではなく、われわれが初めに現象を同等化しておくのであるから、同等性の原因として主体を置くのは、同じ現象をまずは結果として、次にその結果を引き起こす原因として見るという、現象の二重化である。

しかも「実体という概念は主体という概念の一つの結果であって、その逆ではない」（同）のであり、「われわれの生命感情、力の感情の度合い［…］が、〈存在〉、〈実在性〉、非仮象の尺度をわれわれに与える」（同）という。つまり、他からの影響を受けず能動的に、ものごとの原因として振る舞っているというわれわれ自身の実感が、主体概念を生み、主体概念の他への転用が、現象の根底にあって自身は変化しない、現象の原因としての実体概念となっているということであろう。

3　単純化

注意しておきたいのは、われわれが自然界に主体を投影するのは、そこに何らかの変化や運動が認識されるときのみであるということである。自然科学的認識においてわれわれは、「原因と結果とを誤って物質化 verdinglichen」(KSA5: JGB21, 35) してしまい、「結果が現れるまでは原因を抹殺しようとする」(同)。結果を現前させないものは原因とは見なされず、したがってそこには主体概念も主体の意図も投影されないのである。つまり、作用のないところには作用者も作用者の意図もなく、作用のあるところにはつねに作用者と作用者の意図があることになる。そのうえ原因も結果も物質化されるということは、出来事全体が、「一まとまりの物」として捉え得る視野の範囲内に収まっていることになる。(15)

以上をまとめると、固定化とは第一に、現象の同等化である。第二に、同等化し終えた現象の根底に、その同等な作用を生じさせる、それ自体不変な作用者としての「固定されたもの」をなおも読み込むことである。しかも第一段階における同等化がすでに、認識者としてのわれわれにとって捉えやすい明瞭で短期的な現象同士を収集する作業であるといえるので、第二段階で読み込まれる固定化された作用者が引き起こすものも、当然ながら単純な作用となると考えられる。したがって原子論における原子も、ある程度単純な作用の原因としてしか考えられていないと言えるだろう。

3　霊魂原子論の問題点

認識において行われていることは、現象の根底に実体を読み込むことであり、その実体概念は主体概念から発生している。さらにその主体は、特に単純な作用の主体として構想されている。つまりここでの「主体」は、普遍的な主体像というよりは、ある特定の主体像の投影の産物であると言えそうである。

それがどのような主体像であるかについては、『善悪』の解説書である『道徳の系譜学』第一論文一三節が参考になるだろう。ここでニーチェは、主体というものを、強い主体と弱い主体に二分する。そのうえで、強さの異なる主体同士が、互いをどう認識するかについて取り上げ、特に強者に対する弱者の言い分を批判的に紹介している。ここで批判点は二点に分類しうる。

まず一つ目から見ていこう。弱者から見た強者は、子羊が猛禽に対してそう感じるであろうように、つねに道徳的に「悪い böse」。すでに見てきたように、われわれには、主語に述語が接続されるという総合命題的な言語構造の内で現象を認識する傾向があった。こうした構造からすれば、「猛禽が子羊を襲う」という状況は、「猛禽」という主語に、「子羊を襲う」という述語以外の述語が接続される可能性――「猛禽が子羊を襲わない」、「猛禽が子羊を保護する」など――をつねに残している。この場合、無数にある述語の可能性の中から実現した述語が「子羊を襲う」であった場合、なぜその述語が選ばれたのかという問題が生ずる。このとき、主語と述語の橋渡しをするものとして導入されるのが、主語の「自由意志」である。

> あたかも一般人 das Volk が稲妻をその閃きから引き離し、閃きを稲妻と呼ばれる一つの主体の作用と考え、活動と考えるのと同じく、一般人の道徳 die Volks-Moral もまた強さを強さの現れから分離して、自由に強さを表したり現わさなかったりする中立的な基体 Substrat が強者の背後に存在しでもするかのように考えるのだ。しかしそういう基体はどこにも存在しない。［…］作用が一切なのだ。
> (KSA5: GMI13, 279)

空に稲妻という自然現象を認識する際、人々がそれを「稲妻が閃く」などと表現し、「稲妻」と「閃き」とが分かれているかのような言語構造の内で現象を捉え直すように、人間が関わる現象の認識に際しても、人間と、人間の引き起こす現象との分離が行われる。特に人間に関わる現象については、現象の主語が、さまざまな現象を自由に選べる主体として、すなわち現象の責任を帰することのできる原因として解釈されているため、この認識は道徳的色合いを帯びることになる。つまり、とある現象を「強者が力を振るう」と表現する場合、「強者」という主語に「力を振るう」という述語が付加されているかのように、作用者と作用を分離して捉えていることになるが、この解釈には、強者は、力を振るわないこともできるのにつねに自由意志で力を振るうことを選ぶから「悪い」といった道徳的価値評価までもが付着しているのである。強者という主体に自由意志があるという想定が、特に強者に対する弱者の不満のもととなっている。しかしニーチェは、そういう自由意志を持った、作用を起こすまでは中立的な主語であるようなものは存在せず、「作用が一切なのだ」と続ける。

その根拠については、本章第3節の2「主語の成立過程」で示した、遺稿でのニーチェの記述を見ていこう。認識の成立過程における彼の見解に照らし合わせれば、「強者」、「強者が力をふるう」という表現には、すでに現象の二重化があると言える。何ものかを「強者」と認識するためには、「力を振るう」と表現しうる目立った現象が繰り返し確認され、そのような反復現象の内に、「力を振るう」という現象を反復して引き起こさせるほどの強さを持った主体を想定する、という過程が必要である。強者として認定される根拠は、「力を振るう」という現象（の積み重ね）の方であり、その逆ではない。にもかかわらず「強者が力を振るう」という表現はそうした「強者」の出自を覆い隠し、「強者」こそが「力を振るう」という現象の根拠・原因であるかのように見せかける。したがって強者に力を発揮しないことを要求するのは不合理であるといえる。力を振るうという現象のみを恣意的に収集し、そうした現象を引き起こす存在を強者と名づけたのに、後になって、当初の現象の収集段階で振るい落とされたはずの別の現象を、この強者が引き起こすことを求めているからである。同様に、弱者が弱さ以外の現れを引き起こせるかのように考えるのも、また誤りということになる。弱者は、弱さの表れの集積につけられた名前だからである。したがって弱者が自らを「善い」と言うのは、「われわれはわれわれの力に余ることは何一つしないから善人なのだ」（KSA5: GM13, 280）と言うに等しい。

批判の二つ目は、弱者の自己理解に関わるものである。上記のように、自由に作用を選べる主体として強者を批判する弱者は、同じ原理で自分たちのありようを次のように解釈する。「われわれは悪人とは別なものに、すなわち善人になろうではないか。そしてその善人とは、暴圧を加えないもの、何人をも傷つけないもの、攻撃しないもの、報復しないもの、〔…〕謙遜な者、公正な者のことだ」(KSA5:280)。これを見ると弱者は、強者に襲われるというありかたを積極的に選び取っているかのように、自己を解釈しているのが分かる。つまり、強者に襲われるという、己の行為が封じられる出来事についても、自分たちが意図的に選んだ行為だと捉えることで、自分たちにも主体性があると主張しているのである。強者は、何事も意図通りに事を運ぶことができ、行為と意図とは、あるいは未分化であるかもしれぬほどに、ずれもなく一致していると言えるということを考えると、行為に対して意図が必ず伴っているとことさら強調せねばならないのは、弱者の方であることが分かる。行為にあらためて意図が被せられているのである。

しかもここで「行為」というのは、一つの出来事——強者から見れば「弱者を虐げる」という、また弱者から見れば「強者に虐げられる」という——を指しているが、この出来事の始まりと終わりを決定しているのは、能動的に動き始め、満足した時点で行為を停止できる強者の方であろう。ここでは両者の力の差があればあるほど、第三者から見た出来事の輪郭は明瞭(効果が大きく、短期的に結果が出る)なものになると考えられる。これは物理現象の認識の場合と事情が同じである。われわれが現象の内に、その現象を引き起こす原因として何らかの実体・主体を読み込むのは、そこに明瞭な運動を認め得たときのみであった。人間同士の現象でも物理現象でも、主体は明瞭な作用の原因に対して付与されるレッテルなのである。ニーチェは、実体概念は主体概念から派生したものと見ており、かつその主体概念は、明瞭な現象を引き起こすことのできるものにしか読み込まれないので、結局従来の主体概念とは、強者をモデルとしたものと結論づけられるだろう。

さらに、意図と行為とが未分化であるような強者など、現実の世界で見出すのは困難であることを考えれば、大部分の人間が弱者的在り方をしていると言えるだろう。にもかかわらず弱者は、(理想化された非現実的存在である)強者に対して身を護り強者を批判するにあたり、当の強者をモデルとした主体概念に頼っていることになる。弱者が意図したと主張する、「強者に負かされる」という現象は、裏を返せば「弱者を負かす」という強者の引き起こした現象である限り、弱者は自身の意図に帰属させる現象をつねに、短時間で結果を現わす強者の作用に合わせて短く切り取らざるをえず、結局弱者の主張する主体は、強者の主体の後追いに過ぎなくなるのである。

したがって引用②におけるニーチェの霊魂原子論批判は、大部分の人間の主体概念が「強者」に合わせて不当に歪められていることに向けられていると考えられる。さらに、引用①という過去の問題を経て、現在の問題としての引用②があり、引用②の問題に対する未来の解決案として引用③があるので、引用②での従来の主体概念批判こそが、『善悪』一二節の要諦であると言えるだろう。

4　主体複合体としての霊魂

1　質点理論の擬人化

原子論を解体しえたものが質点理論であったのだから、あくまでも『善悪』一二節内部から読み解くなら、次に擬人化された原子論としての霊魂原子論を解体しうるのは、擬人化された質点理論ではないかと解釈することができる。実際、ニーチェが引用③で「ここだけの話だが［…］〈霊魂〉を捨ててこの最も古い最も貴重な仮説をあきらめる必要はないのである」と述べているところを見ると、霊魂までも解体しようとはせず、擬人化の立場に留まろうとしていると捉えられるのである。

原子の客観的な硬さが、霊魂原子の主観的な持続感覚に置き換えられたように、質点の擬人化があるとすれば、それは、各質点の視点から、主観的に質点的世界全体を把握し直すことであろう。

たとえば『善悪』二〇節を見ると、ニーチェは③での「主体複合体としての霊魂」を、この擬人化された質点と似通ったモデルで理解しているのが分かる。二〇節でニーチェは、複合体としての主体のありようを、「意欲は何よりも複合体である」（KSA5: JGB20, 32）とも表現する。その複数の意欲の集合体の内で、「今はこれのみが必要であり、他のものは必要ない」（同）という、そのつどの価値判断に従って、必要とされる意欲が、その他の不必要な諸意欲に服従を強いる。つまり複合体として、「われわれはつねに同時に命令者であり服従者である」（同）のである。こうした複雑な関係においては、「たいていの場合には命令の結果が、すなわち服従が、すなわちある行為が期待されうる場合にのみ、意欲される」（同／傍点引用者）ことになる。ニーチェは生理的な衝動という、意識されていない意欲をも考慮に入れているので、身体にそうした衝動を生じさせる要因をたどれば、結局のところ身体の枠をはるかに超え広がった環境のすべてが可能性として浮上してくる。すなわちこれは、一個の意欲が生成してくるには、それを取り巻く全環境のあらゆる作用が必要であるかもしれないという洞察である。[16]

無数にある諸意欲の中である一つの意欲が支配的に振る舞うような形勢になるとき、その一つの意欲の視点からは、「今はこれのみが必要であり、他のものは必要ない」と感じられるが、そういう感覚自体、すでに、他の諸意欲によってずいぶん前からお膳立てされていた可能性がある。だから命令は、服従が期待される場合にのみ意欲されるのであろう。

これは、質点の状況と似ている。一個の質点の観点からは、その質点の動きによって、他のすべての質点が影響を受けるとも言えるが、その一個の質点の動き自体、他のすべての質点からの影響の産物でもあるのである。質点の動きをさらに擬人的に解釈して、一個の質点に主観的な視野を与えた場合、それは、周囲の質点の力がそこへと向けて押し寄せ、それらが自身の中心部に働く斥力とせめぎ合う場となるだろう。さらに視界は一個の質点に固定され制限されているので、明瞭な現象しか視野に入りにくい主観の傾向として、一個の質点は、自身からの距離が遠ざかるにつれ、他の質点からの影響を意識し難くなると考えられる。すると一個の質点の視点からの自己認識は、自身の視野と意識の及ぶ範囲内での他の質点とのやりとりに限定されていくだろう。

つまり意欲の集合体の例は、質点の集合体における一個の質点の観点に立ち、その状況を主観的・心理的に語り直したものと考えられるのである。主観はまさに主観としての認識の限界を持ち、上記の複雑な作用関係を、主観で感覚できる限りの範囲でしか描写しえない。「主体複合体としての霊魂」とは、一つの主体（霊魂）が複数の主体（霊魂）を抱え込んでいるかのような非常に空間的、視覚的な表象を喚起する名称であるが、ここでの複合体としてのまとまりの外側とは、一つの主体が、複数の主体を内に抱え込んで外と隔てる境界線であるというよりは、主体の立場からは、自身が受ける他からの影響を、ある程度の近さまでしか把握しえないという、「意識の限界」と言うべきだろう。

2　自己分割する霊魂

話を分かりやすくするために、均質な質点からなる質点理論に合わせて、ここで霊魂に関する表現も均一にしておこう。主体内部の無数の主体について、『善悪』二〇節でニーチェが「意欲 Wollen」、「意志 Wille」、「思考 Denken」、「感情 Gefühl」、「情動 Affekt」などと言い換えていることを見ると、[17]主体内部にひしめくものについての表現はそれほど統一されていないと言えるが、これらは少なくとも、方向性の異なる複数の「志向性」として捉えられるだろう。

この表現を、「主体複合体としての霊魂」の「霊魂」に当てはめてみよう。志向性Aと志向性Bの対立があった場合、そこから階層を下れば、両者はそれぞれ、Aがより小さい志向性a、bを、Bが志向性c、dを内包し、また階層を上げれば、AとBは志向性A′に包括される一塊の諸志向性として別の志向性B′と対立しているといった構造で考えることができる。霊魂の内に諸霊魂が内包されているという描写に際して、内包する霊魂と内包される霊魂の間に質的違いがあるとは、特にニーチェは断っていないので、「霊魂」としては両者は等しい地位にあり、内包する霊魂が内包されることも、内包される霊魂が内包することも可能なものとして捉えられるからである。[18]

さらに、どの階層の志向性においても共通するニーチェの観点は、強い志向同士は隔絶し合い、相互の差異を際立たせようという「距離のパトス」（KSA5: JGB, 257）[19]を持っているが、弱い志向同士は、相互の差異をなくし均一化・凡庸化していくということである。[20]すると、主体複合体としての霊魂を可能にする条件とは、諸志向性同士の強さの同等性であることになる。拮抗し合う強さを持っていなければ、諸志向性は並存できず、より弱い志向性はより強い志向性に吸収されてしまうからである。

他と融合してしまわず、他との差異を開こうとする強い志向性のあり方を、ニーチェは偉大、高貴と表現するが、彼はこの偉大さを、対他的なものだけでなく、自身の内部のありようにも同時に適用している。偉大な存在は、他者に対し、また社会において「最も孤独で、最も隠れており、最も逸脱している」(KSA5: JGB212, 147)が、この存在はまた、「広範性と多様性」(同)を持っている者、「己の諸徳の支配者、豊富な意志の持ち主」でもあるという。[21]つまり先ほど見てきた主体複合体としての霊魂の二方向の姿勢——自身もその一部であるような巨視的な階層での闘争と、自身の内に含まれる微視的な階層での闘争——がここにも見られるのである。多様が統一されず、多様のままに保持されている状態について、ニーチェが用いる、「独立 Unabhängigkeit」(KSA11: 277)という表現は、したがって、個々の志向性が別の志向性に隷属せずにいる状態、つまり「各志向性の独立」を指すと考えられる。

はたして、内部に対立し合う諸霊魂を抱えた霊魂というものは、最終的に分裂してしまうのか、それとも拮抗し合ったまま、結局何も選び取れずに終わるのだろうか。これについてニーチェが、諸霊魂内での「選択」ということに言及する重要な箇所が『善悪』二二〇節にある。この「選択」について理解を深めるには、すでに『人間的、あまりに人間的I』(一八七八年)により詳細に現われている見解が手助けとなるだろう。「主体複合体としての霊魂」概念を先取りしたかのような、「人間の自己分割としての道徳 Moral als Selbstzertheilung des Menschen」(KSA2: MM57, 76)[22]と題したこの著作の五七節で、ニーチェは次のように問う。誰かが何かのために自己を犠牲にしているように見える場合でも、「人間は自己のうちの何かを、一つの思想、一つの思慕、一つの作品などを、自己のうちの何か別のものよりもいっそう愛していること、したがって人間は自己の存在様式を分割して、一方をもう一方の犠牲に供していることは、明瞭ではないだろうか?」(同)。ここでニーチェは人間の自己を「不可分割的なもの individuum」としてではなく、「可分的なもの dividuum」(同)として扱っている。この解釈によると、たとえば戦争での兵士の死は、敵によるものではなく、兵士自身が、内部に抱える諸欲求のうち、生への欲求よりも、祖国の勝利において自身の願いも共に勝利を得ることへの欲求を優先したことによる、ということになる（同）。

つまり個人の自己犠牲的没落として現れる現象も、個人内部の諸霊魂のうち、本人があるものを選び別のものを切り捨てるという自己分割した結果であるとすれば、没落する個人はむしろこの上なく我を通しているということになるだろう(23)。

3　悲劇の英雄

上述のような霊魂の持ち主の一例として、もしくはそのような霊魂を描き得た人物として、遺稿でニーチェはこう言及している。「最高の人間は諸衝動の最大の多様性を持っており、そしてそれを、それに耐え通しうるほど、相対的に最強度に持っているに違いない。事実、（たとえばシェイクスピアのように）変わり者が己の強さを表しているところでは、互いに強大に駆り立てるが、制御されている諸本能が見出されるのである」（KSA11: 289）。

カッコ内でのみ言及されるシェイクスピアの内容はこの遺稿では明らかにされていないが、ここから二年さかのぼる『悦ばしき知識』第二書（一八八二年）の九八節が、まさに「シェイクスピアを讃えて」という表題をもち、この内容を補塡するものと考えられる。九八節でニーチェは『ジュリアス・シーザー』を書いたシェイクスピアを、「ブルータスを信じ、この種の徳に一片の疑いもさしはさまなかった」がゆえに讃えている。この種の徳をニーチェは「霊魂の独立 Unabhängigkeit der Seele」（KSA3: FW98, 452）と呼び、こう続ける。「そのためになら人は自分の最愛の友をすら犠牲に供さなくてはならない。[…]すなわち人が、偉大な霊魂の自由としての自由を愛し、その友のためにこの自由が危険にさらされるとすればだ。――こうしたことをシェイクスピアは感じていたに違いない」（同）。

ここにもやはり階層的な霊魂の観点がある。霊魂の自由のために最愛の友を犠牲にしたのは劇中のブルータスであるが、ニーチェはその奥に、そのような葛藤を感じた作者シェイクスピアの霊魂を透かし見ている。主体複合体としての霊魂の概念に合わせて順に状況を整理すると、霊魂がそこから自由になり、そこから独立する「そこ」とは、友への愛になるであろうから、「自由」と「友への愛」という二つの葛藤がまず作者シェイクスピアの霊魂内に存在することになる。そのうち「自由」を重んずる徳をブルータスが体現しているとニーチェは見ているので、ブルータスが刺殺する友シーザーは、そのままブルータスの抱く「友への愛」の体現であると予想できる。ブルータス自身も葛藤を乗り越えてシーザーを殺害しているので、[24] ブルータスの内部にも、シェイクスピアの魂の内部の雛形として、「自由」と「友への愛」の葛藤があったと考えられる。つまり、まずシェイクスピアの霊魂内の葛藤がブルータスとシーザーという人格を得て劇化されているが、さらにブルータスの霊魂内の葛藤が、ブルータスの生きる現実として外化されている可能性を入れれば、ここには三段階の霊魂の階層があることになる。

このように、シェイクスピアとその作品へのニーチェの評価を手引きとすると、ニーチェの悲劇理解一般にも接近する道筋ができる。悲劇とは、一般に英雄の没落劇であるが、ニーチェはこの没落を、多様な諸志向性に引き裂かれることによる没落として見るのである。[25] ブルータスの葛藤とその後の没落と同様のものが、ニーチェが好んで取り上げる、アイスキュロスの『縛られたプロメテウス』の主人公プロメテウスに見られる。プロメテウスの内の「人間に火を与えんとする志向性」と、「身体の安全への志向性」は決して両立しえず、前者を選択した代償として後者がくじかれ、彼は禿鷹に内臓を喰われ続ける苦しみを負うことになるが、プロメテウスがこうした苦しみを積極的に引き受けるがゆえにこそ、彼が前者の志向性に重きを置いていたことが際立つことになる。[26] 選ばれなかった志向性が、選ばれた志向性の魅力を逆照射するのである。これは個人の内で諸志向性が分裂しつつ、同居しているからこそ可能な事態であろう。

4　悲劇の構造

衝動の多様性は、複数の衝動が並存するという空間的側面だけでなく、最終的に多様な衝動のどれが勝ち残り、どれが滅びていくかという時間的推移をも含み持つ。もちろん悲劇に限らず、あらゆる物語は、すべて時間的推移を持っているが、ここでいうのは、一定以上の長さを持った、認識者一般の「感覚」を超えた推移である。見てきたように、われわれが対象把握一般に際して行っている「固定化」とは、頻繁に起こる同等の現象を取りまとめ、挙句に、そうした同等の現象を引き起こす一個の存在、実体、主体を——他者を負かし続ける者が強者、他者に負かされ続ける者が弱者、といった具合に——立てることだった。こうした把握法式に則れば、「英雄」が「没落」するというのは本来ありえない。「英雄」は英雄的な現象の反復に与えられる名称なのだから、英雄的でない現象（ここでは没落）は、偶発的事態として「英雄」の本質から切り離されるか、もしそれが偶発的でない没落だとすれば、そうなる者はそもそも「英雄」でなかったことになるだろう。しかし悲劇において確かに両者は、一方が他方に吸収されることなく並存している。つまりここで、「英雄」に対する作者および観客の認識が、一般に「英雄」という判断を得るまでに英雄的現象の反復が要した時間をさらに超え出て、「英雄」が「英雄」らしからぬ現象を起こし始めるまで判断を保留する、という事態が生じているのである。そうなると、認識に要する時間の伸長は、「英雄」概念（ひいては主体概念）の拡張にもつながるとも言えるだろう。

　ギリシア悲劇の形式も、上記の状況を維持するうえで無関係ではなかったであろう。ギリシア悲劇では、役者の数の少なさや衣装による制限もあり、登場人物が事件を直接演じることが極端に少ない(27)。ゆえに多くの場合、登場人物は、すでに起こった事件と、これから起こるであろう事件の間で呻吟するという形で登場する(28)。

　また物語の構造として、悲劇は神話、しかも何代にもわたる神々や人間たちが織り成す因果の物語を題材としているので、上演されるのはつねに長大な歴史物語のごく一部ということになる(29)。しかも題材は、観客の誰もが知る神話なので、導入や余計な説明なしに始まることも多い(30)。

　以上をまとめると、悲劇にも、原子論に対する質点理論と似た状況——質点から、物質原子の延長を極限まで無くすことで、かえって周囲に質点が及ぼす作用領域を無限に延長するという——が発生しているのが分かる。悲劇の舞いるせ台全体に関していえば、長い神話物語のごく一部を切り取って上演すること、しかも役者の動きが制限されているせいで、切り取る場面を明瞭な出来事と出来事の「間」に設定することは、一見劇の延長をこの上なく切り詰める行為のように見える。しかし観客は、局限されたその場面から、観客の誰もがすでに知識として持っている神話全体へと果てしなく話をつないでゆくことができるし、翻って、その局限された場面に、長大な物語をつなぐ因果の重要な結び目を見ることができる。主人公に関してもやはり、過剰なまでに主人公の認識や行為や自由を阻害する敵や運命そのものは、その阻害が前の代からの呪いや長い因果連鎖の末に持ちきたらされる場合はとりわけ、主人公の主体性の領域を狭め、主人公の地位を必然的因果連鎖の一項にまで貶めるようにも見える。しかし主人公をそのような状況に至らしめた因果連鎖が強力で、主人公が別様に振る舞うことなどありえなかったように見えれば見えるほど、その因果連鎖が実は主人公の内的葛藤そのものであるという観点に視点を切り替えた場合、早い段階でどれか一つの欲求に与してしまわず、張り詰めた複数の諸欲求を内部に併存させうる主人公の強さが際立つことになる。しかも諸欲求の闘争の場となって没落する主人公は、単に自己の身体や生命の保存という狭い範囲での自己支配とは異なり、自己の没落をも、全体のうちのごく一部となすような、むしろ全体の葛藤の一兆候となすような、きわめて広い範囲の主体性を獲得すると考えられるのである[31]。

こうした悲劇の主人公的自己、可分的自己、すなわち主体複合体としての霊魂として自己を解釈するなら、弱者・強者という区別は意味をなさなくなる。主体複合体としての霊魂は、単純な現象を引き起こす単純な主体の形に切り詰められたものを、再び複雑で長期的な現象へと投げ返し、弱者が弱者らしからぬ状況になり、強者が強者らしからぬ状況になることまでをも、一個の主体のうちに含めようとする観点だからである。苦境すら自身の内部の葛藤によるものとするこの観点は、とりわけ弱者（ということは大多数の人間）の救済に寄与し、主体概念の拡張・刷新に寄与すると考えられるのである。

おわりに

『善悪』一二節を、できるだけその内部でつじつまを合わせて読解しようというのが本章のねらいであった。そこで、引用①のように、原子論が質点理論によって論駁されたのなら、引用②以降の、霊魂原子論が主体複合体としての霊魂に論駁されるという部分は、少なくとも霊魂原子論は擬人化された原子論と言い得るのだから、それぞれ、擬人化された原子論が擬人化された質点理論に論駁されると置き換えることが可能ではないかと考えた。特に本章の眼目は、ニーチェの言う主体複合体としての霊魂を、擬人化された質点と捉え、さらに擬人化された質点の具体的なありさまを、自己分割する自己としての悲劇の主人公に見ようという点であった。

擬人化された原子とは、現象を単純化しがちなわれわれの感覚によって捉えられる、ただ一つの衝動を持ち、その衝動にのっとって短期間で単純明瞭な作用を発揮する単純な主体である。他方、擬人化された質点とは、同程度の強さで対立し合う諸衝動の葛藤を内部に抱え込みつつ、最終的にとある衝動を選び取りその他の衝動を犠牲にすることで、自身も苦境に立たされずにはいない、長期的で複雑な過程のうちに生きる主体である。後者はわれわれの感覚から可能な限り隔たった主体像であるだろう。

もちろん後者も、われわれの感覚の制約からは脱し切れてはいない。われわれが主体複合体を、主体が内部に複数の主体を抱え込んでいるように表象するとき、内部のその諸主体の一つ一つは、結局原子的な、ただ一つの衝動を代表する単純な主体になるであろうからである。この想像力の限界が、質点理論そのものと、擬人化された質点理論との違いでもあろう。ただしニーチェは非常に経済的に、感覚に従うわれわれ人間の傾向を利用したまま、その感覚の枠の外を垣間見させることに成功していると言える。主体は複数の主体から構成されること、さらに構成する主体と構成される主体との間に質的差異を設けないこと、こうしておくことで、主体は上昇方向にも下降方向にも無限に階層を進んでいく可能性を得て、どの主体も、それ以上分割しえない最終要素となることなく、つねに可分的であり続けられるからである。引用①で感覚に対する勝利を称えつつ、引用③でなおも「霊魂」に留まることを是認するニーチェの真意もここにあるのだろう。つまり感覚に対する批判とは、感覚に囚われていることに無自覚であることへの批判であると言える。

したがって『善悪』一二節の指し示すものは、感覚という枠の内部で、感覚の外の領域を意識できるような、主体複合体としての霊魂という姿で自己を捉え直すとき、われわれの多くがそれであるところの弱者は、自身の苦境をも自身の一部として回収し、自身の苦境の主体となることができるということであると本章では結論づけたい。

◉注

（1）Schlechita : 127–140.

（2）Withlock : 200–220. Stack : 224–230, Pearson : 6–35.

（3）ニーチェの引用について、遺稿に関しては *Friedrich Nietzsche, Sämtliche Werke, Kritische Studienausgabe*（KSA）, Bd.1-15, herausgegeben von Giorgio Colli und Montinari, Walter de Gruyter, Berlin/New York, 1980 の巻数と頁数を示すが、出版された著作に関してはそのタイトルと説番号なども併記する。（タイトル表記は、『悲劇の誕生』GT、『善悪の彼岸』JGB、『道徳の系譜学』GM、『悦ばしき知識』FW、『人間的、あまりに人間的』MM とする）

（4）これは、『善悪』一二節の後の一六節で、彼がプラトンの形而上学における肯定すべきものを、「感覚を楽しませるものに反対する」という「思考法」としている点に一層明瞭に見て取れる。

（5）原文では「不滅なもの」から始まる五つの特徴の前にすべて「として als」が置かれ、並列されているという点から、さしあたりここでの「モナド」は、他の伝統的な原子概念から逸脱しないレベルのモナド的特徴、すなわちモナドの語源の「一なるもの」や、そこから派生する「不可分割性」程度を意味し、ライプニッツのモナド固有の「自己展開する力動性」などは考慮されていないと考えられる。

（6）「〈意志の自由〉とは、命令しかつ己を遂行者なりと信じる意欲者の、複雑な快楽の状態を指す言葉である。［…］意欲者は、己が命令者であるという快楽に加えて、遂行し、成就する道具であるところのあの有用な〈下位にある諸意志〉――あるいは――〈下位にある諸霊魂〉（われわれの肉体は多くの霊魂の集合であるから）の快楽をも己のものとする」（『善悪』一九節）。

（7）デカルトは静止 quies を運動 motus と正反対のものと考えているので（デカルト：一三三頁）、『哲学原理』第二部五四節で言う固体も、剛体であると考えられる。

（8）物体内の部分が別の部分に対してずれ動かないという硬さの概念は、本来はある程度内部がずれ動く現実の延長物質の経験との対比から抽出された感覚であると考えられ、そうだとすれば、経験世界を可能とする論理的要請から生じたはずの原子に、経験を基にした特徴が付与されるという転倒があることになる（カッシーラー：一八〇―一八二頁参照）。

（9）一方デカルトは静止と運動を正反対のものと位置づけている（デカルト：一三三頁）。

（10）Schlechta : 127–140.

（11）瞬間に広がりがないと考えると、衝突した瞬間に速度変化が起こる場合、異なる二つの速度が一つの瞬間に帰属することになってしまう。衝突する物体の観点から表現するならこれはまた、一つの物体が一瞬のうちに異なる二つの速度を持つということでもある。

（12）この引力の強さは、距離の二乗に反比例するが、ここにニュートンの引力法則が取り入れられている。質点の中心はまず斥力に取り囲まれているため、質点同士は一定以上接近することができないし、一定以上離れると最終的に引力が働き始めるため、まったく離れ離れになってしまうこともない。

（13）さらにボスコヴィッチは質点理論を、原子の不可分割性をより追求した、延長のない点としての原子（ここでは特にライプニッツのモナド）の抱える伝統的な難問――延長のない点を集めていかにして延長物体が作られるのかという――をも克服するものと位置づけている。延長のない点同士はそもそも隣接させることも不可能だが、物体を、初めから間隔を置いて配置されている点の集合と考えれば、点に延長がなくても、点同士の「間隔」自体は有限な延長を備えているので、物体を、点同士の間隔（に働く力）の集合として捉え直すことができるからである。

（14）「生起を算定しうるのは、それがある規則に従っているとか、ないしはある必然性に服しているとか、ないしはある因果の法則を私たちがあらゆる事物の上に投影するということのためではない。それは〈同一の場合の回帰 die Wiederkehr identischer Fälle〉のゆえである」（KSA13 : 276）。本章では人間の認識のありさまについて、われわれの多くが認識を自身の固有な立脚点から恣意的に行っているということに無自覚であるという点に絞って、やや批判的に紹介したが、ニーチェの認識論はこれにつきるものではない。認識者の固有な立脚点から行う対象の解釈としての「仮象」の積極的な意義を指摘するものとして、村井則夫『ニーチェ　仮象の文献学』（知泉書館、二〇一四年）がある。

(15) すでに『喜ばしき知識』でもニーチェは述べている。「原因と結果という二元論はおそらく存在しない。実際にそこにあるのは一つの継続態なのであり、その若干の部分をわれわれが分離させるのだ。同じくわれわれは、運動をいつも分離した多くの点としてだけ知覚し、したがって実は運動を見るのではなく、これを推論している」（KSA3: FW112, 473）。

(16)「ある行為にじかに接している先行事象はその行為に連関している。しかしさらにさかのぼれば、さらにそれを超え出ることを暗示する先行事象がある。個々の行為は同時に、はるかに包括的なその後の事実の一項でもある。短期の過程と長期の過程とは分離されてはいない」（KSA2: 283）という主張は、当時発達し始めていた心理学や生理学により、意識の働きは無意識や生理的反応とは無縁ではなく、意識しえないものの影響はわれわれが思うよりはるかに大きいらしいという洞察をニーチェも得たこととも関連があると考えられる。

(17) 遺稿の同様の文脈ではこれらを「本能 Instinkt」（KSA11: 289）、「衝動 Trieb」（同）、「欲望 Begierde」（KSA12: 433）、「衝迫 Zug」（同）とも表現している。

(18) 実際、ニーチェは『善悪』全編を通して、諸志向性同士の関係を、人間の内部のみならず、個人間、国家間、民族間、文化間、男女間、道徳間など、さまざまな階層を行き来しつつ考察している。つまりニーチェにとって、一国家の傾向も一意識の衝動も、ともに志向性としては人格化しうる契機を備えており、そうした志向性の一つ一つに「霊魂」を割り当てていると考えられるのである。

(19) このことと、相互に力を拮抗させつつ「間隔」を空けて点在している質点との共通点を見ることも可能であろう。

(20)「〈差異は憎悪を生む〉多くの本性における卑しさは、何か聖なる器や、人を寄せつけない容器にある何かある高価なものや、大いなる運命の徴を備えた本が目の前を通り過ぎるとき、汚水のように突如噴出する」（KSA5: JGB263, 217）。

(21)『善悪』（一八八六年）出版前後の遺稿によるとニーチェは、己を単一化せず、「諸衝動の最大の多様性を持っている」人間、「主体複合体としての霊魂」のままに維持している人間が稀に存在すると考えているようである。彼はそれを「偉大な人間 der grosse Mensch」（KSA11: 289）と呼ぶ。偉大な人間は己の内に、大いなる徳とともに、それと正反対のものも同時に保持するといった対立を抱えており、「諸衝動の最大の多様性」（同）を備えているという。

(22) ここでの「道徳 Moral」は、個々人の行為選択の引き金となる、何らかの衝動・願望・思慕への傾向といった意味で用いられていると考えられる。

(23) ニーチェはこれらの人々について、「私はこの人間にそこで一歩でも道を譲るくらいなら、むしろ射ち倒される方がましだ」と言う強情者と本質的に変わらないと述べている。

（24）剣で自身の胸を刺し貫きながら「君を刺したあのとき、とても今ほど僕の心ははずまなかったぞ」とシーザーに呼びかけて息絶えるブルータスの最期には、シーザーの暗殺をめぐる強い葛藤が読み取れる（シェイクスピア：一七五頁）。

（25）「諸衝動の多様性」（KSA11 : 289）は、人が「諸衝動の矛盾で徹底的に没落する」（同）契機を含んでいるという。

（26）ニーチェによるとプロメテウス伝説は、プロメテウスの偉大さが罪深さにより際立ち、人類にとっての火の重要性が（火を盗むという）冒瀆行為によって際立つ構造――相反する価値の一方が強まるともう一方も同程度に強まる構造――を持っているという。つまり『悲劇の誕生』でもすでに、劇の主人公の霊魂の葛藤と、その作者（もしくは観客としてのギリシア人全体）の霊魂の葛藤という二重写しのニーチェの視点が見られると言えるだろう。ある価値（志向性）はつねにそれと相反する価値との葛藤の内にあるというこの構造は、劇においてはプロメテウスが酷い罰を受けるという現象となるが、とある志向性の選択はつねにそれなりの代償を伴わざるをえないという概念について、特に『悲劇』でニーチェは「正義」と表現している（九章）。

（27）ブルクハルトは、古代ギリシア悲劇の演者が最高でも三人であり、高下駄と仮面という動きにくい姿で舞台に上っていたという拘束が、舞台の上演形式をある程度決定し、登場人物が臨場感のある場面を演じない結果になったと指摘している。ただし、ではなぜ俳優の数を三人以上にしなかったのかという問いに対して彼は、俳優の数を増やすより、俳優の質を保つ方を当時のギリシア人は選んだのだろう、という推測を述べるにとどまっている（ブルクハルト『ギリシア文化史』、三一〇―三一一頁）。

（28）『縛られたプロメテウス』、『オイディプス王』、『オレステイア』参照。

（29）たとえば、『縛られたプロメテウス』で描かれる、プロメテウスがゼウスに捕らえられる出来事の以前にはティタン神族とオリュンポス神族の争いがあり、以後にはゼウスとの和解がある。『オイディプス』においてオイディプスが犯す罪の以前には、彼の父ライオスの罪があり、以後には、オイディプスの子供たちの悲劇がある。

（30）ブルクハルト『ギリシア文化史』第三巻、三一四頁参照。

（31）各人の個体概念は、いつかその人に起こることを一度に合わせ含んでいる、すなわち世界との関わりという述語を細大漏らさず内に含む、分析命題の主語のようなものと捉えられるとする（『ライプニッツ著作集8』：一六〇頁）、モナドロジー的な人間観・世界観をここに読み取ることは可能であろう。

◉参考文献

Nietzsche, Friedrich (1980) *Friedrich Nietzsche, Sämtliche Werke, Kritische Studienausgabe* (KSA), Bd. 1–15, herausgegeben von Giorgio Colli und Montinari, Walter de Gruyter, Berlin/New York.

Boscovich, P. Rogerio Josepho (1758) *Theori Philosophia Naturalis Redacta ad Unicam Legem Virium in Natura Existentium*, Vienna. / Progeria Josepho Boscovich, Translated by J. M. Child 1966 *A Theory of Natural Philosophy Reduced to a Single Law of the Actions Existing in Nature*, Cambridge, Mass., MITPress.

Schlechta, Karl, Anders, Anni (1962) *Friedrich Nietzsche: von den verborgenen Anfängen seines Philosophierens*, Friedrich Frommann Verlag.

Whittlock, Greg (1999) *Roger J. Boscovich and Friedrich Nietzsche: A Re-Examinanation (Nietzsche, Epistemology, and Philosophy of Science: Nietzsche and The Science II)*, Dordrecht, Kluwer Academic Publischers.

Lange, Friedrich Alberd (1921) *Geschichte des Materialismus*, Leipzig Brandstetter.

Stack, George J. (1983) *Lange and Nietzsche*, Walter de Gruyer.

Pearson, Keith Ansell (2000) “Nietzsche’s Brave New World of Force: Thoughts on Nietzsche’s 1873 ‘Time Atom Theory’ Fragment & on the Influence of Boscovich on Nietzsche”, *Pli* 9, University of Warwick.

カッシーラー、エルンスト（1979）『実体概念と関数概念』山本義隆訳、みすず書房

カッシーラー、エルンスト（2003）『認識問題２－２』須田朗・宮武昭・村岡晋一訳、みすず書房

デカルト（1964）『哲学原理』桂寿一訳、岩波文庫

松山壽一（1997）『ニュートンとカント』晃洋書房

ライプニッツ（1999）『ライプニッツ著作集』原亨吉・横山雅彦・三浦伸夫・馬場郁・倉田隆・西敬尚・長嶋秀男訳、工作舎

アイスキュロス（1985）「縛られたプロメテウス」『ギリシア悲劇Ⅰ』呉茂一訳、ちくま文庫

ソフォクレス（1986）「オイディプス王」高津春繁訳、『ギリシア悲劇Ⅱ』ちくま文庫

エウリピデス（1986）「オレステス」松平千秋訳、『ギリシア悲劇Ⅳ』ちくま文庫

シェイクスピア（1980）『ジュリアス・シーザー』中野好夫訳、岩波文庫

第9章

ハイデガーと古代原子論

古代原子論の現象学的解釈の試み

武井徹也

はじめに

本章の目的は、一九二〇年代のハイデガーによる古代原子論の存在論的条件についての解釈、すなわち古代原子論の現象学的解釈を検討することである。

二〇世紀を代表する哲学者の一人と目されるマルティン・ハイデガー（Martin Heidegger, 1889–1976）は、「存在（Sein）」の問いを復興し、西洋哲学全体を見はるかすような視野において「存在」を主題的に思惟することで哲学に大きな影響を与えたが、一九二〇年代の若きハイデガーは、古代ギリシア哲学を現象学的に解釈する作業を通じて、自らの「存在」の思惟を模索し開発しようとしていた。なかでも古代ギリシア哲学の一つの頂点であるアリストテレスの議論の現象学的解釈がハイデガーに与えた影響はきわめて大きく、その影響は一九二七年に公刊された『存在と時間』における議論の多方面にさまざまなかたちで及んでいることはよく知られている。

しかし古代ギリシアにはアリストテレスと同様、総合的な哲学を展開した哲学者としてデモクリトスがいる。デモクリトスはアリストテレスと並び称される博学者であり、彼が師のレウキッポスとともに唱えた古代原子論は、古代ギリシア哲学の伝統である自然哲学の一つの到達点をなしている。だがハイデガーはアリストテレスの議論について詳細な解釈をおこなう一方で、彼自身の思惟と方向性や立場が大きく異なるレウキッポスとデモクリトスの古代原子論についてはわずかな解釈しか示していない。

そのためハイデガーの「存在」の思惟とデモクリトスらの古代原子論の思惟との関係が取り上げられることはほぼない。だが古代原子論は実質的に、自然を一定の存在論的な構造において把握することを試みている議論である。ディオゲネス・ラエルティオスはその著作において、プラトンがデモクリトスの原子論を強く意識しながらもそれを慎重に遠ざけたと述べているが[1]、ハイデガーもまた古代原子論が抱えている最も重要な存在の問題に立ち入ることはなかった。しかし原子と空虚によってあらゆるものごとを説明しようとする古代原子論に対しては、彼自身の「存在」の思惟の立場からそれの存在論的な条件を照明する解釈を試みている[2]。

本章では、一九二七年公刊の『存在と時間』と同時期、一九二六年の講義においてなされたハイデガーによる古代原子論の現象学的解釈をみてゆく。現象学的な視点から存在論的な問題を解釈するハイデガーの解釈は、古代原子論のうちにどのような存在論的な諸構造を見出し、古代原子論をいかに位置づけるのか。そしてそのように解釈されるデモクリトスらの古代原子論の思惟はハイデガーの「存在」の思惟といかなる関係をもつのか。本章は、原子論の可能性について論ずるという本書の趣旨に鑑み、ハイデガー自身の「存在」の思惟の方向性や立場から古代原子論を俯瞰するのではなく、古代原子論が抱えている存在論的なことがらにハイデガーの解釈がどのように迫っているのかを注視してゆきたい。

1　古代原子論の基本原理

レウキッポスとデモクリトスは『大宇宙体系』や『小宇宙体系』などの著作をあらわしたとされるが、それらは今日ではすべて失われている。そのためわれわれが彼らの「原子論」とよぶものは、後のアリストテレスなどの著作における、彼らの著作に由来する断片的な言葉や間接的な証言をもとに再構成されたものである。そのため古代原子論の理解は、あらかじめ資料的な制約を受けている。本節では以下の節に先立ち、本章の目的に資する範囲において、古代原子論の基本原理を簡単に確認しておこう。

レウキッポスとデモクリトスの古代原子論は、タレスやアナクシマンドロスやヘラクレイトスといった初期の自然哲学者らの思惟を背景としながら、パルメニデスの思惟を経由して展開されている。パルメニデスは哲学史上はじめて「存在」を主題として取り上げて思惟し、以降の哲学に決定的な影響を与えた。彼は断片として伝えられている著作『自然について』において、自然の探究の正しい道を示そうとする。その道はこのように述べられている。

> 存在する（ἔστιν）、そして存在しないこと（μὴ εἶναι）はありえないという道。これは説得の女神の道である——というのは、それは真理（Ἀληθείη）に従うから——。（DK, 28B2）

> 存在するもの（ἐόν）が存在する（ἔμμεναι）と語りかつ思惟しなければならない。というのは、それが存在することはありえるが、無（μηδέν）が存在することはありえないから。（DK, 28B6）

そしてこのような不生不滅、一元的で全体的な「存在」についての思惟のもと、パルメニデスは諸々の感覚されるものの生成・消滅・対立を論ずる従来の自然哲学者らの思惟をこの「存在」を弁えていない思惟として批判し、正しい探究から厳しく斥けている（DK, 28B6–8）[3]。

レウキッポスとデモクリトスの最大の課題は、パルメニデスの不生不滅、一元的で全体的な「存在」の思惟の影響下にあって、変遷する感覚されるものの説明を新たに試みることであった。デモクリトスらの根本思惟は「原子」と「空虚」についての議論である。アリストテレスらの証言によれば、彼らは「不可分なるもの（τὸ ἄτομον）」である「原子」と「空なるもの（τὸ κενόν）」である「空虚」という基本原理によってあらゆるものごとを説明しようとした（vgl. DK, 67A6–19, 68A36–49）。すなわち「原子」とは、感覚されえないほど微小でそれ以上分割不可能な無数の不生不滅なものであり、それらは「形（ῥυσμός）」、「並び方（διαθιγή）」、「向き（τροπή）」という三つの差異をとる。そして これら「原子」の結合や分離の運動によって、感覚されるものなどがなると説明される。また「空虚」とは、「原子」と同様に感覚されえない不生不滅なものであり、「原子」が結合分離する無辺の運動の場であるとされた。デモクリトスはこのようにいう。

> 甘さは約定において存在し、苦さは約定において存在し、熱さは約定において存在し、冷たさは約定において存在し、色は約定において存在するが、諸々の原子と空虚は真に存在する（νόμωι γλυκύ, [καὶ] νόμωι πικρόν, νόμωι θερμόν, νόμωι ψυχρόν, νόμωι χροιή, ἐτεῇ δὲ ἄτομα καὶ κενόν）。
>
> （DK, 68B9 ; vgl. 68B117, B125）

デモクリトスら古代原子論者はこのように「原子」と「空虚」という基本原理を思惟することによって、パルメニデスの「存在」の思惟の影響下において変遷する感覚されるものを説明し、自然を新たに論じたのである[4]。

2　ハイデガーにおける古代原子論の現象学的解釈

続いて本節では、ハイデガーにおける古代原子論の現象学的解釈をみる。ハイデガーによる古代原子論の解釈は、一九二七年公刊の『存在と時間』の執筆と並行してなされた一九二六年夏学期の講義『古代哲学の根本諸概念』において展開されている。その解釈の目的は、古代ギリシア哲学における歴史的な思惟の動向をハイデガー自身の「存在」の思惟の観点から総合的に解釈する一環として、古代原子論を存在論的に把握することであった。そのためそれは詳細な解釈ではなく、断片的な解釈であるが、圧縮された独自の見解を含んでおり、それを通じて解釈の一定の方向性が示されている。(5) ここではこの解釈を踏み込んで読み解いていこう。

ハイデガーによるさまざまな哲学者の議論の現象学的解釈がそうであるように、ハイデガーは古代原子論の現象学的解釈においても、レウキッポスとデモクリトスが暗にそのうちで思惟していた根源的な次元――「存在」の次元――において古代原子論の存在論的条件を解釈しようとする。その解釈はアリストテレスの『形而上学』における古代原子論の概説を一つの下図としながらも、現象学的な視点から存在論的により立ち入ったものとなっている。(6) ハイデガーはレウキッポスとデモクリトスの古代原子論の思惟は、エンペドクレスやアナクサゴラスの多元論の思惟と同様に、タレスやアナクシマンドロスやヘラクレイトスら初期の自然哲学者らの「存在するもの（das Seiende）」の思惟を背景としながら、パルメニデスの「存在（das Sein）」の思惟を経由して展開されている「新世代の自然哲学（die jüngere Naturphilosophie）」の一つであるとみるのである（vgl. GA22, 78f., 241f.）。

ハイデガーにおける古代原子論の現象学的解釈は、以下の大きく三つの部分、すなわちレウキッポスの断片二の解釈とデモクリトスの断片一五六の解釈、そして人間の魂に関するデモクリトスの議論の解釈として展開される。

1　レウキッポスの断片二の解釈

ハイデガーによる古代原子論の現象学的解釈は、レウキッポスの断片二の解釈を基点とする。レウキッポスはこの断片で次のようにいっている。

> いかなるものもたまたま生じるのではなく、あらゆるものはロゴスから必然によって生じる（οὐδὲν χρῆμα μάτην γίνεται, ἀλλὰ πάντα ἐκ λόγου τε καὶ ὑπ᾽ ἀνάγκης）。[7]
> （DK, 67B2）

この言葉は、感覚されるものとそれがそこからなる原子の運動に関して述べたものと一般的に解される。ここではあらゆるものは「ロゴス（λόγος）」や「必然（ἀνάγκη）」において生じるといわれている。実際、「必然（ἀνάγκη）」という語に関しては、ディオゲネス・ラエルティオスは、「宇宙（κόσμος）の生成がそうであるように、増大も衰退も消滅もなんらかの必然（ἀνάγκη）に従ってあるのだが、それがどのようなものであるのかは、彼［＝レウキッポス］は明らかにしていない」と証言している（DK, 67A1）。またアリストテレスは、「デモクリトスは、目的（τὸ οὗ ἕνεκα）を論ずることをせずに、自然が関わっているあらゆるものを必然（ἀνάγκη）に帰している」という（DK, 68A66）。これらの証言をみる限り、レウキッポスとデモクリトスは、不動の動者（τὸ κινοῦν ἀκίνητον）としての神（θεός）を宇宙の根源をなす究極の目的因と捉えるアリストテレスの目的論的な立場[8]などとは異なり、宇宙とその運動を機械論的な因果関係において思惟していたように思われる。

しかしハイデガーは、この断片二をパルメニデス以降の新世代の自然哲学に共通する思惟、すなわち感覚されるものの存在論的な根拠を思惟する言葉として解釈する。彼は「ロゴス（λόγος）」という語に注目しながら、この言葉を「充足理由律（Satz vom zureichenden Grund）」の先駆けとして捉えるのである[9]（GA22, 79, 242）。ハイデガーは断片二を以下のように読む。

いかなるものも偶然に生じるのではなく、あらゆるものは一定の根拠と必然の力から生じる（Kein Ding entsteht von ungefähr, sondern alles aus einem bestimmten Grunde und Kraft der Notwendigkeit）。（GA22, 79, 242）

充足理由律では存在するものは一定の根拠によって存在するとされるが、ハイデガーは「ロゴス（λόγος）」を「根拠（Grund）」と読み、この「根拠」とは「存在するもの（das Seiende）」における「存在（das Sein）」であると解する。ハイデガーによれば、新世代の自然哲学は「諸々の現われるもの（τὰ φαινόμενα）を救済すること」を根本的な性向とし、「存在するものの学（Wissenschaft vom Seienden）」をはじめて確立することを試みていた（GA22, 78f., 241f.）。それゆえレウキッポスのこの言葉は、パルメニデスによる「存在」の単一化の思惟と初期の自然哲学者らによる諸々の「存在するもの」の生成・消滅・対立の思惟をともに締め出し、「存在するもの」は「存在」を根拠にしているということを示しているものと解釈される（GA22, 79, 242）。

ここにはハイデガーが新世代の自然哲学の思惟にみる問題意識がある。それは次のようなものである。

諸々の感覚経験が与える存在するもの（das Seiende, das die Sinneserfahrungen geben）も存在（das Sein）に結びつく諸構造を示すのではないであろうか。（GA22, 241）

ハイデガーによれば、充足理由律において感覚されるものがみられるということは、「根拠」との結びつきを見やるということであり、「その結びつきとともにはじめて、根拠と根拠づけられるものがその存在において存在するものとなる」とされる（GA22, 79）。すなわち感覚されるものは根拠づけられるものとして、「根拠」である「存在」と結びつき、感覚される「存在するもの」として自身を示す。またここでの「存在」はパルメニデスの思惟する「存在自体（Sein an sich）」とは異なり、「存在するものの存在（*Sein des Seienden*）」、「存立（*Bestand*）」として、すなわち変遷する感覚される「存在するもの」を可能にする「変遷の恒常的な根拠（*beständiger Grund des Wandels*）」として思惟されている（GA22, ebd.）。

この解釈を補足して詳しくみれば以下のようになる。新世代の自然哲学はパルメニデスの「存在」の思惟の影響下で成立したが、ハイデガーによれば、パルメニデスが主題として思惟したのは、「一（ἕν）」としての「存在」、すなわち「存在の単一性、唯一性、全体性、不変性（Einheit, Einzigkeit, Ganzheit, Unwandelbarkeit des Seins）」――「存在するもの」と峻別された、不生不滅、一元的で全体的な「存在」――である（DK, 28B2, B6, B8；GA22, 65-70, 78, 143, 234ff.）[10]。しかしこのような「存在」は新世代の自然哲学の思惟において変質することになる。「存在」は「存在するもの」と結びつき、「存在するものの存在」となる。さらにこのような感覚される「存在するもの」の「存在」はそれの根拠であるが、ハイデガーは「この根拠は存在と同一視されていない」という（GA22, 79）。すなわち根拠としての「存在」は、変遷をもたらす「要素（στοιχεῖον; Element）」のもとでみられていると解釈される。感覚される「存在するもの」の変遷は「存在」に対置されるのではなく、「要素」――「つねに存在するもの（das ἀεὶ ὄν）」――に対置されているといわれるのである（vgl. GA22, 243）。

こうしてパルメニデスの不生不滅な「存在」は、新世代の自然哲学においては不生不滅な要素の「存立」となる。なおハイデガーは、パルメニデスが思惟した「存在」は「恒常的な現前性（*ständige Anwesenheit*）」という或る特定の時間的な性格をもつと解釈する（GA22, 67-70, 234ff.）。そして「存在するものの存在」とは、古代ギリシアの「存在の理念」においては、「存立（*Bestand*）」、「恒常的に現前するもの（*beständig Anwesendes*）」であり、またとくに新世代の自然哲学では「変遷の恒常的な根拠（*beständiger Grund des Wandels*）」であるとされる（GA22, 79）。ハイデガーによれば、「存在」の根源的な性格は「時間」から規定されているのであり、古代ギリシアにおいては「存在」は「永続的な存立（*immerwährender Bestand*）」（GA22, 104）、「ものの現前性（*Dinganwesenheit*）」（GA22, 141）を意味するのだ。

ところで古代原子論においては、変遷する感覚されるものは無数の不生不滅な原子の結合分離する運動からなると思惟されていた。このことをハイデガーによる感覚されるものと要素の関係の解釈に即してみれば次のようになる。変遷する感覚されるものとは、アリストテレスらによって「諸々の感覚されるもの（τὰ αἰσθητά）」や「諸々の現われるもの（τὰ φαινόμενα）」などといわれるが（DK, 67A9, 68A37, A49, 68B9, B125）、これは「空しい仮象（eitel Schein）」や「存在しないものとされるもの（das angeblich Nichtseiende）」ではなく、「自身を示すもの（was sich zeigt）」、「最初に与えられている存在するもの（das zunächste gegebene Seiende）」となる（vgl. GA22, 39, 79, 242）。また不生不滅な原子とは、同じく「要素（στοιχεῖον）」などといわれるが（DK, 67A6–10）、これは感覚される「存在するもの」の「基礎をなすもの（das Zugrundeliegende）」、「存在の構造としての存在するものそのもの（das Seiende selbst als Seinsstruktur）」となる（vgl. GA22, 39, 81）。原子は変遷する感覚される「存在するもの」の「基体（ὑποκείμενον；Substrat）」であり、「存立（Bestand）」に属しているのだ（GA22, 81）。そして原子がとる「形（ῥυσμός）」、「並び方（διαθιγή）」、「向き（τροπή）」という三つの差異は、根源的に恒常的なものである原子が、感覚される「存在するもの」の変遷を可能にし、変遷する感覚される「存在するもの」を恒常的に保持することを可能にする存在の構造、「三つの根本カテゴリー（drei Grundkategorien）」とされる（vgl. GA22, 39, 219, 243）。

　充足理由律からみられた原子の現象は感覚されるものの現象に比して曖昧であり、原子の「存立」には一定の存在論的な不確実性が伴うが、ではこうしたハイデガーの解釈から示されるレウキッポスの断片二の内実とは何か。ハイデガーによれば、レウキッポスは充足理由律において感覚される「存在するもの」は「存在」を根拠とすると述べている。それゆえここで示されているのは、感覚される「存在するもの」は「存立」としての「存在」において、要素（原子）――「存立」において思惟されている不生不滅な「存在するもの」――とともに自身を示すという存在論的構造である。このような現象学的な視点から古代原子論は解釈されるのだ。

　ハイデガーはレウキッポスの断片二の言葉をこのように解釈することによって、古代原子論とそれが属する新世代の自然哲学は、感覚されるものを新たに説明するためにそのものの根拠として要素（原子）の「存立」を思惟し、それによって自然を一定の存在論的な構造において把握していると確認するのである。

2 デモクリトスの断片一五六の解釈

ハイデガーによるレウキッポスの断片二の解釈において示されているのは、「存在するもの」は「存在」を根拠にしており、感覚される「存在するもの」は「存立」としての「存在」において要素（原子）――「存立」において思惟されている不生不滅な「存在するもの」――とともに可能になるという存在論的構造である。この解釈を通じて、感覚されるものと原子の存在論的根拠と存在論的身分がみられている。

だが古代原子論においては、変遷する感覚されるものは無数の原子の結合分離する運動からなるが、原子の運動は無辺の運動の場としての空虚を必要とすると思惟されていた。そこで続いてハイデガーが取り上げるのがデモクリトスの断片一五六である。

ものはないものより以上には存在しない（μὴ μᾶλλον τὸ δὲν ἢ τὸ μηδὲν εἶναι）。　(DK, 68B156)[11]

デモクリトスのこの言葉は、パルメニデスの「存在」の思惟の影響下で、原子だけではなく空虚もまた存在することを逆説的に述べたものと解されることが多い。彼は「もの（τὸ δέν）」は「ないもの（τὸ μηδέν）」よりも存在するのではないという。これは「存在するもの（ἐόν）が存在すること」の探究を勧める一方、「諸々の存在しないもの（μὴ ἐόντα）が存在すること」、「無（μηδέν）が存在すること」の探究を禁じたパルメニデスの「存在」の思惟（DK, 28B6, B7）を意識した言葉である。デモクリトスのこの言葉に関連して、アリストテレスは次のようにいう。

存在するものは存在しないものより以上には存在しない、と彼らはいう（οὐθὲν μᾶλλον τὸ ὂν τοῦ μὴ ὄντος εἶναί φασιν）。

（*Metaphysica*, 985b8 ; DK, 67A6）

アリストテレスは『形而上学』において、「存在するもの（τὸ ὄν）」をその「存在」において――その「存在」の多様性において――詳細に論じたが、ここで彼は「もの（τὸ δέν）」と「ないもの（τὸ μηδέν）」について、「存在するもの（τὸ ὄν）」と「存在しないもの（τὸ μὴ ὄν）」と表現しており、そしてレウキッポスとデモクリトスは空虚という「存在しないもの」は充実したもの（原子）という「存在するもの」よりも劣って存在するのではないと述べていると証言するのである。ハイデガーは断片一五六を以下のように読む。

存在するものは存在しないものより高い程度においては存在しない（Das Seiende ist nicht in einem höheren Grade als das Nichtseiende）。

（GA22, 244）

ハイデガーはデモクリトスの「もの（τὸ δέν）」と「ないもの（τὸ μηδέν）」をアリストテレス同様、「存在するもの（das Seiende）」と「存在しないもの（das Nichtseiende）」と読む。また原子という「存在するもの」も空虚という「存在しないもの」も等しく存在すると解する。「存在しないものは存在するものとまったく同様に存在する（Nichtseiendes ist ebensowohl wie das Seiende）」のだ（GA22, 39）。そのうえでハイデガーは、「存在しないもの」が存在するということに注目して、断片一五六の言葉をパルメニデスの「存在」との関係で解釈する。ハイデガーはこの言葉に古代原子論者によるパルメニデスへのたんなる批判をみるのではない。ハイデガーによれば、デモクリトスはここで「自然が存在しうるには、なにが存在しなければならないのか」を問題にしており、それによりパルメニデスが思惟した「存在」を新たに彫琢しているとみるのである。

ハイデガーはまず断片一五六の言葉の引用者であるプルタルコスに倣い、原子だけではなく空虚もまた「存立(ὑπόστασις)」と「本性(φύσις)」をもっており、原子と空虚は「変化と運動のために必要な存立(Bestand)に属する」と解する(GA22, 81)[12]。そしてハイデガーによれば、パルメニデスがその思惟で主張したことは、「一(ἕν)」としての「存在」――「存在するもの」と峻別された、不生不滅、一元的で全体的な「存在」――であるが(DK, 28B2, B6, B8; GA22, 65–70, 78, 143, 234ff.)、一方、デモクリトスの断片一五六の言葉は、パルメニデスのこのような「存在の理念」を受けつつも、「可能的な自然に属するあらゆるもの」を「存在」へ押し込み、それを「自然一般の一種の図式(so etwas wie das Schema einer Natur überhaupt)」としたことを意味しているとされる(GA22, 81)。

すなわちハイデガーは、デモクリトスは「存在しないものによって、積極的な存在の諸条件(Seinsbedingungen)を立てること」、つまり「存在」の「内的な構造区分」を試みたのであり、それにより「運動の諸々の構成要素」を見出したと解釈する(GA22, 244f.)。レウキッポスとデモクリトスの古代原子論は、無数の原子が存在することを認め、またそれらの結合分離する無辺の運動の場として空虚が存在することも認めることで、自然を理解する下地とした。そしてこのことはハイデガーによるならば、「存立」としての「存在」において、原子という「存在するもの」だけではなく、空虚という「存在しないもの」もまた存在することを、すなわち原子とともに空虚にも一定の存在論的根拠と存在論的身分があることを思惟することで可能になるのである。この空虚の「本性」は「それの内部において運動が可能となる一つの秩序全体」といわれる(GA22, 244)。それゆえ断片一五六は次のように解釈される。

> パルメニデスも全体を語るが、しかし現前性の純粋な区別のない同一性(die reine unterschiedslose Selbigkeit der Anwesenheit)においてだけである。それに対して、デモクリトスは運動の諸々の構成要因(die konstitutiven Momente der Bewegung)を分節した。
> (GA22, 81)

ただしハイデガーは、古代原子論者が思惟するこのような空虚の現象とその「存立」には存在論的な確実性に一定の問題もあると指摘する。すなわちデモクリトスは空虚という「存在しないもの」が存在するということをプラトンほど明確に議論しておらず、また理解もできていないという（GA22, 219, 244f.）。

プラトンは『ソピステス』において、パルメニデスの一元的で全体的な「存在」の思惟を受けつつも、虚偽の言明の可能性という観点から、「ない（μὴ）」を存在の否定ではなく存在の「異他（ἕτερον）」として理解し、「存在するもの（τὸ ὄν）」に対する「存在しないもの（τὸ μὴ ὄν）」が存在することの一定の可能性を認めている。[13] これはデモクリトスとは異なる方向性の理解であるが、ハイデガーの指摘に沿ってこの理解を援用すれば、空虚という「存在しないもの」とは、原子とは異なった仕方において存在している「存在するもの」と解しうるであろう。だがハイデガーによれば、デモクリトスは「存在しないもの」が存在するということがいかに可能であるのかという問いをいまだ提起しておらず、それゆえにこのことを十分に理解していないとされるのである。これは空虚の「存立」の内実に関わる問題であり、実際、「存在」を主題化していないデモクリトスはこれについて行き届いた議論をしていない。

とはいえ、デモクリトスは空虚という「存在しないもの」が存在するということを存在論的に踏み込んで論じなかったが、彼は「自然（Natur）が存在しうるには、なにが存在しなければならないのか」と問うていたとハイデガーは理解する（GA22, 244）。ハイデガーによるデモクリトスの断片一五六の解釈において示されているのは、「存立」としての「存在」において、原子という「存在するもの」が存在することとともに空虚という「存在しないもの」が存在することも可能になること、そしてそれによってパルメニデスの不生不滅、一元的で全体的な「存在」が新たに彫琢され、「自然一般の一種の図式」が新たに提示されるという存在論的構造である。この解釈を通じて、空虚の存在論的根拠と存在論的身分がみられている。

ハイデガーはデモクリトスの断片一五六の言葉をこのように解釈することによって、自然が存在しうるための条件として原子の「存立」とともに空虚の「存立」をも思惟した古代原子論の存在論的な構造を確認するのである。

3　古代原子論の位置づけと人間の魂の問題

では、このように解釈されるレウキッポスとデモクリトスの古代原子論は、ハイデガーにおいていかに位置づけられるのであろうか。先にみたように、ハイデガーはレウキッポスとデモクリトスの古代原子論の思惟を、タレスやアナクシマンドロスやヘラクレイトスら初期の自然哲学者らの思惟を背景としながら、パルメニデスの思惟を経由して展開された「新世代の自然哲学」の一つであるとみる（vgl. GA22, 78f., 241f.）。だがハイデガーによれば、新世代の自然哲学者らの思惟は総じて、パルメニデスが踏み出した「存在」の思惟の影響を受けながらも「存在するもの」の説明に傾注している思惟であり、それゆえ彼らの思惟の水準は、パルメニデスの「存在」の思惟からむしろ後退していると見なされる。

> 存在の獲得への最初の助走、しかしながら同時に存在するものへの逆行。新世代の自然哲学（エンペドクレス、アナクサゴラス、レウキッポス、デモクリトス）は、パルメニデスの「存在の」テーゼを保持するが、それにもかかわらず、存在するものが学問的な認識の可能な対象になるように、存在するものを規定することを試みた。
> （GA22, 241）

すなわちハイデガーは、「存在するものの学（Wissenschaft vom Seienden）」の確立を試みた新世代の自然哲学者らの思惟は、初期の自然哲学者らの「存在するもの（das Seiende）」の思惟とパルメニデスの「存在（das Sein）」の思惟の中間に位置している（Zwischenstellung）というのである（GA22, 81）。ハイデガーによれば、古代原子論者はパルメニデスの「一（ἕν）」としての「存在」――「存在するもの」と峻別された、不生不滅、一元的で全体的な「存在」――の思惟の影響下にあって、変遷する感覚されるものの説明を新たに試みた。そして彼らは新たな「存在」、すなわち「存立（Bestand）」としての「存在」において、原子と空虚——「存立」において思惟されている不生不滅な「存在するもの」と「存在しないもの」——という基本原理を思惟し、それらから変遷する感覚される「存在するもの」を説明した。それによって存在論的な「自然一般の一種の図式（so etwas wie das Schema einer Natur überhaupt）」を新たに示しているのであり、「存在の問題構制（Seinsproblematik）」の一定の水準に達している点では初期の自然哲学より前進している。[14] ハイデガーはここに古代原子論の「独自さ（das Eigentümliche）」をみる。しかし一方で「存在」に関する思惟としては、古代原子論は「存在」を主題的に論じておらず、このような「存立」はパルメニデスの「存在」と同様の「存在論的な確実性（die ontologische Bestimmtheit）」を確保していないと見なされるのである。このことはハイデガーにおいて、デモクリトスによる人間の魂の議論とも関係してみられている。

古代原子論は原子と空虚によってあらゆるものごとを説明しようとするが、それは人間の魂とその認識機能にも及んでいる。デモクリトスの言葉やアリストテレスらの証言によれば、デモクリトスらは人間の「魂（ψυχή）」もまたおそらく原子から構成されるものと考えており、それはものごとを認識する機能、すなわち「感覚（αἴσθησις）」や「知性（νοῦς）」をもつという。そして感覚とは、原子からなる感覚されるものを認識する「闇の認識」であり、また知性とは、感覚と連動しながら原子と空虚を認識しうる「真正の認識」であるとされる（vgl. DK, 67A28–32, 68A101–135, 68B6–11）。[15] しかしハイデガーはこのような説明について次のようにいう。

生ないしは魂の存在様式（die Seinsart des Lebens oder der Seele）を自然ないしは世界の存在様式（die Seinsart der Natur oder der Welt）に対して限界づけることに成功していない。（GA22, 245）

認識すること自身（Erkennen selbst）も宇宙そのもの（Weltall selbst）のなかでの出来事にすぎず、この宇宙そのものと同じ存在様式をもつということになる。（GA22, 82）

ハイデガーによれば、デモクリトスの人間の魂とその認識機能についての議論は、アリストテレスが『形而上学』において「認識は似たものによって似たものについてなされる（ἡ…γνῶσις τοῦ ὁμοίου τῷ ὁμοίῳ）」と紹介しているエンペドクレスの認識の議論（DK, 31B106, B109）の延長に位置する議論であり、そこでは人間の魂とその認識機能が認識される原子と同様なものとして説明されている（GA22, 82, 245）。だが原子に関係する認識を同じ原子に即して説明することは、「自然の存在という意味における存在（Sein im Sinne des Seins der Natur）が認識の存在構造へ反映する」ことになる（GA22, 245）。すなわち「認識されるべき存在するものの存在様式」が「認識することの存在」へ跳ね返り、「ただ物質（Stoff）だけが存在する」ことになると批判するのである（GA22, 82）[16]。

ハイデガーは、古代原子論は「知性（νοῦς）」や「ロゴス（λόγος）」の機能は見出しているが、その存在様式は把握していないと指摘する（GA22, 82, 245）。認識の存在様式とは何であろうか。ここで彼がいう「ロゴス（λόγος）」とは、「存在するもの」を「存在するもの」として発見する認識機能であるが、それはまた先にレウキッポスの断片二の解釈でみたように、「存在するもの」を「存在するもの」として現象させる「根拠」としての「存在」でもあった。したがってこの指摘は、「根拠の開示性（Erschlossenheit von Grund）」である「現存在（Dasein）」を指示している（GA22, 188）。

ハイデガー自身の「存在」の思惟によれば、そもそも「存在」ということがらは「存在するもの」と峻別される現象であり、現存在としての人間の生の「存在了解（Seinsverständnis）」においてのみ現象している。そしてこの「存在」において、「存在するもの」ははじめてわれわれに現象しうるとされる（vgl. GA22, 7–11, 51, 102–106, 191, 227）[17]。現存在は「世界（Welt）」と「自己自身（sich selbst）」をそのような「存在するもの」としてはじめて露わにするという仕方で存在しているのである（GA22, 25, 188, 207f.）。しかし古代原子論ではむしろ、原子の存在様式である「存立（Bestand）」からこのような現存在の存在様式である「実存（Existenz）」（vgl. GA22, 188, 311ff.）が理解されることになる。すなわち人間を「小宇宙（μικρὸς κόσμος）」（DK, 68B34）として説明する古代原子論は、「現存在（Dasein）」としての人間を看過し、そして「存在」ということがらを根源的に思惟する可能性を自ら閉ざしていることになるのだ。それゆえハイデガーはここに古代原子論の「根本的な困難（Grundschwierigkeit）」（GA22, 82）があると主張するのである。[18]

3　ハイデガーにおける古代原子論の現象学的解釈の射程

さて、これまでハイデガーによる古代原子論の現象学的解釈をみてきた。ハイデガーの解釈は古代原子論の学説的な解釈というよりは、レウキッポスとデモクリトスの古代原子論が「存在」ということがらをどの程度まで理解しえたかという彼独自の現象学的・存在論的な観点における解釈であった。本節では以上のようなハイデガーにおける古代原子論の現象学的解釈の射程をみてみたい。前節において詳しくみてきた解釈をまとめつつ、このような方向性の解釈において示されたものと示されなかったものを整理する。

一九二六年夏学期の講義におけるハイデガーによる古代原子論の解釈では、ハイデガーの「存在」の思惟において一般的な「存在（das Sein）」と「存在するもの（das Seiende）」を峻別する図式が前面において展開されるのではなく、「存立（Bestand）」としての「存在」において、原子と空虚――「存立」において思惟されている不生不滅な「存在するもの」と「存在しないもの」――を解釈し、そしてそれらからなる感覚される「存在するもの」を解釈する図式が展開されている。その理由は、古代原子論がパルメニデスの「存在」の思惟の影響下にあって変遷する感覚されるものの説明を新たに試みていることに注目して解釈しているからであるが、一方でハイデガーがこのような原子と空虚の「存立」の解釈に困難をおぼえていることも確かである（vgl. GA22, 81）。古代原子論の存在論的条件の解釈を試みるハイデガーの現象学的解釈は、感覚されるものやそれがそこからなるという原子と空虚に関する存在論的な諸構造の一端を照らし出し、古代原子論における「存立」としての「存在」を示している。ただしこのような解釈は他方で、古代原子論が抱えている最も重要な存在の問題、すなわち原子と空虚の「存立」における実在の問題には十分に迫っていない。

すでにみたように、ハイデガーによる古代原子論の解釈は、アリストテレスによる古代原子論の概説を一つの下図としながらも、現象学的な視点から存在論的により立ち入ったものとなっている。ハイデガーはその基点としてレウキッポスの断片二を取り上げ、これをパルメニデス以降の「新世代の自然哲学（die jüngere Naturphilosophie）」に共通する、感覚されるものの存在論的な根拠を思惟する言葉として捉えた（GA22, 79f., 242f.）。そこでは、「ロゴス（λόγος）」を「根拠（Grund）」と読み、これを「存在（das Sein）」と解する。ハイデガーによれば、「諸々の現われるもの（τὰ φαινόμενα）を救済すること」を志向して「存在するものの学（Wissenschaft vom Seienden）」をはじめて確立することを試みていた新世代の自然哲学は、充足理由律においてパルメニデスによる「存在」の単一化の思惟と初期の自然哲学者らによる諸々の「存在するもの」の生成・消滅・対立の思惟をともに締め出し、「存在するもの」は「存在」を根拠にしていることをここで示しているとされるのだ。またここでの「存在」とは、パルメニデスが主題として思惟した「一（ἕν）」としての「存在」――「存在するもの」と峻別された、不生不滅、一元的で全体的な「存在」――が変質した「存在するものの存在（*Sein des Seienden*）」、「存立（*Bestand*）」として、すなわち変遷する感覚される「存在するもの」を可能にする「変遷の恒常的な根拠（*beständiger Grund des Wandels*）」として思惟していると解される。新世代の自然哲学においては、パルメニデスの不生不滅な「存在」は不生不滅な「要素（στοιχεῖον; Element）」の「存立」となると解されるのだ。

ところで古代原子論においては、変遷する感覚されるものは無数の不生不滅な原子の結合分離する運動からなると思惟されるが、このことをハイデガーによる感覚されるものと要素の関係の解釈に即してみれば次のようになる。変遷する感覚されるものとは、アリストテレスらによって「諸々の感覚されるもの（τὰ αἰσθητά）」や「諸々の現われるもの（τὰ φαινόμενα）」などといわれるが、これは「最初に与えられている存在するもの（das zunächste gegebene Seiende)」となる。また不生不滅な原子とは、同じく「要素（στοιχεῖον）」などといわれるが、これは感覚される「存在するもの」の基礎をなすもの、「存在の構造としての存在するものそのもの（das Seiende selbst als Seinsstruktur）」となる。そして原子がとる「形」、「並び方」、「向き」という三つの差異は、根源的に恒常的なものである原子が、感覚される「存在するもの」の変遷を可能にし、変遷する感覚される「存在するもの」を恒常的に保持することを可能にする存在の構造、「三つの根本カテゴリー（drei Grundkategorien）」とされる。

　充足理由律からみられた原子の現象は感覚されるものの現象に比して曖昧であり、原子の「存立」には一定の存在論的な不確実性が伴うが、このようなハイデガーの解釈によるならば、レウキッポスの断片二が示している内実とは、感覚される「存在するもの」は「存立」としての「存在」において、要素（原子）――「存立」において思惟されている不生不滅な「存在するもの」――とともに自身を示すという存在論的構造である。こうした現象学的な視点による解釈によって、感覚されるものと原子の存在論的根拠と存在論的身分が解釈されるのである。

　この解釈は、原子だけでなく空虚も「存立」において解釈されることで広がりをみせる（GA22, 81 244f.）。古代原子論においては、変遷する感覚されるものは無数の原子の運動からなるが、原子の結合分離する運動は無辺の運動の場としての空虚を必要とすると思惟される。ハイデガーは続くデモクリトスの断片一五六の解釈に際し、「もの（τὸ δέν）」と「ないもの（τὸ μηδέν）」について、これらを「存在するもの（τὸ ὄν）」と「存在しないもの（τὸ μὴ ὄν）」と表現しているアリストテレス同様、「存在するもの（das Seiende）」と「存在しないもの（das Nichtseiende）」と読む。そして原子だけではなく空虚もまた「存立（ὑπόστασις）」と「本性（φύσις）」をもっており、原子と空虚はともに「変化と運動のために必要な存立（Bestand）に属する」と解する。ハイデガーによれば、デモクリトスはこの断片において「自然（Natur）が存在しうるには、なにが存在しなければならないのか」を問題にしており、パルメニデスの「一（ἕν）」としての「存在」――「存在するもの」と峻別された、不生不滅、一元的で全体的な「存在」――を受けつつも、それを新たに彫琢している。すなわち「存立」としての「存在」において、原子という「存在するもの」が存在するだけではなく空虚という「存在しないもの」もまた存在すること、原子とともに空虚にも存在論的根拠と一定の存在論的身分があることを思惟しているとされるのだ。デモクリトスはパルメニデスの不生不滅、一元的で全体的な「存在」の内的な構造区分を試み、運動の構成要因を分節したのであり、それによって存在論的な「自然一般の一種の図式（so etwas wie das Schema einer Natur überhaupt）」を新たに示していると解釈されるのである。空虚の「本性」は「それの内部において運動が可能となる一つの秩序全体」といわれる。

ただしハイデガーは、空虚の現象とその「存立」に関するこのような存在論的構造には存在論的な確実性に一定の問題もあると指摘する。すなわちデモクリトスは空虚という「存在しないもの」が存在するということをプラトンほど明確に議論しておらず、また十分に理解もできていないとする。プラトンはパルメニデスの一元的で全体的な「存在」の思惟を受けつつも、虚偽の言明の可能性という観点から、「ない（μή）」を存在の否定ではなく存在の「異他（ἕτερον）」として理解することによって「存在するもの（τὸ ὄν）」に対する「存在しないもの（τὸ μὴ ὄν）」が存在することの一定の可能性を認めている。これはデモクリトスとは異なる方向性の理解であるが、ハイデガーの指摘に沿ってこの理解を援用すれば、空虚とは原子とは異なった仕方において存在している「存在するもの」と解しうるだろう。これは空虚の「存立」の内実に関わる問題であり、ハイデガー自身は空虚の「存立」の内実をこの方向から解釈しようとしているのである。

さらにハイデガーは、このような「存立」についてその性格を時間的な性格においてもみていた（GA22, 79）。「存在」ということがらの根源的な性格について、ハイデガーは「存在と時間の事象的連関の必然性」を強調する（GA22, 68）。ハイデガーによれば、古代原子論の「存立」はパルメニデスの「存在」に由来する。そしてパルメニデスにおいては、「存在」とは人間の「思惟すること（νοεῖν）」において了解される現象であり、不生不滅な「存在（das Sein）」という現象は「時間（Zeit）」という現象から「恒常的な現前性（*ständige Anwesenheit*）」という或る特定の時間的な性格において根源的に規定されていると解釈される（GA22, 67–70, 234ff.）。それゆえ「存立（Bestand）」もまたこの特定の時間的な性格において解される。すなわち新世代の自然哲学における「存立」は、「恒常的に現前するもの（*beständig Anwesendes*）」、「変遷の恒常的な根拠（*beständiger Grund des Wandels*）」という性格から把握されるのだ[19]。このような解釈を経ることでハイデガーは、古代原子論は原子と空虚の「存立」に定位する新しい存在論的な議論であることを確認しつつ、そこに古代原子論の「独自さ（das Eigentümliche）」をみている。その一方で、この新たな「存立（Bestand）」としての「存在」がパルメニデスの思惟した「一（ἕν）」としての「存在」と同様の「存在論的な確実性（die ontologische Bestimmtheit）」を手に入れてはいないということを浮き彫りにしようとしている（GA22, 81）。さらにこのような解釈には、人間の魂とその認識機能にまで及ぶ原子の「存立」が、そもそも「存在」を了解している現存在としての人間の生の「実存（Existenz）」を把握する可能性を閉ざし、それが古代原子論の「根本的な困難（Grundschwierigkeit）」をなしていることを示唆する解釈が加えられる（vgl. GA22, 82, 245, 188, 311f.）。こうした解釈を通じてハイデガーによる古代原子論の現象学的解釈の方向性が明確に示されている。彼自身の「存在」の思惟の方向性や立場に従えば、人間の生の存在様式は自然の存在様式とは異なっており、そして「存在」ということがらは総じて、「根拠の開示性（Erschlossenheit von Grund）」である「現存在（Dasein）」における現象であって、現存在の存在了解に即してのみ根源的に思惟されうるのである。

しかしハイデガーによる古代原子論の現象学的解釈はこれ以上深められてはおらず、古代原子論が抱えている最も重要な存在の問題、すなわち「存立」における実在の問題については十分に迫ることはなかった。ハイデガーの解釈によるならば、パルメニデスの不生不滅な「一」としての「存在」に古代原子論の不生不滅な「存立」としての「存在」は由来している。しかしハイデガーにおいて、両者の「存在」に関して根源的に解釈される「存在」の性格は、先にみた「恒常的な現前性」という時間的な性格であり、実在的な性格ではないのである。ハイデガーは「存立」における実在的な性格もパルメニデスの「存在」に由来するのか、そしてこの実在的な性格はいかに把握されうるのかについて言及していない。たしかにレウキッポスとデモクリトスは「存在」を主題的に論じていないゆえ、原子と空虚に関する存在論的な諸構造について行き届いた議論を展開していない。だが変遷する感覚されるものに対して、「諸々の原子と空虚は真に存在する（ἐτεῇι … ἄτομα καὶ κενόν）」といわれ（DK, 68B9, B117, B125）、また「真実は奥底に存在する（ἐν βυθῶι … ἡ ἀλήθεια）」ともいわれるように（DK, 68B117）、古代原子論の存在論的条件にはこのような実在の問題が深く根差している。

おわりに

紀元前五世紀頃に古代ギリシアにおいて誕生したレウキッポスとデモクリトスの古代原子論は、パルメニデスの「存在」の思惟を受けて自然を新たに説明づけるために構想された思弁的な仮説・理論と捉えられ、原子と空虚は議論上要請された思惟の産物と見なされることが多い。なにより彼ら自身が原子と空虚に関する存在論的な諸構造について行き届いた議論をしていない。それゆえ古代原子論の存在論的条件については、単純な実在論的立場による説明は斥けられるにしても、立ち入った理解や解釈がなされることは少ない。

しかしレウキッポスとデモクリトスの古代原子論は実質的に、自然を一定の存在論的な構造において把握することを試みている議論である。そして現象学的な視点から存在論的な問題を解釈するハイデガーの現象学的解釈は、このような古代原子論の存在論的条件を現象学的に照明することを試みていた。その解釈は古代原子論における存在論的な諸構造の一端を照らし出しているが、一方でこのような方向性の解釈はその解釈自身の背景にある「存在」の思惟の問題も垣間見せている。

『存在と時間』を準備していた一九二六年の若きハイデガーによる古代原子論の現象学的解釈は、彼自身の「存在（Sein）」の思惟を独自の現象学的存在論というかたちで練り上げ確立しようとする途上にあって、「存立（Bestand）」における〈実在問題〉という存在論的に困難な問題に立ち入っていない。現存在において「時間」という現象から了解される「存在」という現象、「存在」の時間規定こそがハイデガーが自らの「存在」の思惟において摑み取ったものであり、この〈存在と時間〉という現象学的・存在論的な問題構制がハイデガーにおける「存在」の思惟の中心をなしてゆき、西洋哲学全体を見はるかすような視野を彼に与えることとなった。[20] だが現存在において「時間」から規定されるこのような「存在」のもとで、「存立」としての「存在」もまた十分に理解されうるのであろうか。ハイデガーは存立するということは存在するということの了解のもとで可能になると示唆する。[21] しかしハイデガーによってこのような事態が明確に論じられることは、『存在と時間』やそれ以降もなかった。[22]

自然それ自身が存在しうるための条件として原子と空虚の「存在」を思惟したデモクリトスら。自然は自然とは異なる現存在における「存在」の了解を根拠としてはじめて、そのような「存在するもの」として露わにされうると思惟するハイデガー。デモクリトスらの古代原子論の思惟とハイデガーの「存在」の思惟との存在論的な方向性や立場には大きな違いがある。とはいえ、実在問題はいかなる存在論においても避けることのできない問題であり、そして古代原子論は実在問題を正面から提示している最古にして最大の議論の一つである。存在論の展開という点において、デモクリトスらの古代原子論の思惟とハイデガーの「存在」の思惟との関係は、「存在」についての思惟の大きな課題を示しているともいえる。

◉注

（1） *Vitae Philosophorum*, IX. 40. ところで神崎繁は、ディオゲネス・ラエルティオスの著作を研究していた古典文献学者時代の若きニーチェには、「体系哲学者としてのデモクリトス再評価への強い意欲」があったという。そこには、「プラトン・アリストテレスに匹敵しうるだけの哲学的体系を備えながら、資料的な制約で不当な評価を受けているという、彼のデモクリトスへの思い」があり、古代原子論者である「デモクリトスを起点として、古代哲学史そのものを読み替えようという、哲学的野心が燻り続けていたように思われる」と指摘する（神崎 1999：一三六―一四一頁）。

（2）　ハイデガーが古代原子論（本章ではレウキッポスとデモクリトスの原子論を指す）についてほとんど言及していない理由としては、その著作がすべて失われているという資料的な問題もさることながら、四元素説を採らず、運動を機械論的に説明し、神を積極的に論じないなどといった古代原子論の思惟がすでに古代において画期的でありながら異端的な思惟であったこと、そして以下の本文でみるように、デモクリトスらの古代原子論の思惟とハイデガーの「存在」の思惟との存在論的な方向性や立場の違いが挙げられると思われる。すでにプラトンはその著作においてデモクリトスらにまったく言及せず、古代原子論を遠ざけている。一方、アリストテレスは『自然学』や『形而上学』など多くの著作において古代原子論を取り上げて詳細に検討するものの、総じてこれを厳しく斥ける態度をみせている。そしてハイデガーは若き日の講義において断片的な解釈を示すものの、古代原子論の根本的な問題には立ち入らない。『存在と時間』以降の中後期のハイデガーにおいては、「存在の歴史（Seinsgeschichte）」という観点から哲学の「元初（Anfang）」の思惟が重要視され、ソクラテス以前の哲学者らの言葉が踏み込んで解釈される。だがそこでも古代原子論には事実上、触れられていない。それゆえ本書で検討されている哲学の歴史における原子論の系譜についても、ハイデガーが積極的な関心を示すことはほとんどない。中後期のハイデガーとソクラテス以前の哲学者らの関係については、村井則夫の研究と日下部吉信の研究が簡潔な理解を与える（村井 2011：三四九―三八八頁、日下部 2016：一一―一九頁）。また森一郎の研究は、後期のハイデガーによって展開された技術論を古代原子論との関連において検討しようとしている（森 2013：一六九―一九五頁）。

（3）　パルメニデスにおける ἔστιν や εἶναι や ἐόν などの読みは、註釈史や研究史をも巻き込む大きな問題であるが、本章では主として ἔστιν を「存在する」、εἶναι を「存在すること」、ἐόν を「存在するもの」と訳す。

（4）　本章では「不可分なるもの（τὸ ἄτομον）」の表記として「原子」を、また「空なるもの（τὸ κενόν）」の表記として「空虚」を用いる。「不可分なるもの」はまた、アリストテレスらによって「空なるもの」に対する「充実したもの（τὸ πλῆρες）」や「物体（τὸ σῶμα）」とも表現される。原子の大きさについては、一般に感覚され得ないほど微小といわれるが、デモクリトスが宇宙大の大きさの原子を想定していたとの証言もある（DK, 68A43, A47）。古代原子論における原子や空虚に関する概説としては、西川亮の研究やジェフリー・カークらの研究が整理されている（西川 1971：五八―一二四〇頁、Kirk, Raven, Schofield 1983: 406–429）。また本書第1章の金澤修の研究も併せて参照されたい。

（5）　『古代哲学の根本諸概念』は、古代ギリシア哲学との格闘のうちで自らの思惟の道を見出していった若きハイデガーが一九二六年夏学期におこなった哲学の概論講義であり、タレスからアリストテレスまでの主要な哲学者とその議論をほぼ通史的に取り上げて解釈する、古代ギリシア哲学史の体裁を有している（全集収録の著作としては、ハイデガー自身の講義原稿と受講生らの講義録とからなる）。その最大の特徴は、翌一九二七年に公刊される『存在と時間』の執筆と並行してなされたことで、哲学者らの議論の解釈に当時のハイデガーによる「存在」の思惟の方向性や立場が色濃く反映されていることである。ハイデガーは「存在」を思惟することこそが哲学という学問の本質と使命であると述べたうえで、哲学のはじまりである古代ギリシア哲学を取り上げる。そしてアリストテレスを「古代哲学の学問的な頂点」（GA22, 22）と位置づけ、古代ギリシア哲学における多様な思惟の動向をハイデガー独自の「存在」の思惟の観点から解釈しようとする。ハイデガー自身の思惟の方向性や立場などによって各々の哲学者の扱いには濃淡があり、また概論ゆえに断片的な記述も多いが、ハイデガーによる古代ギリシア哲学の総合的な解釈を示す唯一のものである。レウキッポスとデモクリトスの古代原子論についての直接的な解釈は本講義においてみられる。

（6）アリストテレスは彼自身の手による古代哲学史ともいえる『形而上学』Α巻の第四章において、古代原子論の基本原理を概説している（*Metaphysica*, 985b4–22 ; DK, 67A6）。それによれば、レウキッポスとデモクリトスの古代原子論においては「諸々の要素（στοιχεῖα）」――充実したもの（原子）という「存在するもの（τὸ ὄν）」と空虚という「存在しないもの（τὸ μὴ ὄν）」――があり、これらが「諸々の存在するもの（τὰ ὄντα）」の原因であるといわれる。ハイデガーはこのようなアリストテレスによる概説を、「基礎をなすもの（das Zugrundeliegende）」――充実したもの（原子）という「存在するもの（das Seiende）」と空虚という「存在しないもの（Nichtseiendes）」――があり、これらが「自身を示すもの（was sich zeigt）」の原因であると解釈する（GA22, 39, 219）。「自身を示すもの」はまた、「諸々の感覚経験が与える存在するもの（das Seiende, das die Sinneserfahrungen geben）」や「多様なものや変遷するものという意味における存在するもの（das Seiende im Sinne des Mannigfaltigen und Sichwandelnden）」などといわれる（GA22, 78, 241）。ハイデガーによる古代原子論の現象学的解釈は、「古代哲学の学問的な頂点」（GA22, 22）であるアリストテレスによる概説を下図としながらも、「存在」の問題に焦点を合わせ、現象学的な視点から古代原子論の存在論的条件を解釈することによって成立している。

（7）本断片は、ハイデガーの使用した第四版では断片二（D, 54B2）である。アエティオスの『学説史』における引用。レウキッポスの散逸した著作『知性について』の言葉として伝わる。

（8）*Metaphysica*, 1071b3–1075a10. アリストテレスは『形而上学』などにおいて、レウキッポスとデモクリトスの古代原子論における原子と空虚という基本原理は運動を明確に説明できていないと批判する（DK, 67A16, A18）。運動そのものを本格的に問題にしたはじめての哲学者はアリストテレスである。その思惟の方向性や立場が大きく異なるデモクリトスとアリストテレスの関係については、山口義久の研究が見通しを与える（山口 1988：三一―五五頁）。なお古代原子論においては神もまた原子から説明される。デモクリトスの原子論と神の関係については、西川亮の研究に詳しい（西川 1995: 一九一―二四五頁）。

（9）ハイデガーが本講義で展開した古代ギリシア哲学の解釈において、主題をなすのは「存在（das Sein）」の問題であり、またその導きの糸となるのは「根拠（Grund）」の理解である。そしてこの「根拠」は、十八世紀にライプニッツらが定式化した「充足理由律（Satz vom zureichenden Grund）」の端緒を古代ギリシア哲学の思惟のうちに探ることによってなされる（GA22, 46ff., 79, 225f., 242）。ハイデガーによれば、古代ギリシア哲学は「自然（φύσις; Natur）」などの「存在するもの（das Seiende）」からその根拠をなす「存在（das Sein）」を見出し、それを論じ始めた「存在」の思惟の第一歩なのである（GA22, 11f., 35ff., 216ff.）。

（10）ハイデガーによるパルメニデスの「存在」の思惟についての現象学的解釈は、本講義においては古代原子論の現象学的解釈に先行して断片的ながら展開されている（GA22, 62-70, 234f.）。本章では紙幅上、その解釈を詳細に検討することはできないが、ハイデガーはパルメニデスの断片三、四、五、七、八（DK, 28B3, B4, B5, B7, B8 ; D, 18B2, B3, B5, B7, B8）などからパルメニデスの「存在」の諸性格を読み取ろうとする。ハイデガーはまずパルメニデスの「存在」の思惟の方向性や立場を「存在」と「存在するもの」の峻別、「思惟と存在の同一性（*Identität von Denken und Sein*）」として確認し（GA22, 65f., 69f., 143, 234f.）、断片八の二―四行の言葉などから、「一（ἕν）」としての「存在」、すなわち「存在の単一性、唯一性、全体性、不変性（Einheit, Einzigkeit, Ganzheit, Unwandelbarkeit des Seins）」を解釈する（GA22, 70, 78, 236）。そしてこのような規定の「存在」は、「今（νῦν）」においてのみみられるという断片八の五―六行の言葉に即して、「恒常的な現前性（ständige Anwesenheit）」という時間的な性格においてより厳密に規定されていると解釈される（GA22, 67f.）。ハイデガーにおける「存在」と「時間」の事象的連関については、以下の注（19）も参照。

（11）本断片は、ハイデガーの使用した第四版では断片一五六（D, 55B156）である。プルタルコスの『コロテス論駁』における間接的な引用。本章では本断片における破格的な術語 τὸ δέν を「もの」と、また τὸ μηδέν を「ないもの」と訳す。本断片については、以下の注（12）も参照。なお本断片と関係するレウキッポスの言葉については、シンプリキオスによる次のような証言、「存在するものは存在しないものより以上には存立しない（οὐδὲν μᾶλλον τὸ ὂν ἢ τὸ μὴ ὂν ὑπάρχειν）」（DK, 67A8）、「彼は、それ［＝空虚］を存在しないものとよび、そして存在するものに劣らず存在するという（ὅπερ μὴ ὂν ἐκάλει καὶ οὐκ ἔλαττον τοῦ ὄντος εἶναί φησι）」（DK, ebd.）がある。

（12）「存立（ὑπόστασις）」と「本性（φύσις）」という語は、デモクリトスの言葉を引用しているプルタルコスの『コロテス論駁』にみられる語である。プルタルコスは次のようにいう。「[デモクリトスの話においては]「ものはないものより以上には存在しない」と規定されており、物体（τὸ σῶμα）をもの（τὸ δέν）と、また空虚（τὸ κενόν）をないもの（τὸ μηδέν）と名づけている。空虚もまた或る本性（φύσις）と一定の存立（ὑπόστασις）をもっているからである」（DK, 68B156；D, 55B156）。ハイデガーはこの「存立」と「本性」を原子と空虚の現象学的解釈に用いている。

（13） *Sophista*, 241D–259D.『ソピステス』の当該箇所では、虚偽の言明の可能性という観点から、パルメニデスの「存在」の思惟に対するプラトンの批判的な応答が展開されている。ただしプラトンによる「存在しないもの（τὸ μὴ ὄν）」が存在することの理解は、デモクリトスのような空虚という「存在しないもの」が存在することを認めるものではなく、両者の理解の方向性は異なっている。ハイデガーによる『ソピステス』のこのような議論の解釈は、一九二六年夏学期の本講義においては、『テアイテトス』の真偽論の解釈と連関して示されている（vgl. GA22, 66, 123–128, 193, 273–276）。

（14） ハイデガーは古代原子論における原子を「物質（Stoff）」、原子の存在を「物質的な存在（das materielle Sein）」と見なす（GA22, 39, 82）。また空虚は「物体（Körper）」としての原子がそこにおいて運動しうる「広がり（Dimension）」、「空間（Raum）」と見なされる（GA22, 81, 244）。ただしハイデガーによれば、古代原子論とは「存立」としての「存在」において「諸々の原子（Atome）」と「空虚（Leere）」という基本原理を思惟し、それによって存在論的な「自然一般の一種の図式（so etwas wie das Schema einer Natur überhaupt）」を示している議論である（GA22, 80f.）。原子がとる「形」、「並び方」、「向き」という三つの差異も、根源的に恒常的な「存在するもの」である原子が変遷する感覚される「存在するもの」の変遷と保持を恒常的に可能にする存在の構造、「三つの根本カテゴリー（drei Grundkategorien）」と解される（vgl. GA22, 39, 219, 243）。その意味において、レウキッポスとデモクリトスの古代原子論は、古代初期の自然哲学と同じものではなく、また近代以降の自然科学や唯物論と同一視することもできないと強調される（vgl. GA22, 81, 220）。古代原子論は「自然－学の根本諸概念の下図（Vorzeichnung der Grundbegriffe der Natur-Wissenschaft）」を描いているとハイデガーは解釈するのである（GA22, 220）。

（15） デモクリトスは感覚による認識について、断片九において「われわれはただ、体の状態に応じて、また体のうちに流れ込んだり体に対して抵抗したりする諸々のものの状態に応じて、変遷するものを認知しているにすぎない」という（DK, 68B9; D, 55B9）。ハイデガーは、「われわれはただ、諸々の切り離された像（die abgelösten Bilder）＝諸々の写影像（εἴδωλα）」を魂のうちにもつにすぎない」と解釈する（GA22, 245）。

（16） このことはまた、「存在するものの構造（die Struktur des Seienden）へ押し進むこと」は、「押し進むことの存在（das

Sein des Vordringens）を見損なう」ともいわれる（GA22, 82）。同様の解釈は、一九二五／二六年冬学期の講義におけるデモクリトスの感覚の認識についての解釈にもみられる（GA21, 373）。ハイデガーによれば、自然を認識する際のこうした存在論的な反映は、すでにパルメニデスの「存在」の思惟にあらわれており、以降の哲学の伝統をなしてきたとされる（GA22, 236, 245）。なおアリストテレスの『魂について』A巻などによれば、デモクリトスにおける人間の魂とは、火のように熱をもつ球形の合成体であり、おそらくは原子から構成されている。そして自ら動くとともに他のものを動かすとされる（DK, 68A101-104）。しかしハイデガーは、このように説明される魂とは「諸々の火の原子（Feueratome）」であり、これもまた「物質（Stoff）」であると見なす（GA22, 82）。

（17）現存在における「存在了解」の概念は、一九二六年夏学期の本講義においてすでに形を整えつつある。存在了解というハイデガー独自の現象学的・存在論的な洞察は、彼の師であるフッサールが一九〇〇―一九〇一年に刊行した『論理学研究』における志向性やカテゴリー的直観の議論の解釈に主たる起源を有している（vgl. GA15, 372-384, GA20, 34-122, GA22, 123, 272f., Ka, 158-161）。翌一九二七年公刊の『存在と時間』では、存在了解はハイデガーの「存在」の思惟の中核に据えられる（GA2, 6-11）。ハイデガーはフッサールのカテゴリー的直観の議論を存在論的に解釈し、カテゴリー的直観を現存在としての人間の生における志向的動性の可能根拠として改鋳した。彼は現象学的な意識の志向性概念を採用しつつも、志向性を可能にしている存在論的な条件（内的根拠としての存在の了解）をあわせて洞察し、全体的な理解的構造として提示するのである。これはアリストテレスの『ニコマコス倫理学』Z巻などの現象学的解釈を通じて具体的に開発・彫琢されていった。「志向性は現存在の固有の超越を前提している」といわれるが、ハイデガーは志向性の内的根拠を照明するという仕方で「志向性に属する存在了解」を論じる（GA24, 249ff.）。それは現存在の超越論的な体制なのである。このような事情についての研究としては、丹木博一の研究が行き届いている（丹木 2000: 八〇―一〇四頁）。

（18）ハイデガーによれば、このような人間の「知性（νοῦς）」や「ロゴス（λόγος）」への関心によって、古代原子論以降の古代ギリシア哲学の重心は「世界、自然の存在（das Sein der Welt, Natur）」を問うことから「人間的な現存在の存在（das Sein des menschlichen Daseins）」を問うことへと移行してゆく（GA22, 83）。しかし「知性」や「ロゴス」の存在様式が適確に捉えられることは、その後の古代ギリシア哲学や哲学の歴史においてもなかったと解される（GA22, 82, 245, 313f.）。現存在の存在様式と現存在以外の存在するものの存在様式との差異と関係は、ハイデガーの「存在」の思惟における重大な論点の一つである。それはハイデガーが自身の「存在」の思惟を独自の現象学的存在論というかたちで展開することを企て、その起点となる基礎的存在論という範囲において現存在の存在様式の分析が遂行された『存在と時間』でも同様である

(vgl. GA2, 23f., 59f., 441, 576)。ただしその最終的な解明は前半のみの公刊に終わった『存在と時間』ではなされなかった。

（19）「時間」から了解される「存在」、「存在」の時間規定は、ハイデガーにおける「存在」の思惟の中心をなすものである。ハイデガーは一九二六年夏学期の本講義におけるパルメニデスの「存在」の思惟の解釈に際して、「哲学の最初の一歩は、時間（Zeit）を見やり、存在の概念（Begriff des Seins）を得ることであった。このこと自身が明確に言明され、分析されることはなかったのであるが。存在と時間の事象的連関の必然性は、ギリシア人にとっては暗がりに包まれていたし、今日に至ってもそうである」と指摘する（GA22, 68）。「存在」の時間規定の問題は、翌一九二七年公刊の『存在と時間』において「存在一般の意味（Sinn von Sein überhaupt）」への問いとしてその一端が提示される（GA2, 24ff.）。当時のハイデガーは、独自の現象学的方法によって「存在」と「存在するもの」を現存在の存在了解に即して異なる現象として峻別し、「存在」の現象の根源的な規定を「時間」の現象に求めた。ハイデガーがこのように思惟した理由、それは古代ギリシア哲学以来の哲学の歴史において、「恒常的な現前性（ständige Anwesenheit）」という或る特定の時間規定における「存在」が暗に理解されていると考え、さらにそれとは異なる時間規定の「存在」——より根源的な時間規定における「存在」——を模索していたからである（vgl. GA22, 241, 313f., 331；GA2, 33-36）。それは〈存在と時間〉という現象学的・存在論的な問題構制の洞察であり、この問題構制は『存在と時間』において「存在」の問いの主題化、そして伝統的な哲学の批判的な「解体」構想として示された。

（20）ハイデガーによる〈存在と時間〉という現象学的・存在論的な問題構制の端緒は、一九二五／二六年冬学期の講義『論理学 真理への問い』において試みられた、アリストテレスの『形而上学』Θ巻一〇章を頂点とする「真理（ἀλήθεια）」の議論についての現象学的解釈にみることができる（GA21, 162-195）。また一九二七年公刊の『存在と時間』で表明された、伝統的な哲学の批判的な「解体」構想は、伝統的な哲学の基盤をなすアリストテレスの存在論との対決を意識しており、〈存在と時間〉という現象学的・存在論的な問題構制に即して、最終的にはアリストテレスの存在論をアリストテレス自身の時間論の解釈から批判しようとするものであった（GA2, 53；vgl. GA2, 35, 556）。アリストテレスによる「時間（χρόνος）」の議論についてのハイデガーの現象学的解釈は、『存在と時間』の刊行直後、一九二七年夏学期の講義『現象学の根本諸問題』における『自然学』Δ巻第一〇章—第一四章の解釈として示されている（GA24, 327-369）。ハイデガーにとってアリストテレスは、彼自身の「存在」の思惟を模索し開発するうえでの不断の伴侶であり、また同時にその「存在」の思惟の方向性や立場からは、根源的に乗り越えられるべき対決の相手であった。ただしハイデガーによる〈存在と時間〉という問題構制は、『存在と時間』においては後半部の刊行が断念されたために詳細に論じられることはなかった。『存在と時間』以降、この問題構制はかたちを変えながら思惟され続けてゆくことになる。

（21）ハイデガーは一九二六年夏学期の本講義におけるプラトンの『国家』のイデア論解釈に際して、「諸々のものはあり続けている（Dinge … *bleiben*）」が、「もの」があり続けているものとして把握可能になるのは、「光そのもの（Licht selbst）」――「存在（das Sein）」としてのイデア――をみるときだけであるという。そしてこの「光」のなかの「もの」は、「存立（Bestand）」をもつとする（GA22, 104f.）。「存在」と「存立」の関係については、以下の注（22）も参照。

（22）存立や実在の問題は、ハイデガーの「存在」の思惟における難所の一つである。ハイデガーによる存立や実在に関する言及は一九二〇年代中後期の著作に散見されるが、いずれの場合も当時のハイデガーの「存在」の思惟の方向性や立場、すなわち「存在」は現存在の存在了解においてのみ与えられている現象であること、また存立や実在は現存在以外の存在するものの存在様式でありそれと現存在の存在様式である「実存（Existenz）」とは異なること、この二点は貫かれている。ハイデガーは『存在と時間』において、「手許に存在するのでもなく直前に存在するのでもなく、ただ「存立している」もの（was, nicht zuhanden und nicht vorhanden, nur »besteht«）」を「非現存在的な存在するもの（das nichtdaseinsmäßige Seiende）」とよび、このものや現存在を含むあらゆるものの「存在」を解釈するには、十分に解明された「存在一般の理念（Idee von Sein überhaupt）」が必要であるとしている（GA2, 441）。「非現存在的な存在するもの」の存在様式は「最も広い意味における直前性（Vorhandenheit im weiteste Sinne）」ともいわれる（GA2, 60）。しかしこのような「存在」の議論は『存在と時間』の後半部が未刊に終わり、果されることはなかった。また実在については、『存在と時間』の一節を割いて論じられ、〈実在問題〉に関する伝統的な哲学の経緯を概観するという範囲において彼自身の一定の見解が示されている（GA2, 266–281 ; vgl. GA2, 119–135）。それによれば、「諸々の実在するもの（die Realen）」の「実在性（Realität）」とは現存在の存在了解に先行的に与えられている現象であるといわれる（GA2, 280f.）。すなわちわれわれは、「実在性」という存在様式の了解のもとでのみ、なにものかが実在しているということができる。したがって「現存在が実存していないならば、「非依存性（Unabhängigkeit）」も「存在する」のではなく、また「それ自体-において（An-sich）」も「存在する」のではない」（GA2, 281）。ハイデガーはこのような「存在するもの」は現存在の存在了解に依存せず、「存在」が現存在の存在了解に依存しているというが、「存在するもの」は「存在」の現象のもとではじめて「存在するもの」として現象しうるとする。そしてまた、現存在の存在了解が存在し、「直前性」の了解も存在する限り、その場合には「存在するものはなおずっと先まで存在するだろうといわれうる」とするのである（GA2, ebd.）。なおこのような存立や実在の問題は、「自然（Natur）」の問題と深い関係にある。これについては拙稿にて一部検討した（武井 2010: 一三五―一六七頁）。

◉参考文献

ハイデガーの著作は、主としてハイデガー全集（Martin Heidegger Gesamtausgabe, Vittorio Klostermann, 1975– ）を用いた。引用や参照箇所の指示に際しては、以下の略号を用い、頁数を併せて表記する。

GA2　*Sein und Zeit*（1927）

GA15　*Seminare*（1966–1973）

GA20　*Prolegomena zur Geschichte des Zeitbegriffs*（1925）

GA21　*Logik. Die Frage nach der Wahrheit*（1925/26）

GA22　*Die Grundbegriffe der antiken Philosophie*（1926）

GA24　*Die Grundprobleme der Phänomenologie*（1927）

Ka　Wilhelm Diltheys Forschungsarbeit und der gegenwärtige Kampf um eine historische Weltanschauung, 10 Vorträge（Gehalten in Kassel vom 16. IV.–21. IV. 1925）, in: *Dilthey-Jahrbuch für Philosophie und Geschichte der Geisteswissenschaften*, Bd. 8, Vandenhoeck & Ruprecht, 1992–93（1925）

著作名に続く最後の丸括弧内の数字は、公刊年、講義年、講演年を表わす。

レウキッポスとデモクリトスの著作に由来する言葉、パルメニデスの著作の一部として伝わる言葉、また彼らについての後代の証言などを使用するにあたっては、主としてディールスとクランツ編纂の『ソクラテス以前哲学者断片集』を用いた。引用や参照箇所の指示に際しては、以下の略号を用い、資料番号を併せて表記する。

DK　*Die Fragmente der Vorsokratiker, griechisch und deutsch*, von Hermann Diels, hrsg. von Walther Kranz, 3 Bde., 6. Aufl., Weidmann, 1951–1952.

ハイデガーも同書を用いているが、一九二〇年代中後期に彼が用いていたのは、ディールス編纂の第四版である。本章では基本的に上記の第六版（DK）を用い、その資料番号を表記するが、必要に応じて第四版の資料番号も注にて表記する。それに際しては、以下の略号を用い、資料番号を併せて表記する。

D　*Die Fragmente der Vorsokratiker, griechisch und deutsch*, von Hermann Diels, 3 Bde., 4. Aufl., Weidmann, 1922.

その他の著作は以下のとおりである。引用や参照箇所の指示に際しては、古典の場合は慣例に従って表記し、またそれ以外の著作では著者名、刊行年、頁数を表記する。

Aristoteles（1831-1870）Aristotelis Opera, edidit Academia Regia Borussica, Georgius Reimerus.

Aristoteles（1936）*Aristotle's Physics, A Revised Text with Introduction and Commentary*, by W. D. Ross, Oxford.

Aristoteles（1907）*Aristotle De Anima, With Translation, Introduction and Notes*, by R. D. Hicks, Cambridge.

Aristoteles（1924）*Aristotle's Metaphysics, A Revised Text with Introduction and Commentary*, by W. D. Ross, vols. I, II, Oxford.

Diogenes Laertius（1964）*Diogenis Laertii Vitae Philosophorum*, tomus prior, tomus posterior, recognovit brevique adnotatione critica instruxit H. S. Long, Oxford.

Kirk, G. S., Raven, J. E., Schofield, M.（1983）*The Presocratic Philosophers: A Critical History with a Selection of Texts*（Second Edition）, Cambridge.

Platon（1900）*Tetralogias I-II continens: Euthyphro, Apologia Socratis, Crito, Phaedo, Cratylus, Theaetetus, Sophista, Politicus,* Platonis Opera, tomus I, recognovit brevique adnotatione critica instruxit Ioannes Burnet, Oxford.

神崎繁（1999）『プラトンと反遠近法』新書館

日下部吉信（2016）「アナクシマンドロス、ヘラクレイトス、パルメニデス――原初の思索家たち」『続・ハイデガー読本』所収、法政大学出版局

武井徹也（2010）「自然の諸相――前期ハイデガーにおける自然についての議論」『現代文明の哲学的考察』所収、社会評論社

丹木博一（2000）「「地平の現象学」から「顕現せざるものの現象学」へ――「カテゴリー的直観」に関するハイデガーの態度変更をめぐって」『思想』第九一六号所収、岩波書店

西川亮（1971）『デモクリトス研究』理想社

西川亮（1995）『古代ギリシアの原子論』渓水社

村井則夫（2011）「ハイデガーと前ソクラテス期の哲学者たち」『西洋哲学史 I』所収、講談社

森一郎（2013）『死を超えるもの――3・11以後の哲学の可能性』東京大学出版会

山口義久（1988）「デモクリトスとアリストテレス」『自然観の展開と形而上学――西洋古代より現代まで』所収、紀伊國屋書店

第10章

明治期における実在論の系譜と原子論

「一即多」の哲学の展開

白井雅人

はじめに

日本の知的伝統が「哲学」という呼称にふさわしいものであるのかどうかについては、諸説あると言ってよいだろう。よく知られているように、中江兆民は「我日本古より今に至る迄哲学無し」(中江 1901: 二六頁)と主張した。一方、ジェイムズ・ハイジックらが編纂した *Japanese Philosophy: A Sourcebook* は、「万物の根源は水である」と主張したタレスをアリストテレスが哲学の起源としたことに対比させて、社会の成り立ちを訓示した聖徳太子を日本の哲学の起源としている(Heisig James W., et al. eds. 2011: 9)。

だが、「西洋哲学」が日本に導入されたのは、江戸幕府後期から明治にかけてであるということは衆目の一致するところである。高野長英の『西洋学師ノ説』が最も早い時期の西洋哲学の紹介であるが、西洋哲学の本格導入は西周のオランダ留学と帰国後の活動を通じてであった。その後、東京大学に哲学科が設置され、アカデミックな哲学研究がなされるようになる。

東京大学哲学科の教師であった井上哲次郎や、井上円了、清沢満之、三宅雪嶺らに代表される東京大学哲学科の卒業生たちは、明治二〇年頃から自らの哲学を表明していった。彼らの哲学は舩山信一によって「現象即実在論」と総称されたが[1]、その内実は一と多をめぐる形而上学であった。後述するように、彼らは同じように一元論と多元論を統合するような実在論を目指しながら、それぞれに特色のある独自の哲学を展開していったのである[2]。

たとえば、一八八六年（明治一九年）に出版された井上円了の『哲学一夕話』の主要なテーマは、一元論と多元論の関係であった。西洋の哲学書の翻訳・翻案を除けば、日本の哲学書として最初期の書物として位置づけられる『哲学一夕話』において展開されたのは、一元論（無差別）の立場でもなく、多元論（差別）の立場でもなく、その両者を統合するような「円了の大道」であった。また、一八九四年（明治二七年）に発表された井上哲次郎の「我世界観の一塵」で主張されたのは、「現象即実在論」であった。この現象即実在論は、現象（多）と実在（一）の関係を論じながら、多でもなく一でもなく、現象と実在が離れず一つのものであるという立場であった。

一九一一年（明治四十四年）に刊行された西田幾多郎の『善の研究』も、純粋経験を分化発展するものであるとし、統一（一）と矛盾対立（多）の両面を備えたものとして論じた。西田は、「そこで実在の根本的形式は一なると共に多、多なると共に一、平等の中に差別を具し、差別の中に平等を具するのである」（NKZ1-57）と述べ、一と多の両面を備えたものとして実在を考えていたのである。

このような一と多に関する形而上学的な思索の中に、原子論が位置づけられる。それゆえ、明治期の哲学における原子論に対する関心は、もっぱら形而上学的な問題と関連づけられたものであった。明治期の哲学においては、西洋哲学と同時に進化論をはじめとする近代諸科学も積極的に受容されたが、化学・物理学的な元素に関する原子論には強い関心が示されなかった。むしろ、一元論と多元論との対決の中で自らの哲学的体系を構築する際に、原子がどのように位置づけられるのかという問題関心の中を動いていたのである。

ただし、この明治期の哲学における原子論の問題は、単なる彼らの実在論の一テーマに留まるものではない。井上円了、井上哲次郎、清沢満之は、現象即実在論として一まとめにされる傾向があるが、これから見ていくように、原子論に対する態度は三人それぞれ大きく異なる。原子論に対する態度の多様性を明らかにすることによって、明治期における実在論の多様性も明らかにすることができる。そういった意味で、彼らの実在論における原子論の位置づけを問うことは、大きな意味があるであろう。

以上のような問題意識に基づき、本章では明治期の哲学と原子論の関係を見ながら、一即多の論理を明らかにしていくことにする[3]。まず、明治期の哲学における原子論理解を明らかにするために、彼らの原子論、とりわけデモクリトス理解についてみていく（第一節）。次いで、明治期の哲学の先駆者として井上円了（第二節）と井上哲次郎（第三節）の哲学を見たのち、清沢満之の哲学を見ていくことにする（第四節）。

1　明治期における原子論理解

すでに述べたように、明治期の哲学者の関心は一元論と多元論を統合するような形而上学の展開であり、原子論への関心も、その形而上学と結びつくような形での関心であった。彼らは科学哲学的な関心から原子論へと接近するのではなく、あくまで存在の在り方に関する形而上学的な実在論として原子論を論じていた。そのため、彼らの原子論理解を見ていくために、まずは彼らのデモクリトス理解を見ていくことにしよう。明治期の哲学者にとって、デモクリトスは実在の根源を解き明かそうとしていた古代ギリシア哲学の系譜の中に位置づけられる哲学者であり、実在論としての形而上学的な原子論の典型として受け取られていたからである。

明治期における哲学史理解の基底にあるのが、シュヴェーグラーの『哲学史』の英訳*Handbook of the History of Philosophy*である[4]。当時の東京大学哲学科で教鞭をとっていたフェノロサが教科書に使用しており[5]、外山正一も哲学についての講義の際に教科書として使用していた。[6] シュヴェーグラーの英訳本から、一と多の形而上学に関連する箇所を引用しよう。シュヴェーグラーの英訳本では、デモクリトスの略歴が紹介されたのち、以下のように記述されている。

エンペドクレスのように、一定数の、異なった質をもつ原初の物質の集合を、始原として仮定する代わりに、原子論者はすべての現象的で特殊な質を、質的には同等であるが量的には同等でない無数の根源的な諸要素から引き出した。彼らの原子は、延長するが不可分であるような不変で物質的な微量なものであり、互いに大きさと形と重さだけが異なる。現存するが質なきものとして、原子は変質したり質的に変化したりすることはまったくできず、それゆえエンペドクレスのようにあらゆる生成は場所の変化にすぎない。現象的世界における多様なものは、ただ形や順序や位置でのみ説明されうるのであり、現在する諸原子もまたさまざまに複合されて統一されている。

(Schwegler 1867→1875 : 25)

この引用の後、シュヴェーグラーは、充実と空虚との関係、必然性の問題、ヘーゲルの評価などについて述べる。上記の引用部分が重要なのは、原子論が、量的には異なるものであっても、質的には同等であるということが述べられている点である。それゆえ、明治期の哲学者たちの多くは、原子論を原子という質的に同一なものに還元する理論と受け取り、一元論と位置づけることになるのである。[7] 原子の数は無数であり、また当時の化学・物理学において新たな元素が発見されていたが、原子論は多元論とは受け取られなかったのである。

このシュヴェーグラーの哲学史の英訳が大きな影響を与えていたことについては、いくつかの傍証を挙げることができる。たとえば三宅雪嶺は、「希臘哲学史」と題された講義を行ったが、そこではデモクリトスを筆頭とする原子論について、「原子論者は万物の本源を以て原子に帰する者にして其原子たるや大小方円軽重を異にすと雖とも皆同様の性質を具へ多少延長を有すれども微細の極度の者なれば分解すべからざる単純最精の者なり」（三宅雪嶺 1899: 一六頁以下）と述べている。また、シュヴェーグラーの哲学史の特徴であるヘーゲルの引用と弁証法的な哲学史理解もそのまま踏襲されており、三宅の講義は全体としてシュヴェーグラーの翻案という色彩が色濃いものであった。

また、井上円了が明治十六年に作成したと思われる研究ノートにも、シュヴェーグラーの哲学史の抜粋があり、そこに原子論についての記述も引用されている（柴田隆行、ライナ・シュルツァ 2010: 二三六頁以下）。この研究ノートには進化論についての記述はあるが、科学的な原子論の記述は見当たらない。少なくとも当時の井上円了にとって、原子論を理解するための手引きになったのはシュヴェーグラーの英訳本であったと言えるだろう。

紀平正美も一九一一年に製本された講義録『哲学概論』の中で、「原子論者は更に終局の所迄抽象して、質に於ては同じく、数に於て沢山なる原子（Atom）なるものが実在して居つて、此れが虚空中を運動して居る」（紀平正美 1911: 一二二頁）と述べている。この簡潔なまとめではシュヴェーグラーの影響の多寡は判明ではないが、少なくとも質において同等であり、量においては異なるという理解をもっていたということは窺える。

清沢満之は一八八八年（明治二十一年）から一八八九年（明治二十二年）にかけて執筆したと推測されている「西洋哲学史試稿」の中で、「微分子［＝原子：引用者注］ハ其内部ノ性質上相異ナルコトナシ　其相異ナルハ形状、順序、及位置ノ不同ニヨル　形状ノ異ナルカ為ニ微分子ニハ大小ノ不同アリ　大小ノ不同ナルカ為ニ軽重ノ差等アリ」（清沢満之［2003: 二一頁］）と述べている。「西洋哲学史試稿」における原子論の項は、ほぼユーバーヴェークの *Grundriss der Geschichte der Philosophie des Altertums* をもとに書かれているが、「微分子ハ其内部ノ性質上相異ナルコトナシ」という一文はユーバーヴェークの原文には存在しない（Ueberweg 1862→1920: 121）。「西洋哲学史試稿」の目次等の全体の構成は、シュヴェーグラーの哲学史と酷似しているため、清沢の「西洋哲学史試稿」はシュヴェーグラーにも影響を受けていると考えられる。それゆえ、この挿入はシュヴェーグラーに基づく挿入であると考えてよいだろう。

以上のように、明治期の哲学において、シュヴェーグラーの哲学史英訳の影響下で、原子は「量的には異なるが質的に同一なもの」と理解されていた。そして質的に同一なものに還元する理論として、原子論は一元論として受け止められていたのであった。以下では、明治期の哲学者たちが、原子論をどのように受け取り、どのような哲学を展開していったのか、具体的に見ていくことにしよう。

2 井上円了の哲学と原子論

舩山信一によれば、井上円了は、「日本で始めて純正哲学を問題にした哲学者」（舩山信一 1956→1998：六八頁）である。(8) ここでの純正哲学とは、形而上学のことであり、実践哲学や応用哲学と区別された理論哲学を意味する。(9) この純正哲学を、井上円了は『哲学要領』と『哲学一夕話』において展開した。そこにおいて井上円了がどのように原子論を扱っているのかを見ていくことにしよう。

井上円了は、『哲学要領　後編』において、一元論としての唯物論の最終段階として、原子論を位置づける。そこで井上円了は、以下のように述べる。

今、物のなんたるかを知らんと欲せば、まずその成分を知らざるべからず。物には気体、液体、固体の別あるも、その体みな分子の集合より成る。分子は小分子より成り、小分子は微分子より成る。微分子はすなわち化学的の元素なり。元素にはおよそ七十前後の種類ありて、あるいは互いに相集合し、あるいは抱合して万物を形成す。故に物質の実体は元素なりというべし。　（IES1–175）

ここで井上円了は分子や元素という用語を使用しているが、「レウキッポス氏およびその門弟デモクリトス氏は内力論を排して元素論をとる。これより分子成物の説、起こる」(IES1–116) という用語法を見れば、デモクリトスの原子論が念頭にあったということは明らかであろう。井上円了によれば、一元論的唯物論を突き詰めると、物質の実体としての元素を考える原子論になるのである。しかし、井上円了は原子論に対して疑問を提出する。

> 物質の体を元素に帰するときは疑問を元素に移して、更にそのなんたるを究めざるをえず。ここにおいて元素は物質なるか、また物質にあらざるかの疑問起こる。もしこれを物質なりというときは、物質を釈するに物質をもってするの難あるをもって、物質の体は元素なりということを得ず。もしこれを物質にあらずというときは、その体なにものなるやの疑問、またついで起こらざるをえず。もしこれを無形無質のものとするときは、形質なきものいかにして形質あるものを構成するやの問い起こり、これを有形有質のものとすれば、その形質いかなるものなるやの疑い起こり、到底疑問の解答を尽くすことあたわざるなり。これによりてこれをみれば、元素をもって物質の本体と定むるは、論理上の難を免るべからざるものと知るべし。
> (IES–176)

つまり、物質を構成する元素が物質ならば元素としての物質を構成する何かがさらに必要になり、物質でないならば物質でないものから物質がいかに生まれるのかという問題が生じる、というのである。それ故、原子論の立場に留まることができないというのである。こうして、井上円了は、原子論を一元論として受け取りながら、原子に還元する一元論を否定する。そのうえで一元論に留まらない、一と多を総合した体系を企図した。井上円了は、『哲学一夕話』で、もう少し丁寧な議論をしながら自らの哲学の体系を明らかにしている。今度は『哲学一夕話』の議論を見てみよう。

『哲学一夕話』において原子論が扱われるのは、第二編「神の本体を論ず」という箇所である。哲学一夕話は、「円了先生」という架空の登場人物とその弟子たちが議論し、最後に円了先生が弟子たちに裁断を下すという対話篇的な構成をとっている。ただし登場人物の名が、円了先生、円東、円南、了西、了北という名前で紛らわしいため、円了先生以外の登場人物の名前は出さず、唯物論者、唯心論者、有神論者(1)、有神論者(2)と表記したい。

唯物論者は、「世界中の万物は同一の物質より成り、万物の変化は物質内に含有せる勢力より生ずといわんとす」（IES1–52）と述べ、世界を構成するのは同一の原子であり、そこに含まれるエネルギーによってさまざまな変化が起こると説く。そしてその論拠として、「物質不滅の規則」と「勢力恒存の理法」を挙げる。[10] どんなに変化が起きても、物質は変わらないし、エネルギーの総量にも変化がないことから、物質と勢力[11]だけで説明されるべきで、他のものをこの世界の事象で想定すべきではないと主張されるのである（IES1–52f.）。

このような主張に対し、「無機物から有機物への発展、人間のような高度な精神作用が、物質とエネルギーだけで説明できるのか」という疑問が出される（IES1–54）。この疑問に対して、唯物論者は進化論的に説明をする。有機物と無機物、動物と植物、ともにその境界線上のものを比べればほとんど差がない。また、高度な動物は人間と同じような精神作用をもっているように見えるし、人間も動物とほとんど差がないように見えることもある。以上のような論拠により、自然に進化し、「その初め同一の物質にして、次第に進んで無機より有機を生じ、動植より人類を生ずる」（IES1–55）ということは間違いがなく、「自然の進化は物質その体に含有せる勢力より生ずるものにして、別に天神ありてこれを生ずるに非ず」（IES1–55）と言えるのである。

唯物論者の主張を簡単にまとめよう。彼はすべてを原子とその運動に還元できると主張した。原子とそれに固有のエネルギーによって、物質の結びつきが変化し複雑化し、より複雑な機能を備えたものへと進化する。こうして有機物が生まれ、高度な精神作用も生まれてくるのである。

以上のような原子論と進化論を融合させたような唯物論に対して、唯心論者が反論を加える。第一の反論は、物質を構成する原子は、はたして物質なのか否か、というものである。これは、すでに見た『哲学要領』の議論と同じものであるが、唯物論者は答えることができない（IES1–56）。

第二の反論は、物質の中にあるエネルギーはどのようにして知られるのか、というものである。この問いにも、唯物論者は答えられない（IES–56f.）。

第三の反論は、物質とその運動を可能にする空間と時間をどのように考えたらよいのか、というものである。空間がなければ、物質は性質をもてず、時間がなければ運動もありえない。物質と運動が可能になる場としての空間と時間も、物質と運動に還元できるのかという問題である。唯物論者は、物質があるから空間もあり、運動があるから時間も可能になっていると主張するが、それが憶測でしかないことを認めざるをえない（IES–57）。

こうして唯物論者に代わって、唯心論者がすべてを心の中の出来事とする論を展開する。しかし、有神論者(1)が唯心論を批判する。それは、「人間の心は変化を見ることはできても、物質に変化を起こす力はない。物質に変化を起こす力は心の外に想定するよりほかない」という内容のものである（IES1–59）。唯心論者はこの批判に答えることができない。

有神論者(1)は、変化を引き起こす造物主として「天神」の存在を主張する。この天神は、造物主である以上、宇宙の外部にあると主張される（IES1–60）。しかし、宇宙の外部にいる造物主がどこから宇宙の材料をとってきたのか、時間空間の外部にある神をどのように考えることができるのかといった有神論者(2)の批判に答えられない（IES1–62）。

しかし、天神の一部は宇宙の内部にあり、一部は宇宙の外部にあると主張する有神論者(2)は、なぜことさら宇宙の外部に天神を想定しなければならないのかという批判に答えられない（IES1–63f.）。そこで有神論者(2)は物と心の全体と天神の全体は一致すると主張するようになる。

ここまで議論が進んだところで、唯物論者が有神論者(2)の説と自らの説が一致すると言い出す。唯物論は、物を離れて心がないといっても、まったく差別がないというわけではない。「一大物体」の運動において、さまざまな差別が生み出され、そこから心性も現れ出てくるというのである。この差別を可能にする一大物体のダイナミズムを唯物論者は「無差別の物体」と呼ぶが、これを「天神」と呼びかえるならば有神論者(2)の説と一致するのだと主張する

(IES1-64)。すなわち、物質の運動は「一大物体」という実在の本体の運動と読み替えられ、この実在の本体を神と呼べば有神論とも合致するというのである。

また、唯心論者も、二人の説と一致すると言い出す。すべてが心の中にあるといっても、差別がないわけではない。無差別の平等心と差別の物心があり、無差別の平等心を「天神」や「無差別の物体」と呼べば両者の説と一致するのである(IES1-64)。つまり、物と心の差別の相は、実在の本体としての無差別の平等心に基づくものであり、この無差別の平等心は唯物論者の説とも有神論者(2)の説とも一致しうると主張したのである。

さらに、有神論者(1)も説が一致すると言う。平等心としての天神と差別の物心が同一でないならば、差別の物心の外に天神を考えられる。それ故、物心の外に天神があるという自らの説と矛盾しないと主張するのである(IES1-64f.)。ここで、有神論者(2)も、天神の一部が物心の外にあり、一部が内にあるということをいう彼の最初の説が間違いでなかったと主張することになる。平等心と差別の物心を分ければ物心の外に天神がおり、差別の物心の本体が平等心とするならば物心の内に天神があると言えるというのである(IES1-65)。

この一致をもって四人の弟子たちは円了先生に意見を求めるのだが、円了先生は一人の所見が真理なのではなく、「四人の説相合して始めて純然の真理となる」(IES1-65)と注意する。四人の弟子のどれかの説に偏るのではなく、その中道がこの「円了の道」となるのである。「円了の道」に物体の名を与えれば唯物論になり、心体の名を与えれば唯心論になり、神体の名を与えれば有神論になるのである。この円了の道は、「不生不滅」、「不増不減」、「無始無終」、「無涯無限」の体を有し(円了の体)、それ自身の力から「無量無数」の変化を起こし(円了の力)、開いては差別の万境を示し、合して無差別の一理に帰する(円了の大化)。こうして、唯物論でも唯心論でもなく、また単なる有神論でもない、それらの立場の中正に立つ円了の大道こそが真理の道であるとされるのである(IES1-67)。井上円了が目指したのは、差別と無差別、一と多を包含する総合的な体系なのであった。

井上円了の『哲学一夕話』第二編の内容を見てきたが、井上円了の原子論に対するスタンスも明瞭になったであろう。以下、簡単にまとめてみよう。

まず、原子論の立場そのものには立たないということは明らかである。井上円了にとって、原子論には矛盾があり、原子論の立場ではそれは解消できない。

だが同時に、単純に原子論を排斥するというのでもない。円了の道に物体の名を与えるならば、それは唯物論になると言われているということは重要である。円了は原子論的な考え方を包摂するような体系を構想するのである。原子論的唯物論だけでは真理とはならないが、唯心論、有神論との中正の立場に立つとき、唯物論も「円了の道」を表現する体系となっている。物質が不滅であり、エネルギーの総和がつねに一定であるということは、「円了の体」の「不生不滅」、「不増不滅」を表現している。また、原子に固有のエネルギーがあるということは「円了の力」を表現し、この固有のエネルギーから同一の物質（無差別）が結合し、さまざまな複雑な構造が生じてくる（差別）ということは「円了の大化」を表現している。原子論的唯物論だけでは真理とはならないが、中正の立場に立つとき、原子論的唯物論も真理の一面を表現するものになっているのである。原子に実在を還元する一元論の立場は採用しないが、原子論を包摂するような立場を目指したといえよう。それは、一元論を否定したからといって、物心二元論や多元論を採用するのではないことを意味する。井上円了が企図したのは、一元論がそこから可能になるような、一と多が結びついた実在論だったのである。

さらにもう一つの特徴として、原子論的唯物論が進化論と結びついているということが挙げられる。井上哲次郎が、「自分は東京大学に於いて独逸哲学の外夙に進化論と仏教哲学の影響を受けたのであるが、進化論者は兎角唯物的方面に傾向する。（…）それで流行の唯物主義、機械主義、功利主義等に反対して、絶えず理想主義の側に立つて戦つて来た次第である」（TMK-73）と証言するように、当時は唯物論と結びついた進化論が盛んだったということに基づくのであろう。(12)

以上のように、井上円了は、自らの体系である「円了の大道」の内に原子論を包摂しようと企図した。しかし、唯物論、唯心論、有神論のそれぞれの限界が主張され、それらの中正こそが「円了の大道」とされるが、それらがいかに統合されるのか、それらの中正がいかに可能になるのかということは判然としない。唯物論が否定され唯心論に移行し、唯心論が否定されて有神論に移行し、有神論が否定される。この否定の結果、最終的にはそれらの立場を包含する実在の本体が明らかになるという理路である。しかし、この理路がいかに可能になるのか十分に論理的に基礎づけられているとは言い難い。また、この実在の本体が、物でもあり、心でもあり、神でもあることになるが、それが具体的にいかなるものであるかに関して積極的に基礎づけられることはなかった。それゆえ、大西祝の「先生の説は真に非難し難し何となれば明白ならねばなり余は井上先生が人間に向て人間の解し得べき言語を語らる、かを疑う」（大西祝 1887→2001：九一頁）という厳しい批判を否定することは難しい。

だが、実在を物質や心に還元する一元論の限界を指摘しつつ、同時にそれを包含するような理論を構想した功績も否定することはできない。序で引用したように、西田幾多郎が『善の研究』で主題とした「純粋経験」は、一と多、差別と無差別の両面をもつ実在であった。また、原子や心に実在を還元する一元論を否定しつつ、相対立するものがそこから成立するような根源的実在を構想したことは、後の西田哲学の展開（主観と客観がそこから成立するような「場所」の論理を構想した）を考慮に入れるならば、日本の哲学の最初の一歩として重要な位置を占める哲学であったと言えるであろう。

3　井上哲次郎の現象即実在論と原子論

井上哲次郎が現象即実在論を提唱したことはよく知られている。井上円了がそうであったように、哲次郎は原子論を自らの体系の中に位置づけようとする。それどころかむしろ、井上哲次郎は原子論的な考え方を自らの現象即実在論の論拠にすらしている。井上哲次郎の現象即実在論を見ながら、原子論がどのようなものとして受け取られたのかを見ていくことにしよう。

前節の引用で見たように、井上哲次郎は唯物論に対して、「理想主義の側に立つて」いると自己を理解していた。ただし、井上哲次郎は、狭義の意味での唯心論の立場にも立たない。彼が現象即実在論を初めて公にした一八九四年の「我世界観の一塵」において、すべてを主観に還元する唯心論と自己の立場を区別している。時間、空間、因果などは、主観からは出て来ないものであり、「主観に先つて実在して居る」（TWS-501）と言える。また、唯心論の立場に立つと、「真理が果して真理であるや否といふ事を確定すべき標準が無い」（TWS-506）ため、客観的真理というものが不可能になってしまう。井上哲次郎にとって真理とは、「主観と客観の対合」であり、「経験によつて得た所の概念と客観世界に於ける或現象の関係との対合」なのである（TWS-506）。一方、唯物論も、唯心論の主観主義を破るということでは評価できるが、時間や空間など物質に還元できないものがある以上、唯物論の立場に立つこともできない（TWS-502）。それゆえ、唯心論でもなく唯物論でもない、実在論としての現象即実在論の立場に立つことになる。

井上哲次郎は、「我世界観の一塵」では、唯心論と唯物論の問題点を指摘するだけにとどまり、現象即実在論の内容自身には踏み込まなかったが、『哲学雑誌』に二回に分けて掲載された「現象即実在論の要領」（一九八七年）では、現象即実在論の内容と論拠について述べている。

井上哲次郎によれば、現象は「差別」、「変化的」、「客観的世界において経験する所」、「有形」であり、実在は「無差別」、「常住」、「不可知的」、「直接に内部に於て自証し得る所」、「無形」と特徴づけられる（TY1-385）。現象は、変化し、経験の対象として形をもつものである。また、この形は他と差別できるものとして、種々の形をもつ多なるものとも言える。一方実在は、変化せず、経験の対象とはならない無形のものであり、差別のない一なるものである。

しかし井上哲次郎は、「実在と現象とは吾人抽象して之れを区別すれども、是れ本と一身両様同体不離にして根柢より異なるものにあらず、現象を離れて実在なく、実在を離れて現象なく、両者は合一して世界を成せり」（TY1-383）と述べ、現象と実在は一つであると述べる。この現象と実在が一つであるということに関して、井上哲次郎は三つの論拠を挙げる。一つは主観上の論拠、二つは客観上の論拠、三つは論理上の論拠である。三つの論拠のうち、最も説明に紙幅を割いて論じているのが客観上の論拠であり、同時に原子論を扱う箇所でもあるので、まずは客観上の論拠を見たうえで、他の論拠に関しては簡単に見ていくことにしよう。

井上哲次郎は、客観上の論拠として、感覚に現れる諸現象も無差別に帰すことを挙げる。たとえば、触角の対象である硬軟などの差別は、温度が高くなり気体になると触ることができなくなり、無差別に帰す（TY2–489）。さらにまた、音や光も、震動の運動に還元できると考えられる（TY2–491ff.）。進化論を参照すれば、現在の差別ある世界も、元の一つの物質までさかのぼることができる（TY2–495ff.）。こういったことを論拠に、差別をもって現れる種々の現象も、無差別の一つの実在に還元することが可能であるというのである。

こういった論拠を挙げたうえで、さらに井上哲次郎は原子を使って、差別と無差別が一つであるような現象即実在論を以下のように説明する。机は原子から成っている。その意味では机を原子と呼ぶこともできるが、しかし机以外のものも原子であるともいえるので、机を指して原子と呼ぶのは適切ではない。むしろ、「一切の客観的対象は皆原子より成立している」ということのほうが適切である。このように、世界は原子という無差別のものによって成り立つとも見ることもでき、また個々の机や椅子など差別が可能なものによって成り立つように見ることもできる（TY2–504f.）。机は原子によって構成されている以上、原子を離れて存在しない。同様に、原子は机と別のものでもない。こうして、「現象と実在は吾人抽象して之れを区別すれども、其実分ちて之れを二となすを得ず、現象の在る処、即ち実在の存する処なり、吾人が平等の方面より表象する所の実在は差別の方面より考察する所の現象と合して一たるものなり」（TY2–505）と考えることができるのである。

現象と実在が一つであるということの主観上の論拠は、心的現象は、本体としての心の実在を前提しなければ考えることができないというものである（TY1–387ff.）。論理上の論拠は三つあり、一つは「東西南北」や「春夏秋冬」などの差別は相対的なものであり差別の立場にのみ立つことはできない（TY2–506）というものである。第二の論拠は、個体として異なっているものも「種」としては同じであり、種として異なっているものも「類」としては同じであり……という形で、最後は「現象、物象、対象、万有若くは存在等の広汎なる名称の下に一切を網羅」し一括して把握することが可能であるというものである（TY2–507ff.）。こうして、差別は無差別に帰すのである。第二に、現象が普遍法則に従っているという点も、差別が無差別に還元できる論拠になる（TY2–509）。

　以上のように、井上哲次郎は、差別・多としての現象と、無差別・一としての実在を一つのものとする現象実在論の正当性を主張した。そしてその主張の論拠として、原子論を積極的に取り入れる。原子という単一の実在から、多様な現象が生じるという点で、現象即実在論を補強する論拠になるのである。それ故、井上円了と異なり、井上哲次郎は原子論そのものについて批判的言及を行わない。確かに、井上哲次郎も井上円了と同様に唯物論を批判しており、原子論が唯物論であるならば批判の対象になるであろう。しかし、「認識と実在の関係」（一九〇〇年）において「原子論は一つの理論に過ぎざれども此一つの理論を信憑して、化学的作用を解釈すれば、一として解釈し得ざるなし」（TNJ–390：傍点原文）と述べているように、井上哲次郎にとって原子論は事象を説明するのに都合のよい一つの理論にすぎない。原子論は事象をよく説明できるために、唯物論と結びつかない限りで、原子論が論拠として採用されるのである。

　しかし、すべてを原子とその運動に還元できるという「客観上の論拠」と、心的現象は心の実在を想定せざるをえないという「主観上の論拠」は両立可能であるのかという問いは残るであろう。多様な現象も一なる実在に還元できるということが哲次郎の現象即実在論であるが、心と原子がどちらかに還元できないならば、少なくとも「心」と「原子」という別々の実在があることになってしまうのではないだろうか。この問題については、一九〇〇年に出版された論文「認識と実在との関係」で論じられている。それによれば、客観的実在は主観なしには認識されえない（TNJ–406）が、同時に主観は客観なしに思惟することができない（TNJ–408f.）。その意味で、主観と客観は相補的であり、独立した存在ではないのである。そして、これらの主観実在や客観実在の根本として、「一如的実在」があるとされるのである。井上哲次郎は、自らの説が唯物論者と唯心論者と異なるのは、客観的実在と主観的実在の双方の存在を認めるからであり、そのうえで、それらの根柢としての一如的実在を想定しているからである、と主張するのである。

井上哲次郎は、さまざまな論拠を挙げて、現象と実在の結びつきを基礎づけようとした。しかし、いかにして一如的実在から心的現象や客観的現象が生じるのかについては、問われないままになっている。この点で、やはり論証の不徹底があるのは間違いないだろう[13]。さらに、原子論を論拠に挙げながら、客観的実在は認識されなければ存在しえないとして、主観と客観の相補性を説くというのも不徹底であると言えるだろう。前節で見た井上円了の想定した原子論者ならば、主観の機能も複雑化した原子の結びつきに還元するからである。しかし、井上哲次郎の議論では、唯物論は間違った立場とされているため、原子論は唯物論に結びつけられないままに、事象を説明する都合のよい議論として採用されるのである。井上円了に比べて、井上哲次郎は論理的基礎づけの意識が強かったと言えるだろう。しかし、原子論を唯物論的に徹底させることをせずに、論拠として採用しようとする姿勢に関して言えば、「彼の実在論、現象即実在論・円融実在論は結局折衷主義にほかならない」（船山信一 1959→1999: 一四五頁）という船山信一の批判が当てはまる[14]。唯物論との対決を徹底したのは井上円了である、という評価は可能であろう。

4 清沢満之の哲学と原子論

井上円了は原子論に対して批判的であったが、同時に自らの体系内部に原子論を位置づけようとした。一方、井上哲次郎はより積極的に自らの論拠として原子論を活用した。そういった差はあるが、両者が一（無差別）と多（差別）が一つであるということを論じようとしていたことは共通である。この二人の哲学者と同時期に純正哲学を構想していた者として、清沢満之が挙げられる。清沢は両井上とは異なり、ライプニッツのモナド論を原子論として参照しながら、自らの論を組み立てた。その点において特に注目に値するだろう。

清沢満之は、『純正哲学（哲学論）』（一八八八年）において、ロッツェに依拠しながら、哲学概論を展開した。多くをロッツェに拠った理由として、清沢満之はロッツェが「唯心ニ偏セス唯物ニ局セス　常ニ二者ノ中庸ヲ取リ」（清沢満之 1888→2003: 三頁）という点を挙げている。清沢は井上円了や井上哲次郎と同じように、唯物でもなく唯心でもない立場を目指し、そのためにロッツェの哲学を参照したのである。

『純正哲学（哲学論）』において清沢が原子論を扱うのは、ライプニッツと関係する箇所においてである。この箇所に至るまでに、清沢は、それのみで存在する孤立した実体を否定する。この実体の否定は、事物が孤立して存在することの否定であるとともに、事物を離れたイデアのような実体の否定でもある。むしろ、変化する事物と、その変化の中に働く普遍的な法則の一致こそが真の意味での実体であるとされる[15]。そこで万物の変化と相互関係が問題になる。この万物の変化を説明する原理として、ライプニッツの予定調和説が検討されるのである。

清沢は、ライプニッツの説を独立自存の無数の原子が予定調和に従って自然に展開すると説明する（清沢満之 1888→2003: 四二頁）。だが、出来事がすべて確定しているとするならば、個々の出来事にはそれ自身の価値が存しないということになってしまう[16]。価値のないものを作り出した神を考えるということはおかしいのではないかと述べ、清沢は予定調和説は結局のところ、「定道論［＝決定論：引用者注］ニ異ナラサルナリ」（清沢満之 1888→2003: 四三頁）と批判することになる。

また、予定調和説の難点として、独立して自然に動くはずの原子が、相互作用を起こしているように見えることの説明もできないということが挙げられる。ライプニッツにおいては、別々の時計が同じように時刻を刻むことを例に挙げて、相互作用を起こしているように見える事態が説明される。だが、時計のように同じ物質とメカニズムで構成されていれば時刻が合うのかもしれないが、個々異なる原子の運動が相互作用を起こしている説明とはならないのではないか、と清沢は論じるのである（清沢満之 1888→2003: 四三頁）。

こうして清沢は、予定調和説では多数の原子の運動と相互関係を説明できないとする。そのため、多数の原子の運動と相互関係を説明するためには、「終始徹底セル定道論ヲ取ル」（清沢満之 1888→2003: 四四頁）よりほかない。原子論は、決定論的にすべて因果関係で説明するよりほかないというのである。[17] このような原子で構成されている決定論的世界観が科学者の立場であるが、それは人間の「実際的感情」にそぐわない（清沢満之 1888→2003: 四四頁）。そのため、因果論的・決定論的な原子論的立場ではなく、「万物一体」の説を採用することになる。万物一体の説とは、「百般ノ事物ニ相互動作アリトセバ万物ハ一実体ノ部分ナラサル可ラズ」（清沢満之 1888→2003: 四四頁）というものである。個々の事物は一つの実体の部分としてあり、万物は一実体の運動の内に成立するとされる。このことから、清沢も一と多を一つのものとみる両井上の哲学の系譜の内にあることが確認できるであろう。ただし、清沢自身が「万トートハ到底合一セズ」（清沢満之 1888→2003: 四七頁）と認めているように、万物と、一体がいかに結びつくのかという問題は未解決のままであった。

清沢満之にとって原子論とは、ライプニッツのような予定調和であるならば、否定されるべきものであった。しかし、徹底した決定論としての原子論的・科学的世界観をそれ自体としては否定できず、感情的に容認できないという姿勢を取ることになる。また、多（万物）と一の結びつきがいかに可能になるのかも未解決であった。そういった意味で、清沢の哲学は、体系として完成したものではなかった。しかしそれは、近代科学に基づく世界観が、必ずしも人間に幸福をもたらすものではないことを自覚しながら、否定できない現実として近代科学の時代を引き受ける態度を意味する。そのうえで、安易に一者と合一できると考えるのではなく、合一できない一者とのつながりを求めて苦闘することになる。哲学体系としては不完全ではあるが、後の清沢の宗教哲学の深みへとつながるような哲学が展開されていると言えるであろう。

おわりに

以上のように、明治期の哲学を「一即多」の論理の系譜として見ながら、原子論との関係を概観した。明治期の哲学者たちは、一元論や多元論でもなく、唯物論や唯心論でもないものとして、自らの一即多の論理を構想した。

井上円了は、唯物論でもなく、唯心論でもなく、有神論でもなく、それらの中正としての円了の大道を構想し、差別（多）と無差別（一）が一体であるような哲学を展開した。円了にとって原子論は、それのみでは矛盾をきたす理論であるが、同時に自らの体系に位置づけるべき理論であった。井上哲次郎は、差別としての現象と無差別としての実在が一つであるという現象即実在論を構想した。哲次郎にとって原子論は、一なる実在の証明として、自らの現象即実在論の積極的な論拠となるものであった。清沢満之は、万物一体の理論を展開したが、決定論的な原子論はそれ自体としては否定できなかった。

原子論に批判的であるか否かの差はあるものの、明治期の哲学者たちにとって、一即多の論理を展開する際に、原子論が一定の役割を果たしていたということができよう。そして、それぞれの原子論理解を見ていくと、それぞれの哲学者が同じように一と多の関係を問題にしながら、まったく異なる議論の展開を行っていたことが分かる。井上円了は、唯物論や唯心論などの一元論を否定しつつ、一元論がそこから可能になる実在を探求したという点で、日本哲学の先駆者として確かな位置を占めている。井上哲次郎は、原子論を論拠に採用するなど、一元論を徹底して否定したわけではなかった。その点で言えば、唯物論と唯心論を折衷的につなげたという批判も可能になる。しかし、学的な基礎づけへの意識の高さは、アカデミックな哲学的な議論の成立に貢献したと言えよう。清沢満之は論理的に完成された体系を展開できたわけではないが、それゆえ逆に、現実を引き受けながら一者を求める宗教的な実存が打ち出されている。以上のように、原子論を手引きに、一と多の実在論の共通点と多様性が明らかにされたと言えよう。

◉凡例

1. 引用文において、旧漢字はすべて新漢字に改めた。

2. 井上円了の引用は、東洋大学創立一〇〇周年記念論文集編纂委員会編『井上円了選集』東洋大学、一九八七―二〇〇四年から、(IES 巻数 - 頁数) という形で引用する。

3. 井上哲次郎の引用は、以下の略号に基づき、(略号 - 頁数) という形で引用する。

TWS:井上哲次郎 (1894)「我世界観の一塵」『哲学雑誌』第九巻八九号

TY1:井上哲次郎 (1897)「現象即実在論の要領」『哲学雑誌』第一二巻一二三号

TY2:井上哲次郎 (1897)「現象即実在論の要領 (承前)」『哲学雑誌』第一二巻一二四号

TNJ:井上哲次郎 (1900)「認識と実在との関係」、井上哲次郎編『哲学叢書』第一巻第二集、集文閣

TMK:井上哲次郎 (1932)『明治哲学界の回顧』岩波書店

4. 西田幾多郎の引用は、クラウス・リーゼンフーバー他編『西田幾多郎全集』岩波書店、二〇〇二―二〇〇九年から、(NKZ 巻数 - 頁数) という形で引用する。

5. その他の引用は、本文および注において、著者名 出版年:頁数のように記した。当該の文献は以下に掲げる参考文献表によって知ることができる。また、全集など再録されたものや改版されたものを参照した場合は初出年→再録年の形で表記した。この場合、引用の頁数は参考文献表にある再録されたものの頁数を指す。

6. 引用文中の (…) は省略記号である。また筆者による注を引用文に挿入する場合は、その箇所を [ ] をもって示し、その旨を明記した。

◉注

(1) 「両井上 [=井上円了と井上哲次郎:引用者注] が現象即実在論の主張者であるとすれば、清沢と三宅とは若干異なった角度からではあるが、その論理を推進したものとして注目されなくてはならない」(舩山信一 1959→1999: 一〇七頁)

(2) 舩山信一は、現象即実在論の系譜について、マルクス主義の立場から観念論と位置づけるが (舩山信一 1956→1998: 一五頁以下)、本章では井上哲次郎自身の用語法に従って、「実在論」という語を使用した。ここでの実在論は、存在の根源的なあり方の解明を目指す形而上学という意味である。

（3）ほかに原子論を展開した明治期の重要な哲学者として中江兆民がいる。しかし、本章では明治期の実在論の多様性を明らかにするという目的があるため、明治期の実在論の系譜における原子論に論点を絞り、中江兆民については扱わない。

（4）この教科書の問題に関しては、ライナ・シュルツァ（2010：二八九頁）から示唆を得た。

（5）「授業中に学生の参考書としたのは独人シュエーグレルの哲学史の英訳」（三宅雪嶺 1933：九一頁）という三宅雪嶺の証言がある。

（6）井上哲次郎が外山正一について、「初め数年間東京大学に於てミル、スペンサー、ベイン及び英訳シュエグレルの哲学史等の教科書を用ひて哲学及び論理学を授業された」（TMK-35）と記録を残している。

（7）たとえば、明治末年のものと考えられている西田幾多郎の講義ノートにも、「atomism や monadology の如きものは一見 pluralism のやうに見えるが其実は pluralism ではない。Priciple からしては one である」（NKZ15-179）と書かれている。ただし、西田は一九二七年の講義録では、「ギリシャに於ける多元論の代表的なものは、デモクリトスのアトミズムである。それは実在の構成要素を無限に多くのアトムと考へるものである」（NKZ14-280）と述べており、原子論を多元論として位置づけなおしている。この時期の西田は、「しかし性質的なものといふより原因的なもの、力をもつたものを実在と考へる考へ方からしても多元論が成立し得る。例へば今日の物理学でいふアトミズムはそれである」（NKZ14-281）と述べるように、原子論を近代物理学との連関でも捉えようとしている。
また、大西祝は、例外的に明治期において原子論を多元論と捉えている（大西祝 1904→2010：一一四頁）。

（8）井上円了は、井上哲次郎の学生であった（三浦節夫 2016：九六頁以下）が、純正哲学に関する論文の発表を哲次郎に先立って行った。

（9）たとえば西田幾多郎は、「純正哲学（Metaphysics）及認識論（Theory of Knowledge. Erkenntnislehre）」（NKZ19-134, NKZ19-137）と二つの書簡で書いている。当時の「純正哲学」という用語は、現在で言えば形而上学に相当するものであることが分かる。

（10）「勢力恒存の理法」はエネルギー保存の法則を表していると考えられる。「物質不滅の理法」は、事物の変化が不変の原子の集合離散であり、原子自体は不滅であるという主張と考えられる。この主張は質量保存の法則を念頭に置いたものでもあろう。物質の不滅性に関しては、井上円了が大きな影響を受けたスペンサーの議論（Spencer 1863：二三八頁以下）も参照。

（11）ただし、舩山信一も指摘するように（舩山信一 1959→1999：六一頁）、円了はエネルギーに心的なものも含めていた。

(12) たとえば加藤弘之は、進化論に基づいた唯物論的な立場から、天賦人権説を否定した(加藤弘之 1882: 一三頁以下)。

(13) 板橋勇仁は「現象の認識と実在の内部直観との相補性について考察しつつも、両者の相補的な関係そのものがいかなる仕方で成り立つかについては主題化せずに済ませてしまった」(板橋勇仁 2004: 二一頁) と指摘している。

(14) 板橋勇仁は、「完遂できなかったとはいえ、井上があくまでも追求した哲学的方法論は、学の根拠づけという志向において、もはや「折衷的」という評価には到底収まりきらないものなのである」(板橋勇仁 2004: 二二頁) と述べている。学の根拠づけという志向自体は、折衷的ではないことは確かである。その点で言えば、井上円了よりも優れていると言える。しかし、その論理の不徹底ゆえに、折衷的にとどまっているという評価も可能であろう。

(15) 「凡百ノ事物中ニ於テ統記アリテ乱レサル理法ノ流行スルモノ即チ事物ノ実体 (…) 理法ノ流行トハ万物ノ動転中ニ於テ規律ノ存スルコトヲ云フ者ナリ」(清沢満之 1888→2003: 三二頁以下) と清沢は述べる。

(16) 「果シテ然ラハ宇宙ハ意義ナキ価値ナキ事変ノ継起ニ外ナラサルベシ」(清沢満之 1888→2003: 四三頁) と清沢は結論づけている。

(17) 清沢も読んでいたシュヴェーグラーの哲学史においても、原子論は偶然を配した必然的な因果論となることが論じられていた (Schwegler 1867→1875: 26)。

◉参考文献

船山信一 (1956→1998)『日本の観念論者』『船山信一著作集』第八巻、こぶし書房
船山信一 (1959→1999)『明治哲学史研究』『船山信一著作集』第六巻、こぶし書房
板橋勇仁 (2004)『西田哲学の論理と方法』法政大学出版局
加藤弘之 (1882)『人権新説』谷山楼
紀平正美 (1911)『哲学概論』早稲田大学出版部
清沢満之 (1888→2003)『純正哲学 (哲学論)』『清沢満之全集』第三巻、岩波書店
清沢満之 (2003)「西洋哲学史試稿」『清沢満之全集』第四巻、岩波書店
三浦節夫 (2016)『井上円了――日本近代の先駆者の生涯と思想』教育評論社
三宅雪嶺 (1899)『希臘哲学史』「哲学館第12学年度高等教育学科講義録」哲学館
三宅雪嶺 (1933)『明治哲学界の回顧 (附記)』岩波書店

中江兆民（1901）『一年有半』博文館
大西祝（1887→2001）「哲学一夕話第二篇を読む」『大西祝全集』（新装版）第七巻、日本図書センター
大西祝（1904→2001）『西洋哲学史上巻』『大西祝全集』（新装版）第三巻、日本図書センター
ライナ・シュルツァ（2010）「井上円了『稿録』の研究」『井上円了センター年報』vol. 19、東洋大学
柴田隆行、ライナ・シュルツァ（2010）「井上円了『稿録』の日本語訳」『井上円了センター年報』vol. 19、東洋大学
Heisig, James W., Kasulis, Thomas P., and Maraldo, John C. eds.（2011）*Japanese Philosophy: A Sourcebook*, Honolulu: University of Hawai'i Press
Schwegler, Albert（1867→1875）*Handbook of the History of Philosophy*, translated and annotated by Stirling, James Hutchinson, New York: G. P. Putnam's son, fifth edition
Spencer, Herbert（1863）*First principles*, London: Williams and Norgate
Ueberweg, Friedrich（1862→1920）*Grundriss der Geschichte der Philosophie des Altertums*, Berlin: E. S. Mittler

第11章

素粒子と米粒の自己同一性

量子力学的対象と粒子概念

東　克明

はじめに

原子論と一言でいっても、それがいかなる考え方なのかを規定するのは難しい。ここでは、原子論とは、分割不可能な、原子と呼ばれる何かが存在し、それによってあらゆる物質が構成されると考える立場であるという理解からスタートしたい。これは、デモクリトスやレウキッポスといった古代ギリシアの哲学者に由来するとされる考え方である。もちろん、よく知られているように、現在では、原子と呼ばれる対象は、電子、陽子、中性子からなり、そのうえ、陽子と中性子にはさらに内部構造があると考えられている。そして、電子をはじめとする、物質を構成する最小単位は、現在、素粒子と呼ばれている。このように、原子は現在、分割可能な対象だが、そのことによって原子論という思考の枠組み自体が否定されたわけではない。素粒子こそが現代の「原子」であると考えれば、物質を構成する最小単位が存在するという考え方自体は、維持できる。

また、現代的視点から原子論について語る場合、原子論にどういった考えまで盛り込むのかを確認しておく必要がある。たとえば、原子論は「還元主義」とセットで語られることが多く、[1]そのような場合、原子論には暗に還元主義までが含まれる。物質にはそれを構成する最小単位が存在するという考え方が、すべての物質の性質はその構成要素の性質とそれらの組み合わせを調べればわかるという還元主義と相性がいいのはわかりやすい。還元主義なしの原子論は、いわば骨抜きにされた原子論であろう。還元主義に疑問を呈する興味深い議論が存在するものの、[2]還元主義込みの原子論的発想は、依然として、現代物理学、そして化学において、根強く支持された考え方であろう。

還元主義という観点から原子論を考察することは大変興味深いのだが、それは別の機会にし、これから、還元主義と同じように、少なくとも歴史的には、原子論とセットで語られてきた粒子概念について考察する。多くの場合、原子論は、物質を構成する最小単位が粒子であることを前提としてきた。空間内に広がりをもって存在する物体が、粒子という自身も広がりをもつ最小単位によって構成されると考えるのは自然である。仮に最小単位が広がりをもたないならば、それらから構成される物体がいかにして広がりをもちえるのか、という疑問が生じるであろう。このように、粒子概念と原子論は概念的に強く結びついている。実際、原子論といったとき、多くの人にとってそれは、暗に粒子的描像まで含むであろう。

しかし、ここで少し立ち止まって考えてみよう。そもそも、粒子とはいったい何であろうか。粒子概念が満たすべき必要十分条件を明らかにすることは、筆者には荷が重すぎるし、そもそもそのような条件は時代とともに変化するであろう。しかし、これまで粒子概念が満たすべきと考えられてきたいくつかの特徴を挙げることは、難しいことではない。

(1) ある対象が粒子であるならば、一つ、二つと個数を数え上げることができる。
(2) ある対象が粒子であるならば、いつでも決まった位置をもつ。

⑶　ある対象が粒子であるならば、自己同一性をもつ。

素粒子はその名の一部に粒子とつくが、果たして、これらの三つの粒子的性質をもつのだろうか。これから、この問いについて、興味深い事実や議論を紹介し、コメントを加える。

現代物理学の中心理論の一つ量子力学は、サイズの小さな物理的対象を扱う理論であり、それは電子をはじめとする素粒子にも適用される。第1節では、素粒子を含む量子力学的対象が「重ね合わせ」の状態という、その描像をもつのが難しい状態をとりうることを紹介する。その際、素粒子が右に述べた性質⑴と⑵をもつのかについても、コメントする。

第2節以降では、素粒子が性質⑶をもつのかについて集中的に議論する。第2節で紹介するように、ノーベル賞物理学者の朝永振一郎は、有名なエッセイ「素粒子は粒子であるか」（朝永 1976）において、素粒子は（米粒などとは異なり）自己同一性をもたない、と分析した。それに対し、科学哲学者の丹治信春は、素粒子には自己同一性がないにもかかわらず米粒にはそれがあるのは問題であると考え、その差異を解消する大変刺激的な考察を与えた（丹治 1977）。第3節ではその考察を概観する。実は、筆者が「素粒子には自己同一性が存在しない」という分析をはじめて知ったのは、朝永によるものではなく、やはりノーベル賞物理学者であるリチャード・ファインマンらによる有名な教科書（Feynman et al. 1965）によってであった。第4節では、ファインマンの分析をもとに、丹治の議論にコメントを加える。そして最終節で、素粒子はもはや粒子などではなく、場の現象であるという考え方を紹介し、コメントを加える。

なお、本論集の性格を考え、数式は一部の例外を除いてほとんど使用しない。それにより少々不正確な表現を用いることになるが、その点はご容赦いただきたい。

1 「重ね合わせ」の状態

粒子というと、多くの人は、野球やビリアードの球がサイズだけ小さくなったものをイメージするかもしれない。そのような描像における粒子は、個数を数えられるのはもちろんのこと、いかなる時刻においてもある特定の場所（位置）に存在するという特徴をもつ。素粒子も、それらの特徴をもつのだろうか。本節では、電子を具体例に、この問いについて考えよう。

電子を直接肉眼で見ることはできない。そのような電子を測定する一つの手段として、電子が到達しそうなところに蛍光物質をぬったスクリーンをおくことがある。すると、電子がスクリーンに到達するたびに弱い発光（シンチレーションという）が生じる。シンチレーションの回数をカウントすると、電子がスクリーン上のどこに何個到達したのかがわかる。この例からわかるように、電子は個数を数え上げることができる対象であり、この意味での粒子性をもつ。

電子がスクリーンに到達したとき、電子はシンチレーションが生じた位置に存在する。しかし、電子が存在する位置をいつでも特定できるわけではない。これから説明するように、電子が（位置についての）「重ね合わせ」と呼ばれる状態にあるとき、電子の位置を特定することはできないのである。**図1**のような単純な測定装置を考えよう。この装置を用いて電子がある性質をもつのか否かを測定するとしよう。たとえば、「スピン（電子の自転角運動量を表す物理量）の値が……である」という性質をもつか否かを測定する。**図1**のように、

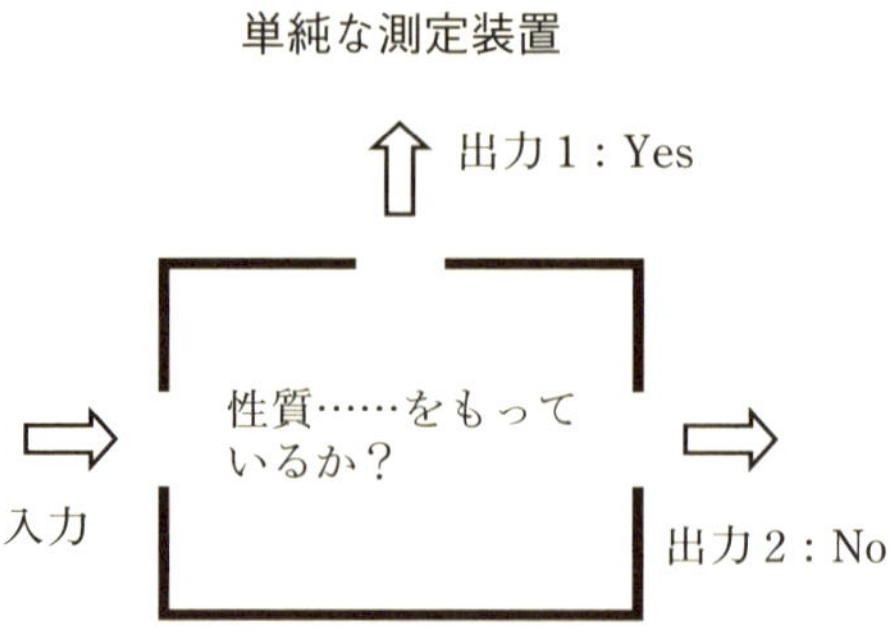

図1

電子は左から入射し、問われている性質をもつ場合には出力1から、もたない場合には出力2から出てくる。

このような測定装置を二種類考える。一つはある性質（Aとよぶ）をもつのか否かを測定し、もう一つはそれと異なる性質（Bとよぶ）をもつのか否かを測定する。量子力学では、たとえば「位置」と「運動量」のように、同時に測定できない物理量が存在する。そのような関係にある二つの物理量の値を同時に知ろうとして、どちらか一方の物理量を測定すると、もう一方の物理量の値が不可避に乱されてしまうのである。AとBはそのような関係にある物理量に関する性質であるとする。[3] そして、そのような性質AとBの測定装置を図2のように組み合わせて行う「二経路実験」を考えてみよう。

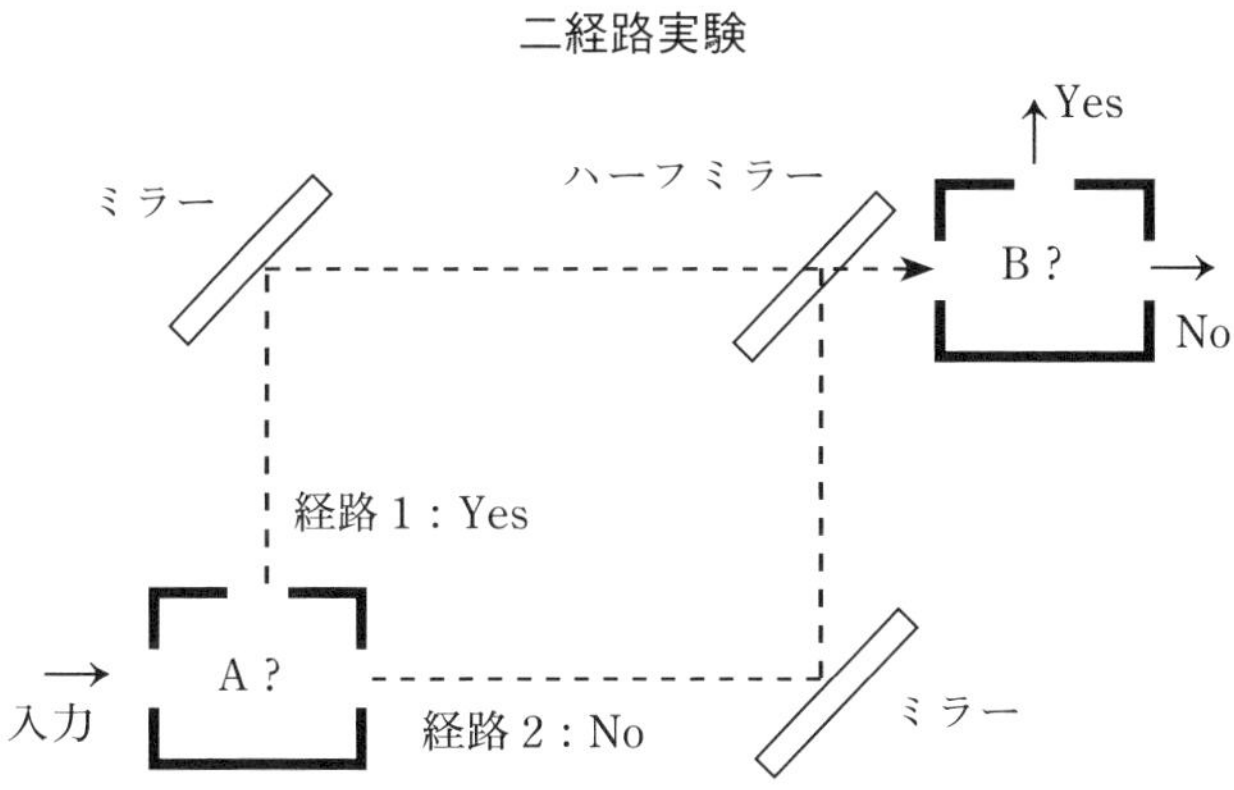

図2

まず、性質Bをもつことがあらかじめ判明している電子の集団を準備する。そのような集団をどのように準備できるのかに疑問をもたれるかもしれないが、単に、二経路実験に先立ち、ある電子の集団にたいして性質Bをもつか否かを測定し、出力1から出てきた電子のみを集めればよい。

さて、このようにして性質Bをもつことが判明している電子の集団を準備し、それらを一つずつ二経路実験の装置に入射させる。入射させた電子について、**図2**のように、まず性質Aを測定し、その結果に応じて二つの経路に分ける。電子は、性質Aをもつときには経路1を、もたないときには経路2を通る。やがて二つの経路は合流し、今度は性質Bを測定する。このB測定の結果について考える。

このような二経路実験を、次の三つの状況下でそれぞれ行うと、B測

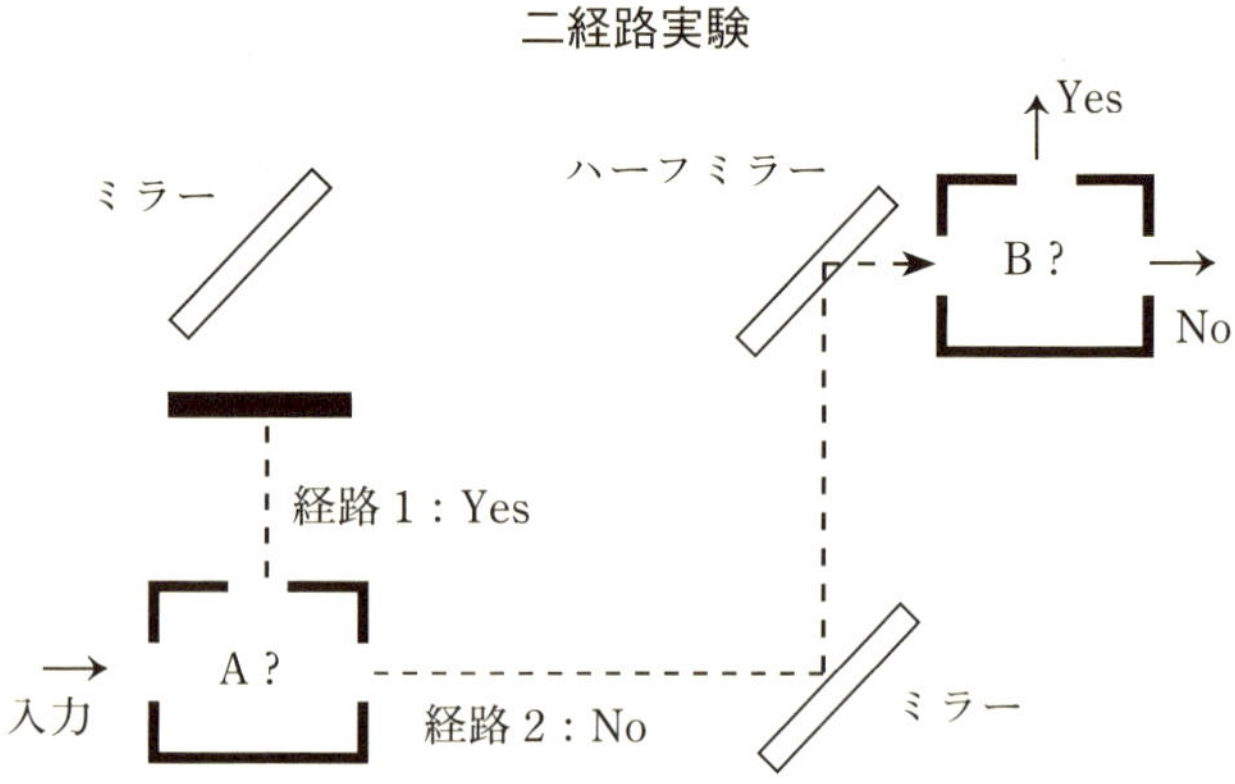

図3

定の結果は次のようになる。

経路1に障壁を置く場合（図3のように経路1に障壁を置き、その経路を通る電子がB測定装置にたどり着かないようにする場合）

B測定装置にたどり着いた電子について“Yes”、“No”から出てくる確率は、ともに五〇％である。(4)

経路2に障壁を置く場合（経路2に障壁を置き、その経路を通る電子はB測定装置にたどり着かないようにする場合）

B測定の装置にたどり着いた電子について、“Yes”、“No”から出てくる確率は、ともに五〇％である。

どちらの経路にも障壁を置かない場合

どちらの経路も塞がないので、入射したすべての電子が、B測定装置にたどり着く。このときすべての電子が“Yes”から出てくる。

三番目の状況における実験結果は、驚くべきものである。一番目と二番目の状況における実験結果によると、電子が経路1を通った場合と経路2を通った場合、どちらにせよ、電子は“Yes”と“No”から半々の割合で出力する。それならば、三番目の状況のようにどちらの経路も塞がなかった場合にも、電子は経路1か経路2のどちらかを通るので、“Yes”と“No”から半々の割合で出力するはずである。しかし、どちらの経路も塞がなかった場合には、驚くべきことに、“No”から出力する電子は存在しないのである。

では、どちらの経路も塞がないとき（三番目の状況において）、電子はどのようにしてB測定装置にたどり着いたのだろうか？　すぐ思いつく三つの可能性は、直ちに否定される。

可能性1　経路1を通った。そのとき、電子は“Yes”から五〇％、“No”から五〇％の割合で出力するはず。だが、“No”から出力する電子は存在しない。

可能性2　経路2を通った。そのとき、電子は“Yes”から五〇％、“No”から五〇％の割合で出力するはず。だが、“No”から出力する電子は存在しない。

可能性3　両方の経路を通った。両方の経路を通るならば、経路1あるいは経路2において（ほぼ）半分の質量をもつ電子を検出できるはず。だが、そのような電子が検出されたことはない。

このように、電子の存在の仕方をこれまでの常識の範囲内で理解するのは難しい。そして、これまでの話は、実験結果の単なる記述ではない。量子力学は、これらの実験結果を正確に予測するのである。量子力学では、経路1を通ったとも、経路2を通ったともいえないとき、電子は「重ね合わせ」の状態にあるという。経路1を通っている状態と経路2を通っている状態との「重ね合わせ」である。この状態にあるとき、電子は二つの経路のうちのどちらか一方に存在すると考えることは、原理的に不可能である。なぜなら、すでに述べたように、どちらか一方の経路に存在すると考えるとき、実験結果と不整合が生じるからである。よって、電子は任意の時刻ごとに定まった位置にあり、その位置が時々刻々と変化する、という描像をもつことはできない(5)。

電子は、その個数を数え上げることはできる。その意味では粒子的である。しかし、電子は、「重ね合わせ」の状態をとる。そのとき、決まった位置に電子が存在すると考えることはできない。

2　素粒子の自己同一性

「はじめに」で述べたように、朝永振一郎は、有名なエッセイ「素粒子は粒子であるか」において、米粒と素粒子を対比し、米粒には自己同一性があるが素粒子には自己同一性がないと述べた。まず、米粒をはじめとする日常的にありふれたサイズの粒子について、朝永はいう。

簡単のために、米粒が二つあったとしよう。この時、米粒の各々を第一の米粒、第二の米粒と区別することができる。言い換えれば一方の米粒に、例えば一郎という名前をつけ、他方の米粒に次郎という名前をつけて、それらを互いに区別することができる。そして、この米粒をどんなにまぜくっても、一郎はいつでも一郎であり、次郎はいつでも次郎である。すなわち、難しくいうと、それぞれの米粒が自己同一性をもっている。〔…〕考えの上ではまったく同一な姿をもった米粒を考えることもできる。その時は、双生児の名前を人がときどき間違えるように、どちらが一郎で、どちらが次郎であったか分からなくなることもあるであろう。しかし、そういうことがあったにしろ、それは見る人に区別がわからないだけであって、実際には一郎はやはり一郎であり、次郎はやはり次郎である。こういう性質をもっているのが、通常の粒子である。

（朝永 1976：五四頁）

一方、素粒子については、次のようにいう。

素粒子というものは、物質構成の究極要素であり、同種類の素粒子は、どの二つをとっても互いに全く同一な瓜二つの性質をもっている。したがって全く同一の姿をした双生児の場合と同じく、名前をつけても、みる人に全く区別がつかないということが考えられる。しかも二つの素粒子においては、みる人に区別がつかないのみならず、その区別を考えることが、原理的にできないのである。難しくいうと素粒子の一つ一つは、自己同一性をもっていないのである。

（朝永 1976: 五五頁）

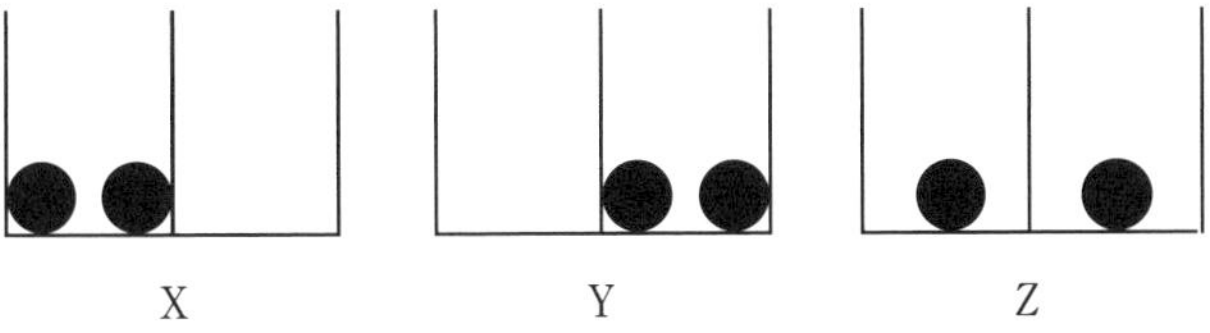

図4

二つの素粒子の「区別を考えることが、原理的にできない」ことの根拠として、よく次の統計的事実が挙げられる。左右に置かれた二つの箱に二個の米粒を投げ入れるとする。投げ入れる粒子が米粒である場合、それぞれの米粒に名前を付けることができる。ここでは、それぞれ米粒Ⅰ、米粒Ⅱと呼ぶ。投げ入れた米粒は、「米粒Ⅰ、Ⅱとも左」、「米粒Ⅰ、Ⅱとも右」、「米粒Ⅰが左、かつ米粒Ⅱが右」、「米粒Ⅰが右、かつ米粒Ⅱが左」という四通りの事態のどれかにある。そのような実験をくり返すとしよう。米粒の初期条件（位置や速さ、投げ入れる角度など）に、集団全体では偏りがないとすると、四通りの事態それぞれが生じる割合は等しく、$\frac{1}{4}$ である。そのとき、**図4** で表したような、

X：左の箱に二つの粒子が入っている
Y：右の箱に二つの粒子が入っている
Z：それぞれの箱に一つずつ、粒子が入っている

という三つの事象が生じる相対頻度の比は、（理想的には）

$$\frac{1}{4} : \frac{1}{4} : \left(\frac{1}{4} + \frac{1}{4}\right) = 1 : 1 : 2$$

となる。たとえ「投げ入れる」粒子が素粒子であっても、同様の頻度比が得られると考えるだろう。しかし、事実は異なる。たとえば、光子の場合、X、Y、Zにそれぞれ対応する三つの事象が生じる相対頻度はすべて$\frac{1}{3}$となることが知られている。そこで、それら三つの事象が生じる頻度比は1：1：1となる。もちろん注目すべきは、光子の場合、Zに相当する事象が生じる頻度が、XとYのそれぞれに相当する事象が生じる頻度と等しい点である。

仮に光子が米粒と同じように自己同一性をもつならば、X、Y、Zのそれぞれに相当する事象が右に述べたような頻度の比で生じることはありえない。よって素粒子には自己同一性がないと結論される。

3 丹治氏の分析――「米粒の自己同一性」

「はじめに」で述べたように、朝永の「素粒子には自己同一性がない」という刺激的な分析に対し、科学哲学者の丹治信春は興味深い議論を与えた（丹治 1977）。本節ではその議論を紹介し、次節でコメントを加える。まず丹治は、一般に、自己同一性や個体の区別といったことが問題となる場面を、次の三つに分類する。

場面１　時間を度外視して、または一時刻を指定して、現実に存在する一つの個体の個体性、もしくは、二つの個体の区別性を問題とする場面。

場面２　時間における、個体の持続的同一性が問題となる場面。

場面３　一つの個体についてのさまざまな可能な状況を考えた場合の、可能的諸状況を通じての個体の同一性が問題となる場面。

最も理解しやすいのは場面2だと思う。物理的対象の四次元時空における軌跡を世界線というが、その世界線の連続・不連続を用いて、個体の区別や自己同一性の有無を考えるのは、場面2であろう。

残りの二つの場面については次のとおりである。場面3では実際の状況に加え可能的諸状況を考える。一方、場面1ではあくまで実際の状況においてだけ、一つの個体の個体性や複数の個体の区別性を考えている。たとえば、身長や体重、血圧などすべての物理的特徴だけでなく、気持ちや性格などすべての心理的特徴も同じだが、それにもかかわらず別人として考えられている、二人の人間ⅠとⅡがいるとする。このような場合、場面1で議論の対象となるのは、実在するⅠとⅡの区別可能性である。一方、場面3で議論されるのは、実際の状況でのⅠが、Ⅱに置き換わった可能的状況や、実際の状況でのⅠとⅡが入れ替わった可能的状況である。要するに、この場面では、反実仮想における可能的状況ともとの状況における識別可能性が、考えられているのである。

では、「素粒子には自己同一性がない」といわれるとき、それはどの場面（問題設定）において考えられているのだろうか？　丹治の診断では、場面3である。場面1や2でないことは、それぞれ、次のように正当化される。「はじめに」でみたように、素粒子は数え上げることができる対象であった。数え上げられるということは複数の対象を区別できるということである。そこで、各時刻において、それぞれの素粒子に番号を付けることもできる。番号を付けられるということと名前を付けられることに大した違いはない(6)。よって、「素粒子に自己同一性がない」といわれるのは、場面1でないと結論される。

残るは、場面2と3である。まず丹治は、朝永が場面2と3を区別していないことを指摘し、その後、「素粒子に自己同一性がない」といわれるのは厳密には場面3であるべきである、と結論する。

朝永氏の言われる「自己同一性がない」ということの意味は、だいたい次のように規定してよいと思われる。すなわち、「対象1が状態Aにあり、対象2が状態Bにある」という事態と、「対象2が状態Aにあり、対象1が状態Bにある」という事態とは、一つの同じ事態であって、それらを区別することは原理的にできない、ということである。つまり、対象1と対象2とを「入れ換える」ということが意味をなさない、ということである。しかし、その入れ換えが、時間的推移としての入れ換わりを意味するのか、それとも反実仮想としての入れ換えを意味するのかは明確ではない。朝永氏はこの二つの「入れ換え」を全く区別しておられないようである。[…] 米粒の「自己同一性」と素粒子の「没自己同一性」との違いは、米粒や素粒子の統計的なふるまいに関する確率論的な考察によって根拠づけられるのであるが、確率論的な思考の対象は、〈ありうべき様々な場合〉という可能的諸状況であり、したがって、問題場面は場面3ということになろう。

（丹治 1977：一一一頁）

かくして、丹治は、素粒子の「没自己同一性」は場面3において論じるべきであると考え、議論を進める。朝永にとって「米粒には自己同一性があるが、素粒子には自己同一性がない」ことは驚きである。素粒子とて粒子であるならば、米粒と同じように素粒子にも自己同一性があるはずだ。しかし、素粒子には自己同一性がない。このことが驚きなのである。一方、丹治にとっても、「米粒には自己同一性があるが、素粒子には自己同一性がない」ことは驚きである。ただし、その理由は異なる。素粒子の場合、**図4**を用いて（比喩的に）説明したように、一つ一つの素粒子の入れ換えは意味をなさないのであった。素粒子よりもう少しサイズの大きな粒子を考えても事態は変わらない。例えばα粒子は二個ずつの陽子と中性子からなる。これらの陽子と中性子をそれぞれ別の陽子と中性子に置き換えても、その入れ換えによっていかなる差異も生じない。さて、米粒とて素粒子から構成されるはずである。それならば、米粒を構成する一つ一つの素粒子の入れ換え、さらにはすべての素粒子の入れ換えも意味をなさないはずである。もし本当に素粒子に自己同一性がないが米粒には自己同一性があるならば、自己同一性のない素粒子から構成される米粒がいかにして自己同一性を獲得するに至るのか、それが驚きであり、問題なのである。

さて、丹治がこの問題に与えた解答は、少々驚くべきものである。それは、一見すると、米粒にはいつでも自己同一性があるようにみえるが、完全に同一な性質をもつ場合には、米粒の場合でも自己同一性がない、というものである。(次の引用部において、自己同一性は場面3で考えられていることを忘れないでほしい。)

「自己同一性」がないというのは、しばしば繰り返したように、2個の対象の「完全な規定」を入れ換えた状態が、元の状態と同じということである。「完全な規定」には、性質、空間的位置など、すべての状態規定が含まれる。そのような「完全な規定」を入れ換えた状態というのは、結局、現実となんの変りもなく、したがってそのような「入れ換え」は意味をなさないであろう。(丹治 1977: 一一五頁)

このように考えるとき、「自己同一性のない素粒子から構成される米粒がいかにして自己同一性をもつに至るのか」という丹治の問題は解消する。ただし、素粒子だけでなく米粒にも自己同一性がないと主張する場合、米粒に自己同一性がないにもかかわらず、どうして第2節で述べたように頻度比が1:1:2となったのかを説明しなければならない。ここで詳細は紹介しないが、丹治は、米粒が二つの箱に入る無数のバリエーションを考慮し、米粒に自己同一性がないと仮定したときでも、第2節で述べた実験的状況において頻度比が1:1:2となることを実際に導出してみせた。

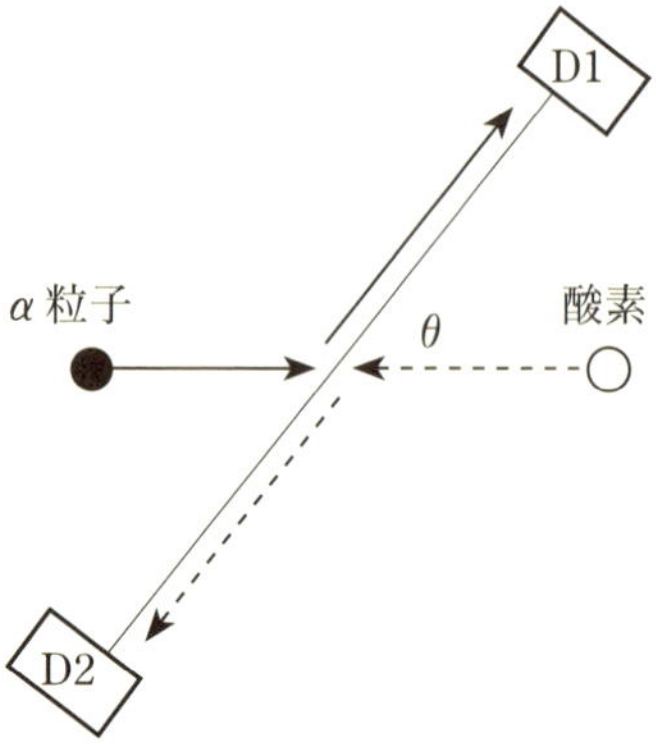

図5

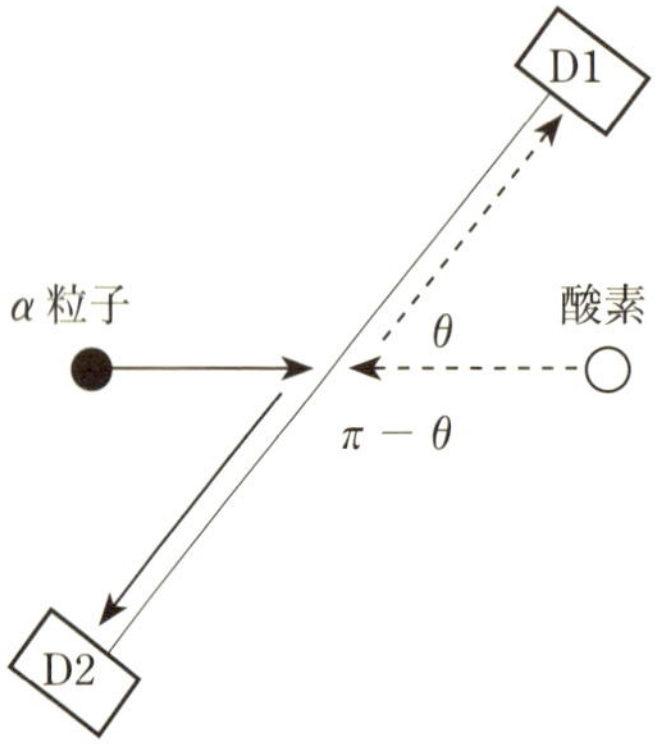

図6

4　時間的推移を用いた自己同一性基準

第2節において、素粒子に自己同一性がないことについての朝永による説明をみた。ただし、「はじめに」で述べたように、筆者が素粒子に自己同一性がないことを初めて知ったのは、朝永による説明ではなく、ファインマンらによる有名な教科書『ファインマン物理学』の説明によってであった。[7] ファインマンは、α粒子を具体例に説明する。α粒子自体はヘリウム4の原子核であり、それ自体は素粒子ではない。しかし、これから述べることと同様のことは、ある特定の場合には単体の素粒子でも成立する。そこで、ファインマンのオリジナルの例に沿って、α粒子のまま説明する。

まず、次のような、α粒子と酸素の衝突実験を考えよう。[8] 二つの粒子の衝突を、それらの重心を原点としてとる座標（質量中心系という）で記述すると、**図5**（あるいは**図6**）で表したように、衝突前後のそれぞれの時刻に、α粒子と酸素の核は正反対方向の速度をもつ。

図のように、角度θの方向に検出器D1があり、[9] もう一つの検出器D2が、二つの粒子が衝突する位置に対してD1と正反対にあるとする。[10] **図5**のように、検出器D1がα粒子を検出する確率を、その粒子が衝突後、はじめの進行方向に対して進む角度θを用いてP（θ）と表そう。この確率値は実験によって確かめることができる。

図6のように、D1に到達するのが、α粒子でなく、酸素であることもありうる。繰り返しになるが、α粒子と酸素は衝突後も正反対方向の速度をもつ。よって、この場合には、α粒子は検出器D2に到達する。検出器D2がα粒子を検出する確率を、その粒子が衝突後、はじめの進行方向に対して進む角度π−θを用いてP(π−θ)と表す。この確率値は酸素が検出器D1で検出される確率でもある。そこで、検出器D1によってどちらかの粒子が検出される確率はP(θ)+P(π−θ)となる。このことには、何の不自然さもない。単に、「D1でどちらかの粒子が検出される確率」＝「D1でα粒子が検出される確率」＋「D1で酸素が検出される確率」ということである。

　これまでの実験的状況では、α粒子と酸素という異なる粒子が、それぞれ左右から入射した。それらは異なる性質をもつ粒子なので、検出器で検出された粒子がどちら側から入射したのかを判別できる。しかし、図7のように、同種の粒子どうしをぶつけたときはどうであろうか。α粒子どうしの衝突実験を考えよう。左側から入射するα粒子を粒子1、右側から入射するα粒子を粒子2と呼ぼう。[11] これまでの話から想像がつくと思うが、このようにラベル付けしても、どちらかの検出器で検出されたα粒子が粒子1なのかそれとも粒子2なのかは、原理的に判別不能である。ここで判別不能という表現を用いたが、これまでの例と同じく、これは認識レベルの問題ではない。本当はD1で検出されたのは粒子1か粒子2のどちらか一方なのだが、それをわれわれが識別できないだけであると考えて、D1でどちらか一つの粒子が検出される確率を算出したとしても、その値は実験値と異なるのである。

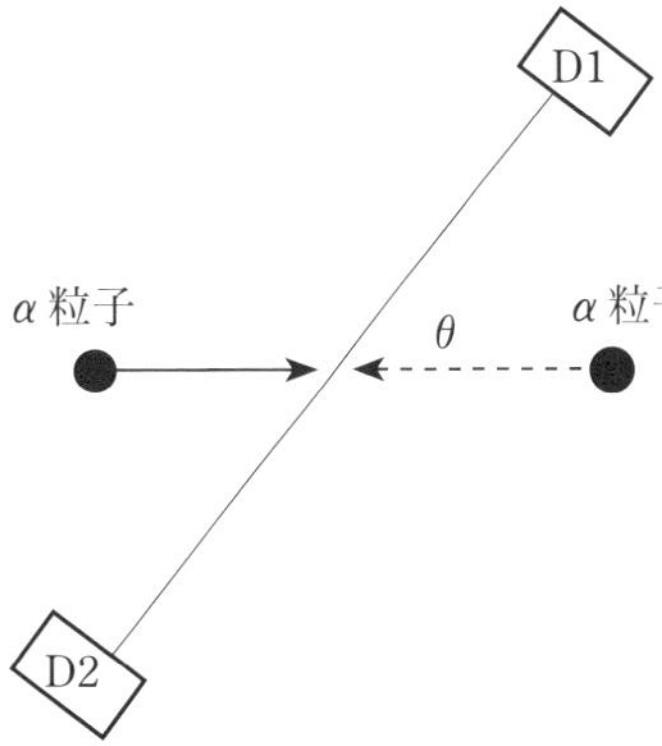

図7

　ファインマンの例は第2節で述べた例と本質的に同じなのに、なぜそのような例を繰り返すのか、疑問に思うかもしれない。しかし、筆者は、これら二つの例は何に注目するかにおいて大いに異なる、と考えている。前節で引用したように、丹治は、朝永が、自己同一性を論じるとき区別すべき二つの場面（場面2と場面3）を区別していないと指摘し、その後、素粒子の没自己同一性は場面3で議論されるべき、と結論した。丹治は、自己同一性の問題を二つの場面の違いを意識せずに、場面2の問題として説明してしまう朝永の不注意を、次のように指摘する。

［…］朝永氏は、例の有名な「電光ニュース」の譬喩を出されるのであるが、この譬喩で語られているのは明らかに「持続的同一性」の問題、すなわち場面2の問題である。また、「一郎」という名の米粒と「次郎」という名の米粒とを「どんなにまぜても、一郎はいつも一郎であり、次郎はいつも次郎である」という言い方も、（ii）の場面［場面2のこと］を問題とするものである。つまり、時間が経過したのちの再同定（reidentification）に関するものである。（丹治 1977：一一一頁）

さて、ファインマンの例は場面2と3のどちらの場面において自己同一性の有無を論じているのだろうか。筆者には、「電光ニュース」の譬喩と同じく（「電光ニュース」の譬喩については次節の最初のパラグラフを参照）、場面2であるように思われる。（実際、「電光ニュース」の譬喩は場面2だが、ファインマンの例は場面3であると主張するのは困難であろう。）

そのうえ、場面2の問題として米粒の同一性を考える場合、やはり米粒には自己同一性があると考えるのが自然であるように思われる。二つの素粒子の状態関数が「オーバーラップ」しうるのと異なり、衝突に際し二つの米粒が同じ空間的位置を占めることは不可能である。一方、場面3の問題として考えるとき、現実的状況における米粒1と可能的状況における（米粒1と置き換えられた）米粒2とが同じ空間的位置を占めることは可能である。しかし、そのような米粒の「入れ換え」が可能的諸状況間でなく時間的推移による入れ換えである場合、二つの米粒が空間的に同じ位置を占めることはできない。そのとき、四次元時空の世界線の連続性を用いて二つの米粒を識別することは、（哲学的にはまったく面白みのない結論で申し訳ないが）当然できるだろう(12)。

さきに「本当はＤ１で検出されたのは粒子１か粒子２のどちらか一方なのだが、それをわれわれが識別できないだけであると考えて、Ｄ１でどちらか一つの粒子が検出される確率を算出したとしても、その値は実験値と異なる」と述べた。確率値が異なってしまう原因は、量子力学に特有の干渉項にある。一方、米粒のような巨視的なサイズの系においては、干渉効果を考慮する必要はない。自己同一性の有無は、干渉効果の有無に応じて定まると考えるのが、自然であるように思われる。そしてそのとき、「自己同一性がないものからどのようにして自己同一性をもつものが構成されるのか」という丹治の問いは、巨視的な系においてなぜ干渉効果が生じないのかという、純粋に物理的問題に解消されるように思われる。

実は丹治は、別のところで「反実仮想的な入れ換えというものも、時間的入れ換えの表象を介してしか考えられないかもしれない」（丹治 1977:112）ともいっている。筆者はそれが正しいと思う。ただし、時間的入れ換えの表象を介してどのようにして反実仮想的な入れ換えが考えられるのかについては、量子力学の数理に基づく精緻な分析が必要である。それについては別の場所で議論したい。

おわりに――粒子から場へ

「素粒子に自己同一性がない」という事態に対し、当の朝永は、粒子が自己同一性をもたないことは奇妙だが、「場」の考え方を導入すれば理解できないことではないと考える。そして、「場」を説明するために、先にも触れた電光掲示板の比喩をあげる。最近ではあまり見かけなくなったが、以前はよくビルにたくさんの電球がついた電光掲示板があり、そのうえをニュースなどの文字列が移動するのを見かけた。もちろん、実際に文字列が移動しているのではなく、固定された複数の電球が点灯、点滅する結果として、あたかも文字列が移動しているように見える。電光掲示板の複数の電球を、時間差をもって一定の時間間隔ごとにうまい具合に点滅させると、あたかも粒子が運動しているように見えるだろう。もしそのような二つの粒子の軌跡が交差・屈曲することがあるならば、それはあたかも二つの粒子が衝突したようにみえるだろう。

先に述べた、二つの光子を「投げ入れた」ときにおける1：1：1の頻度問題は、左右に並ぶ二つの電球の比喩を考えると、次のように解消する。電球は二段階に明るさを調節できるとし、一番明るい状態を2、半分くらいの明るさで点灯している状態を1、電球が点灯していない状態を0と表す。左右に並ぶ箱に二つの光子が入っているということを、左右に並ぶ二つの電球の明るさの和が2であることに例えよう。明るさの和が2であるとき、左右に並ぶ電球の明るさは、(2,0)、(0,2)、(1,1) の三通りのどれかである。ここで、(2,0) は、左の電球の明るさが2、右の電球の明るさが0であることを表す。他も同様である。

さて、頻度問題が生じるのは、素粒子に自己同一性があるならば「光子Ⅰが左、光子Ⅱが右」と「光子Ⅰが左、光子Ⅱが右」は異なる状態であるはず、と考えられたからであった。だが、二つの電球の比喩では、それらは単に左右に並んだ二つの電球が同じ明るさで点灯しているという同一の状態に過ぎない。上述の三通りの点灯の仕方が等確率で生じるので、頻度は1：1：1となり、問題は解消する。

そこで、現代物理学では粒子概念より場のほうが優勢なようである。実際、物理学者ワインバーグは、粒子を基本要素とする量子力学と、場を基本要素とする量子論を対比して、次のようにいった。

〔…〕定理というわけではないが、場の量子論という文脈以外には、量子力学と相対論を和解させることは不可能であると広く信じられている。場の量子論とは、構成要素は粒子というよりむしろ場であるとする理論である。粒子とは、場におけるエネルギーの小さな束にすぎない。

(Weinberg 1987 : 78)

ただし、場の考え方を採用すればなんの問題も生じないわけではないだろう。そもそも場とはなんなのか、はっきりしない。この問いに対するよくある解答に、「場とは時空点の性質である」というものがある。場を、四次元時空における時空点がもつ性質とみなす解釈である。この解釈は、電磁場のように各時空点に付与される値がなんらかの実在物を表すと考えられる場合には、理解できる。しかし、量子場において各時空点に付与される値が、実在するなにかを表すとは、直ちには考えられない。

仮に時空点の性質という考えが正しいとしよう。性質にはその担い手である対象が必要であり、それが時空点ということだ。しかし、各時空点自体は体積をもたない。すると、実在物としては、単に担い手のない性質だけが存在することになる。さらに、われわれ人間とて素粒子から構成されているはずだが、われわれは単に性質からできているのだろうか。また、人間が移動するとき、さまざまな時空点を横切るはずだが、人間の移動は究極的には電光掲示板上の文字の移動のごときこと（?）なのだろうか。現在のところ粒子概念は分が悪いようではある。それにもかかわらず、粒子概念を維持したいと考える動機はあるように思われるが、いかがであろうか。

◉注

（1）筆者がここで念頭においているのは、ドルトンらにはじまる化学的原子論や、熱現象の統計力学的還元などである。

（2）たとえば、Bohm（1980）。

（3）物理的具体例としては、「スピンのx成分の値が$+h/2$である」を性質Aとして、「スピンのy成分の値が$+h/2$である」を性質Bとして考えればよい。

（4）性質Bをもつ電子だけを準備して二経路実験の装置に入射させたので、最後のB測定ですべて“Yes”からでてくるはずである、と考えるかもしれない。しかし、B測定より先にA測定を行う。本文中で述べたように、二つの性質AとBは、位置と運動量のように、一方を測定することによって他方の値を乱す関係にあるのだった。それゆえ、B測定において、必ず“Yes”から出てこなければならない、というわけではない。

（5）量子力学を不完全な理論と考え、この理論自体が要請していない物理的実体が存在すると考えるならば、結論は異なる。たとえば、Bohm and Hiley（1993）を参照。

（6）個数を数え上げることができるということと名前を付けることができるということが同じことなのか、（少なくとも量子力学の枠組みにおいては）疑問がある。例えば二個の同種粒子どうしの衝突において、異なる方向から入射する粒子それぞれに粒子1、粒子2と名付けることは無意味である。なぜなら、そのように名付けた状況と二つの粒子が置き換わった状況とを区別するのは原理的に不可能だからである。

（7）以下の説明は、物理的な厳密さより、概念的なわかりやすさを優先する。詳細な説明を要する場合は、ファインマン自身の記述を参照してほしい。

（8）ここで「衝突」といってもビリアード球のように本当に衝突するのではなく、電気的な斥力（クーロン力）によって速度の方向が変化する、ということである。

（9）もちろん正確には、衝突前の進行方向に対する角度θだけでは、D1をどの方向に置くのかを一意に指定することはできない。正確には、もう一つパラメータをとりその値を指定する必要がある。

（10）実験的状況についてのこれらの記述はすべて、質量中心系における記述であることに注意してほしい。実験室系において、D1とD2が（衝突点について）反対方向であるとは限らない。

（11）ここで、左右それぞれから入射する粒子を粒子1や粒子2と呼んだが、これはあくまで議論を進めるために、便宜上そのように呼んだにすぎない。同種の粒子は原理的に区別できないのだから、本当はそのように名前を付けることは意味をなさない。

（12）同種の粒子どうしの衝突を具体例に、素粒子に自己同一性がないことを説明するのは、ファインマンに限ったことではない。たとえば、小出（1999）、一一頁やJ・J・サクライ（1989）、四九四頁などを参照。これらの教科書では、少なくとも、素粒子に自己同一性がないことを説明する際には場面2において同一性を考えている。

◉参考文献

Bohm, David（1980）*Wholeness and the implicate order*, Routledge. デイヴィッド・ボーム（2005）『全体性と内蔵秩序』井上忠・伊藤笏康・佐野政博訳、青土社

Bohm, David and Hiley, Basil（1993）*The Undivided Universe: An Introduction of Ontological Interpretation of Quantum Theory*,

Routledge.

Feynman, Richard, Leighton, Robert, and Sands, Matthew（1965）*Feynman lectures on physics. Volume 3: Quantum mechanics*, Addison-Wesley. リチャード・ファインマン、ロバート・レイトン、マシュー・サンズ（1979）『ファインマン物理学V 量子力学』砂川重信訳、岩波書店

Weinberg, Steven（1987）*Elementary Particles and the Laws of Physics, The 1986 Dirac Memorial Lectures*, Cambridge University Press.

小出昭一郎（1999）『量子力学Ⅱ』（改訂版）裳華房

J・J・サクライ（1989）『現代の量子力学 下』San Fu Tuan 編、桜井明夫訳、吉岡書店

丹治信春（1977）「米粒の自己同一性——古典統計と量子統計」『科学基礎論研究』13—3、一一一—一一五頁

朝永振一郎（1976）「素粒子は粒子であるか」『鏡の中の物理学』所収、講談社学術文庫

マ 行

ヤ 行

ラ 行

ワ 行

原子論の可能性

近現代哲学における古代的思惟の反響

2018 年 11 月 12 日　初版第 1 刷発行

編　者　田上孝一／本郷朝香

発行所　一般財団法人 法政大学出版局

〒102-0071 東京都千代田区富士見 2-17-1

電話 03（5214）5540　振替 00160-6-95814

組版：HUP　印刷：三和印刷　製本：積信堂

ISBN978-4-588-15096-8

木島泰三（きじま・たいぞう）

1969年生。法政大学非常勤講師。論文：「現代英語圏におけるスピノザ読解」（『主体の論理・概念の倫理』以文社，2017年），訳書：ダニエル・C・デネット『心の進化を解明する――バクテリアからバッハへ』（青土社，2018年）ほか。

小谷英生（こたに・ひでお）

1981年生。群馬大学教育学部准教授。博士（社会学）。論文：「道徳と〈幸福であるに値すること〉」（『現代カント研究』第14巻，2018年），「カントとコモンセンス」『思想』第1135号，2018年）ほか。

武井徹也（たけい・てつや）

1972年生。立正大学人文科学研究所研究員，立正大学非常勤講師。論文：「自然の諸相――前期ハイデガーにおける自然についての議論」（『現代文明の哲学的考察』社会評論社，2010年），「M・ハイデガーにおける〈二つのアレーテイア〉の解釈」（『存在の意味への探求』秋田書店，2011年）ほか。

白井雅人（しらい・まさと）

1979年生。東洋大学井上円了研究センター客員研究員，立正大学非常勤講師。博士（哲学）。論文：「個の確立と善なる世界――西田幾多郎『善の研究』における人間観と世界観」（『近代化と伝統の間』教育評論社，2016年），「「事実」とは何か――滝沢哲学の出発点と方法」（『滝沢克己を語る』春風社，2010年）ほか。

東　克明（ひがし・かつあき）

博士（文学）。論文：「EPR論証とベルの不等式」「コッヘン＝シュペッカーのNO-GO定理」（『量子という謎』勁草書房，2012年），“The limits of common cause approach to EPR correlation”（*Foundations of Physics*, vol. 38, 2008）ほか。

執筆者紹介

編　者

田上孝一（たがみ・こういち）

1967年生。立正大学人文科学研究所研究員，立正大学非常勤講師。博士（文学）。著書：『マルクス疎外論の視座』（本の泉社，2015年），『環境と動物の倫理』（本の泉社，2017年），『権利の哲学入門』（編著，社会評論社，2017年）ほか。

本郷朝香（ほんごう・あさか）

1972年生。立教大学非常勤講師。博士（人文科学）。論文：「ニーチェから見たライプニッツ」（『ライプニッツ読本』，法政大学出版局，2012年），「遅れてきた主体」（『理想』No.684「特集　哲学者ニーチェ」，2010年），「ニーチェの歴史観における人間の位置づけ」（『現代文明の哲学的考察』社会評論社，2010年）ほか。

著　者（章順）

金澤　修（かなざわ・おさむ）

1968年生。東京学芸大学研究員，首都大学東京非常勤講師。博士（文学）。論文：「「ギリシア哲学」とは何か」（『内在と超越の閾』知泉書館，2015年），訳書：アリストテレス『宇宙について』（『アリストテレス全集6』岩波書店，2015年），同『動物誌』上下（『アリストテレス全集8・9』岩波書店，2015年）ほか。

坂本邦暢（さかもと・くにのぶ）

1982年生。明治大学文学部専任講師。博士（学術）。著書：*Julius Caesar Scaliger, Renaissance Reformer of Aristotelianism*（Leiden: Brill, 2016），『いま，哲学が始まる。——明大文学部からの挑戦』（共著，明治大学出版会，2018年）ほか。

青木滋之（あおき・しげゆき）

1974年生。会津大学上級准教授。博士（人間・環境学）。論文：“Descartes and Locke on the Nature of Matter: a Note”（*Studies on Locke: Sources, Contemporaries, and Legacy*, Dordrecht: Springer, 2008），「宇宙における我々の位置」（『科学と文化をつなぐ』東京大学出版会，2016年）ほか。

池田真治（いけだ・しんじ）

1976年生。富山大学准教授。博士（文学）。論文：「虚構を通じて実在へ——無限小の本性をめぐるライプニッツの数理哲学」（『ライプニッツ研究』第5号，2018年），共訳書：『デカルト 数学・自然学論集』（法政大学出版局，2018年）ほか。

古代西洋万華鏡 ギリシア・エピグラムにみる人々の生
沓掛良彦 著 …… 2800円

エピクロスの園のマルクス
F. マルコヴィッツ／小井戸光彦訳 …… 2500円

ルクレティウスのテキストにおける **物理学の誕生** 河川と乱流
M. セール／豊田彰訳 …… 品切

禁書 グーテンベルクから百科全書まで
M. インフェリーゼ／湯上良 訳 …… 2500円

無神論の歴史 上・下 始原から今日にいたるヨーロッパ世界の信仰を持たざる人々
G. ミノワ／石川光一 訳 …… 13000円

百科全書の時空 典拠・生成・転位
逸見龍生・小関武史 編 …… 7000円

デカルト 数学・自然学論集
山田弘明・中澤聡・池田真治・武田裕紀・三浦伸夫・但馬亨 訳・解説 …… 4500円

デカルト 医学論集
山田弘明・安西なつめ・澤井直・坂井建雄・香川知晶・竹田扇 訳・解説 … 4800円

トマス・ホッブズの母権論 国家の権力 家族の権力
中村敏子 著 …… 4800円

スピノザと動物たち
A. シュアミ，A. ダヴァル／大津真作 訳 …… 2700円

秘義なきキリスト教
J. トーランド／三井礼子 訳 …… 4800円

セリーナへの手紙 スピノザ駁論
J. トーランド／三井礼子 訳 …… 4600円

ディドロの唯物論 群れと変容の哲学
大橋完太郎 著 …… 6500円

共和制の理念 イマヌエル・カントと一八世紀末プロイセンの「理論と実践」論争
網谷壮介 著 …… 5000円

カントと無限判断の世界
石川 求 著 …… 4800円

表示価格は税別です